デジタル・メディアと
ネットワーキング

干川剛史 著

Digital media and networking

晃洋書房

は じ め に

　今日の日本社会において，携帯電話やスマートフォンといった「いつでも，どこでも」手軽に使える移動体通信が普及すること，また，インターネットやソーシャル・メディア（SNS・X（旧ツイッター）・LINE等）といった全国・全世界規模の双方向的なグループコミュニケーションを可能にするメディアが社会生活に浸透すること，すなわち「情報化」によって人々のコミュニケーション様式や行動・生活様式が大きく変わってきた．

　1990年代後半から顕著となったこうした社会の変容は，国家の産業振興・情報通信政策の展開に伴う情報通信技術の発展・普及に起因するものである．

　そこで，本書では，第1部において，「情報化」を「デジタル・メディアの社会への浸透・拡大過程」として定義し，それによる社会変容の利点と問題点を詳細に考察した上で，社会問題解決のためのデジタル・メディアを活用した連携活動である「デジタル・ネットワーキング」の可能性を提示する．

　そして，第2部では，著者が阪神・淡路大震災から関わって来た大規模災害におけるデジタル・ネットワーキングの諸事例を取り上げ，その実態を明らかにし，大規模災害に耐え，人々の命を守り，安全・安心をもたらしうる「レジリエント（復元力に富んだ）社会」構築の方策を模索する．

　まず，第1部において，第1章では，インターネット等のデジタル・メディアの社会への浸透・拡大過程としての情報化による社会生活の変容の諸相について，科学技術の発展と利便性の向上という観点から実態を明らかにする．次に，情報化によって生じる諸問題とその解決のための課題について，第2章では，サイバーセキュリティや子ども・若者のデジタル・メディア利用をめぐる問題，第3章では，巨大IT企業によるIT市場の寡占的支配をめぐる問題，第4章では，AIをめぐる問題という観点から考察する．また，第5章において，情報化によって生じる諸問題の解決に向けてのデジタル・ネットワーキングの可能性を提示する．

　そして，第2部では，第6章と第7章において，大規模災害におけるデジタル・ネットワーキングの諸事例を取り上げ，その実態と課題を明らかにする．

　さらに，第8章において今後の大規模災害に耐え，また，巨大IT企業の利

潤追求の手段として出現した生成AIが生み出す「人類を存亡の危機に直面させる問題」から人々の命を守り，安全・安心をもたらしうる「レジリエント（復元力に富んだ）社会」（resilient Society）構築の方策を模索する．

各章の概要
第1部　デジタル・メディアの浸透・拡大過程としての「情報化」
第1章　情報化とデジタル・メディア

まず，1．「情報化とは何か」について，林雄二郎や大石裕の学説を手がかりにして，情報化がデジタル・メディアの社会への浸透・拡大過程であることを示す．

次に，2．インターネットや携帯電話・スマートフォン，ソーシャル・メディアといったデジタル・メディアの普及と社会生活の変容の諸相について，総務省の『情報通信白書』等の各種資料に基づいて，科学技術の発展と利便性の向上という観点から実態を明らかにする．

第2章　デジタル・メディア利用をめぐる問題

情報化によって生じる諸問題とその解決のための課題について，1．コンピューター・ウィルスや不正アクセス，サイバー犯罪の問題，2．ネット依存等の子ども・若者のソーシャル・メディア利用をめぐる諸問題について考察し課題を示す．

第3章　巨大IT企業によるIT市場の寡占的支配をめぐる問題

この章では，巨大IT企業の寡占的支配から生じる社会諸問題について考察する．まず，1．GAFAM等の巨大IT企業による世界のIT市場の寡占的な支配の問題を明らかにし，次に，2．巨大IT企業が運営する検索サービスやSNSから随時提供される「おすすめ情報」に利用者が満足することで，知らず知らずのうちに次第に利用者の興味・関心が狭まって行ってしまう「フィルター・バブル」に起因する「サイバー・カスケード」による「社会の分断」について論じる．

第4章　AIをめぐる諸問題

1．巨大IT企業が開発し急速に普及するAIは人びとの仕事を根こそぎ奪い，

失業した大多数の人びとの生計を維持するために「ベーシックインカム」が不可欠になって行くだけでなく，２．AI無しには人びとの生活は成り立たなくなっていき，人間がAIに支配されることが中長期的に予想される．そこで，個人情報の利用規制によるプライバシーと個人の自由を守るための「EU（欧州連合）」や国連を中心にした世界全体でのAI規制の取り組みが不可欠となってくる．

第５章　デジタル・ネットワーキングによる社会問題の解決に向けて

　第５章では，まず，１．ネットワーキングが展開して行くために不可欠な相互協力信頼関係，すなわち，「ソーシャル・キャピタル」に関するロバート・パットナムの学説を手がかりにして，２．インターネット等のデジタル・メディアの普及がソーシャル・キャピタルにもたらす影響を明らかにする．

　次に，３．事例研究によってデジタル・ネットワーキングの実態と課題を考察するための理論モデルとして，著者独自の「デジタル・ネットワーキング・モデル」（DNM: Digital Networking Model）を構築して提示する．

第２部　災害とデジタル・ネットワーキング

第６章　阪神・淡路大震災と東日本大震災におけるデジタル・ネットワーキングの展開

　第６章では，１．阪神・淡路大震災における「情報ボランティア」の活動と２．東日本大震災におけるICTを活用した支援活動について，この２つの震災におけるデジタル・ネットワーキングの関係構造を描き出しながら実態を明らかにする．

第７章　熊本地震とそれ以降の大規模災害におけるデジタル・ネットワーキングの展開

　この章では，著者が情報通信事業者及び総務省や被災自治体・社会福祉協議会・NPO等の諸機関・諸団体と連携して展開した，１．熊本地震，２．西日本豪雨災害，３．北海道胆振東部地震等のそれぞれの大規模災害におけるデジタル・ネットワーキングの展開を概観し，関係構造を描き出しながらその実態を明らかにする．

第8章 「レジリエント社会」の構築へ向けて

　まず，1．阪神・淡路大震災から東日本大震災と熊本地震を経て2018年発生の北海道胆振東部地震及び2019〜2021年までの各地の大規模水害までの著者を中心としたデジタル・ネットワーキングの展開を概観して関係構造を描き出しながら，その実態と課題を明らかにした上で，2．著者が独自に考案した「ネットワーク公共圏モデル」を用いて今後の大規模災害に耐え，人々の命を守り，安全・安心をもたらしうる「レジリエント（復元力に富んだ）社会」（resilient Society）構築の方策を模索する．

目　　次

第 1 部

デジタル・メディアの
浸透・拡大過程としての「情報化」

第1章
情報化とデジタル・メディア

1. デジタル・メディアの社会への浸透・拡大過程としての「情報化」

林雄二郎の情報化の定義によれば，「情報化」とは，社会に存在するすべての物財，サービス，システムが持っている機能の中で，「実用的機能」（例えば，万年筆の「書く」という機能）に比べて「情報的機能」（万年筆の「色，手触り，デザイン」といった購入時の選択の際の手がかり）の比重が次第に高まる傾向のことである（林　1969：62-64）．

つまり，万年筆といった商品の生産・流通において，より高く売れる付加価値の高い商品を生産・流通・販売しようとする際に，「書く」という実用的機能について他社製品とほとんど差がない場合，消費者のニーズを的確に把握して「色，手触り，デザイン」という「情報的機能」の向上に取り組み独創的な商品を生産すれば，他社製品に対して優位に立つことができ，より多くの消費者に購入してもらうことができ，利益をより多く上げることができる．

すなわち，林の情報化の定義は，「作れば何でも売れる」という戦後復興期の物不足の時代から高度経済成長を遂げ大多数の人々が所得水準も生活水準も上がり消費者の目が肥えた1960年代の日本社会において，企業がより付加価値の高い商品を生産・流通・販売し，より大きな利益を上げるためには，情報的機能への着目とその向上への取り組みが不可欠であることを示唆しているといえるであろう．いわば，商品の生産・流通・販売という経済的観点に基づいた情報化の定義であるといえるであろう．

他方で，情報化が進展しつつある1990年代の日本社会を視野に入れた大石裕の情報化の定義によれば，「情報化」とは，情報通信技術の発達（①コンピューターの開発／普及，②光ファイバー網や衛星通信などによる通信伝送路高度化，③メディアの融合）を基盤として，情報の「生産過程」（収集，処理／加工，蓄積）と「伝達過程」，「消費過程」（受容，処理／加工，蓄積）で大量化・多様化・高度化が進み，社会の諸領域において情報の比重が高まることである（大石　1992：61）．

　この大石の情報化の定義は，今日の高度に情報化が進展した社会の変容過程を適切にとらえているといえるであろう．

　このような林と大石の学説を踏まえた上で2020年代の現状に即して著者が情報化を定義するならば，「情報化」とは，インターネットや携帯電話・スマートフォン，ソーシャル・メディア（SNS・ツイッター・LINE等）といった「デジタル・メディアが社会へ浸透・拡大することによって，人びとのコミュニケーションが，対面とマス・メディア中心の様式からデジタル・メディア中心の様式への移行していく社会の変容過程」である．

　そこで，次節では，総務省などが公表した各種の統計資料に基づいて情報化の進展の現状をとらえることにしたい．

2．情報化進展の現状

　1990年代の後半以降，インターネットと携帯電話やスマートフォン及びSNSの普及に象徴されるように情報通信技術の普及と高度化が急速に進んでいる．

　例えば，総務省の『令和5年版　情報通信白書』（2023年）によれば，**図1-1**のように，平成23（2011）年から令和4（2022）年の10年間で各種の世帯における情報通信機器の普及が進んでいる．

　その内訳を見ると，2022年における世帯の情報通信機器の保有状況をみると，「モバイル端末全体」（97.5％）の内数である「スマートフォン」は90.1％となっている．「パソコン」69.0％，「固定電話」は63.9％となっている（総務省　2023：137）．

　また，**図1-2**のように，1997〜2016年の19年間にわたってインターネット利用者数及び人口普及率は年々増加していた．

　特に，1999〜2000年の1年間でインターネット利用者数が2002万人増，人口普及率が15.7ポイント増と爆発的に増加した．

　これについては，総務省2001年7月10日発表の『平成13年版　情報通信白書概要』を見ると，**図1-3**のように，平成11（1999年）年末から平成12（2000年）年末までのインターネットの爆発的普及の大きな要因が，携帯電話インターネット（携帯電話の電子メール・インターネットサービス）利用者の急増であることがわかる（総務省　2001：11）．

　しかし，インターネット利用率（個人）は，2019年末（89.8％）をピークに減

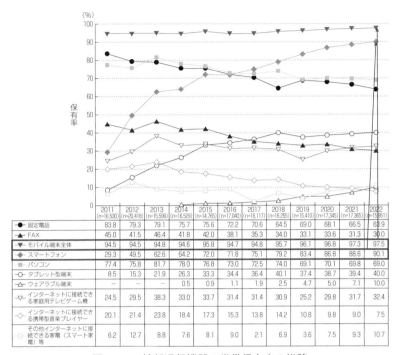

	2011 (n=16,530)	2012 (n=20,418)	2013 (n=15,599)	2014 (n=16,529)	2015 (n=14,765)	2016 (n=17,040)	2017 (n=16,117)	2018 (n=16,255)	2019 (n=15,410)	2020 (n=17,345)	2021 (n=17,365)	2022 (n=15,951)
● 固定電話	83.8	79.3	79.1	75.7	75.6	72.2	70.6	64.5	69.0	68.1	66.5	63.9
▲ FAX	45.0	41.5	46.4	41.8	42.0	38.1	35.3	34.0	33.1	33.6	31.3	30.0
▼ モバイル端末全体	94.5	94.5	94.8	94.6	95.8	94.7	94.8	95.7	96.1	96.8	97.3	97.5
◆ スマートフォン	29.3	49.5	62.6	64.2	72.0	71.8	75.1	79.2	83.4	86.8	88.6	90.1
■ パソコン	77.4	75.8	81.7	78.0	76.8	73.0	72.5	74.0	69.1	70.1	69.8	69.0
○ タブレット型端末	8.5	15.3	21.9	26.3	33.3	34.4	36.4	40.1	37.4	38.7	39.4	40.0
△ ウェアラブル端末	–	–	–	0.5	0.9	1.1	1.9	2.5	4.7	5.0	7.1	10.0
▽ インターネットに接続できる家庭用テレビゲーム機	24.5	29.5	38.3	33.0	33.7	31.4	31.4	30.9	25.2	29.8	31.7	32.4
◇ インターネットに接続できる携帯型音楽プレイヤー	20.1	21.4	23.8	18.4	17.3	15.3	13.8	14.2	10.8	9.8	9.0	7.5
□ その他インターネットに接続できる家電（スマート家電）等	6.2	12.7	8.8	7.6	8.1	9.0	2.1	6.9	3.6	7.5	9.3	10.7

図 1-1　情報通信機器の世帯保有率の推移

（出典）総務省『令和 5 年版　情報通信白書』図表 4-11-1-1（総務省　2023：137）に著者加筆.

少に転じ，**図 1-2** を見ると2022年末のインターネット利用率は，84.9％である（総務省　2023：138）.

　2016年末と2020年末の 4 年間のインターネット利用率の減少に関連する要因としては，利用者の年齢と世帯収入があげられる.

　図 1-4 のように，社会的属性別のインターネット利用率を見ると，年齢階層別については， 6 〜19歳の小・中・高・大学生の年齢層が，特に小学生の年齢層（ 6 〜12歳）が1.9ポイントと減少している. また，所属世帯年収別については，400万円未満の世帯が，減少しており，200万円未満では，2.4ポイント，200万円〜400万円未満では，2.1ポイントとそれぞれ減少している.

　ところで，**図 1-5** のように，端末別インターネット利用状況をみると，2016年末までは，「パソコン」が58.6％と最も高かったが，2017年末になると「スマートフォン」（59.7％），「パソコン」（52.5％）と利用率の首位が逆転している（総

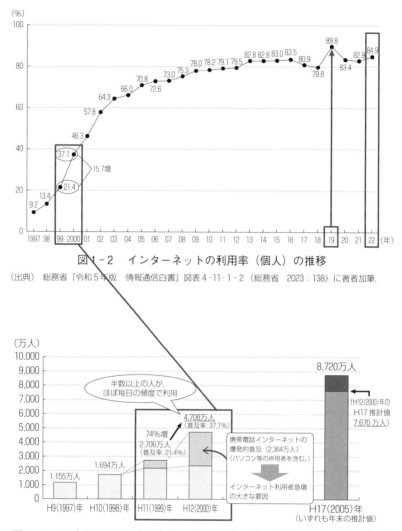

図1-2　インターネットの利用率（個人）の推移

（出典）　総務省『令和5年版　情報通信白書』図表4-11-1-2（総務省　2023：138）に著者加筆.

図1-3　日本のインターネット利用者数（平成9（1997）年～平成12（2000）年）

（注）　平成12年については、郵送アンケート調査結果によりインターネット利用者数を集計し、人口構成比について補正した上で、15～79歳のインターネット普及率及び利用者数を算出.（ただし、平成11年末までについては15～69歳）

（出典）　総務省『平成13年版　情報通信白書概要』（総務省　2001：11）に著者加筆.

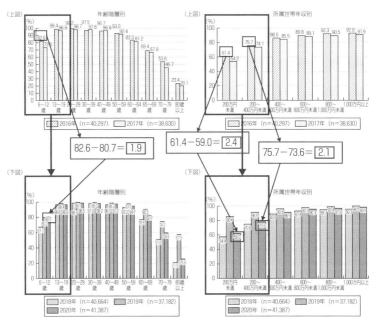

図 1 - 4　社会的属性別のインターネット利用率

（出典）（上図）総務省『平成30年版　情報通信白書』図表 5 - 2 - 1 - 5（総務省　2018：237），（下図）
　　　　総務省『令和 3 年版　情報通信白書』図表 4 - 2 - 1 - 5（総務省　2021：308）に著者加筆．

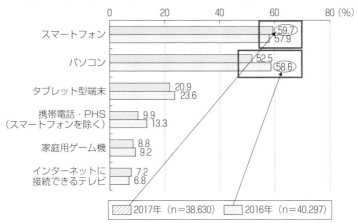

※当該端末を用いて過去 1 年間にインターネットを利用したことのある人の比率

図 1 - 5　インターネット利用端末の種類

（出典）　総務省『平成30年版　情報通信白書』図表 5 - 2 - 1 - 4（総務省　2018：237）に著者
　　　　加筆．

務省　2018：237）.

3．情報化による社会変容の諸相

3-1　情報収集手段，通信手段の変化

　総務省の『平成27年版　情報通信白書』によれば，「1993年に我が国での商業利用が始まったインターネットは，主に2000年代以降，家庭へも急速に普及し，私たちの日常生活の在り方を様々な形で変えていった」（総務省　2015a：63）.

　総務省が2000年代前半に実施した「ネットワークと国民生活に関する調査」（2005年3月発表）によれば，インターネット利用者に対して，情報収集のためにどのようなメディアを利用しているかを聞いたところ，図1-6のように，テレビや新聞は主にニュースの収集のために，また，雑誌・書籍は主に勉強や趣味，旅行の情報を収集するために利用されている傾向にある．これに対し，インターネットは，幅広い分野での情報収集に高い割合で利用されており，情報収集手段として日常生活に欠かせないメディアとなっていることがうかがえる（総務省　2005b：44）.

　また，通信手段が2年前と比べてどのように変化したかを聞いたところ，図1-7の下側の増減を示すグラフのように，「電子メール」，「携帯電話での通話」，

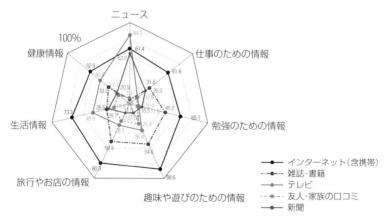

図1-6　情報収集に利用する手段

（出典）総務省「ネットワークと国民生活に関する調査」図表39（総務省　2005b：39）.

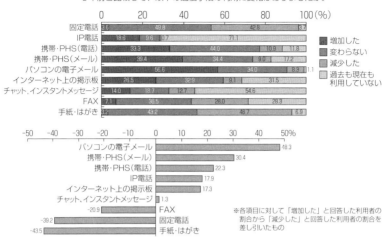

図1-7　通信手段の利用変化

（出典）　総務省「ネットワークと国民生活に関する調査」報告書（平成17（2005）年3月）図表40（総務省　2005b：40）．

「IP電話」，「インターネット上の掲示板」の利用が増加したとする人が多い一方で，「手紙・はがき」，「固定電話」，「ファクシミリ」は利用が減少したとする人が多くなっている．連絡手段が従来の「固定電話」から「携帯電話」，「IP電話」，「手紙・はがき」と「FAX」から「電子メール」へと変化していることがうかがえる（総務省　2005b：45）．

　そして，2010年代前半におけるインターネット等の情報通信技術の普及による情報収集手段の変化については，総務省の『平成27年版　情報通信白書』によれば，紙媒体からネット媒体への情報源への移行，例えば，紙の地図を使わずにインターネットで地図を見ることが一般的になっている．平成27（2015）年時点で，「PC用地図」の利用率は約7割，「スマートフォン用地図」の利用率は約4割となっており，「紙地図」の利用率（約3割）を上回っている．経年変化をみると，スマートフォン用地図の伸びが目立っている（総務省　2015a：64）．

　また，同白書によると，飲食店情報を調べる際の情報源として「PCのインターネットサイト」を利用すると回答した人は2010年時点で9割強に達し，「フリーペーパーやグルメ雑誌等の紙媒体」を利用すると回答した人（約6割）を大き

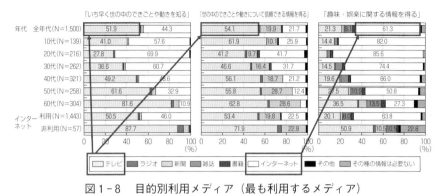

図 1 - 8　目的別利用メディア（最も利用するメディア）

（出典）　総務省情報流通業政局情報通信政策課情報通信経済室「デジタル化による生活・働き方への影響に関する調査研究成果報告書」図表 3 - 18（総務省　情報流通業政局　情報通信政策課　情報通信経済室　2019：43）に著者加筆.

く上回っている. 経年変化をみると，「スマートフォンのインターネットサイト」の利用率が増加傾向にある（総務省　2015a：64）.

　ところで，総務省の「デジタル化による生活・働き方への影響に関する調査研究成果報告書」によれば，紙の新聞でニュース購読している人は過去 5 年で急激に減少. かわりにポータルサイト及びソーシャル・メディアによるニュース配信の利用が拡大している. キュレーションサービスは「最も利用しているニュースサービス」としては積極的に選ばれていないものの，一定の割合を保って推移している（総務省　情報流通業政局　情報通信政策課　情報通信経済室　2019：42）.

　そして，**図 1 - 8** のように，「いち早く世の中のできごとや動きを知る」及び「世の中のできごとや動きについて信頼できる情報を得る」ためには，全年代でテレビが未だ最も高い割合で利用される. その一方で，「趣味や娯楽に関する情報を得る」ため等では，インターネットが最も高い割合で利用されている（総務省　情報流通業政局　情報通信政策課　情報通信経済室　2019：43）.

　次に，インターネットの普及に伴って生活時間がどのように変化したのかをみてみよう.

3 - 2　生活時間の変化

　総務省の『平成17年版　情報通信白書』によれば，平成17（2005）年の時点で，インターネット利用者に対して，インターネットの利用による日常の行動の時間的な変化について聞いたところ，**図 1 - 9** のように，「睡眠時間」，「テレビを

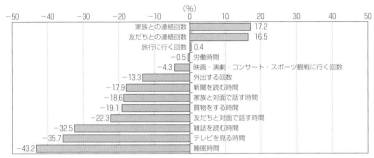

図１-９　インターネット利用による生活時間・行動頻度の変化
（２年前との比較）

（出典）　総務省『平成17年版　情報通信白書』図表①（総務省　2005a：34）.

見る時間」,「雑誌を読む時間」等が減少したとする人が多い．また，家族や友だちと連絡を取る頻度が増加したとする人が多い一方で，家族や友だちと対面で話す時間は減少したとする人が多くなっており，メール等での連絡は頻繁に行うが対面での接触時間は減っている傾向にあることがわかる（総務省　2005a：34）.

　また，2010年代後半でのインターネットの利用による情報行動の時間的な変化については，総務省情報通信政策研究所の「令和３年度情報通信メディアの利用時間と情報行動に関する調査報告書」によれば，**図１-10**のように，「テレビ（リアルタイム）視聴」，テレビ（録画）視聴」,「ネット利用」,「新聞閲読」,「ラジオ聴取」それぞれの平均利用時間に関して，平成25（2013）～令和３（2021）年の８年間について次のような変化が見られる（総務省情報通信政策研究所2022：6）.

　まず，この８年間の全体的な変化は，休日については，全年代で「テレビ（リアルタイム）視聴」の平均利用時間が最も長く，次いで「インターネット利用」の平均利用時間が長い傾向は変わらない．しかし，平日については，「インターネット利用」の平均利用時間が「テレビ（リアルタイム）視聴」の平均利用時間を令和２（2020）年から２年連続で上回る結果となっている．また，令和２年度と令和３年度の調査結果を比較すると，「テレビ（リアルタイム）視聴」の平均利用時間は，平日，休日ともに減少し，「インターネット利用」の平均利用時間は，平日は増加し，休日はほぼ横ばいとなっていることがわかる（総務省

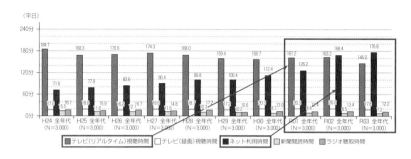

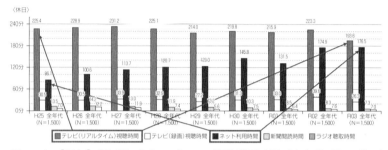

図1-10 【経年】［休日］主なメディアの平均利用時間（全年代・平日・休日）

（出典） 総務省「令和3年度情報通信メディアの利用時間と情報行動に関する調査報告書」図
1-1-1～1-1-4（総務省 2022：6）に著者加筆.

情報通信政策研究所 2022：6）.

　次に，年代別に見ると，**図1-11**のように，平均利用時間については，令和
2年度と令和3年度の調査結果を比較すると，「インターネット利用」の平均
利用時間が平日は10代，休日は10代及び50代を除き増加又はほぼ横ばいとなっ
ている．特に20代の平均利用時間が長い傾向が続いている．また，「テレビ（リ
アルタイム）視聴」は，年代が上がるとともに平均利用時間が長くなっており，
60代の平均利用時間が最も長く，休日では300分を大きく超える結果となって
いる（総務省 2022：8）.

　以上のように，平成25（2013）～令和3（2021）年度の8年間で全世代でイン
ターネットの利用時間が徐々に長くなり，令和2（2020）年になると平日では，
全世代で「テレビ（リアルタイム）視聴」の利用時間をインターネットの利用時
間が追い抜くようになった.

　そして，令和2（2020）年度と令和3（2021）年度では，特に20代の平日にお
けるインターネットの利用時間が最も長くなっていることがわかる.

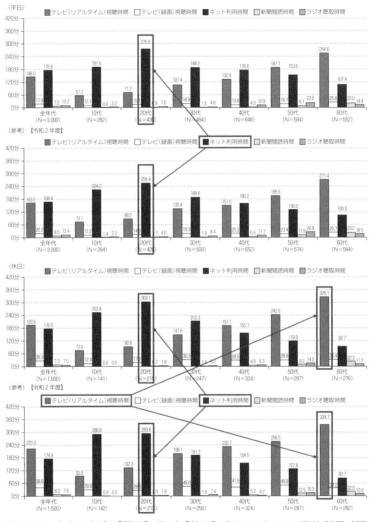

図1-11　令和3年度［平日］及び［休日］主なメディアの平均利用時間
　　　　（全年代・年代別）

（出典）　総務省「令和3年情報通信メディアの利用時間と情報行動に関する調査報告書」図
　　　1-1-5及び図1-1-6（総務省　2022：8-9）に著者加筆.

3-3 インターネットの利用目的・用途

総務省「平成30年通信利用動向調査報告書（世帯編）」によれば，**図1-12**のように，インターネットの利用目的・用途について，平成30（2018）年の時点で，「電子メールの送受信」の割合が75.5％と最も高く，次いで，「天気予報の利用（無料のもの）」（64.4％），「地図・交通情報の提供サービス（無料のもの）」（63.5％），「ニュースサイトの利用」（58.4％），「無料通話アプリやボイスチャットの利用（Skype，LINEなど）」（57.5％），「ホームページやブログの閲覧，書き込み又は開設・更新」（57.4％）などとなっている（総務省 2018：39）．

ところで，インターネットの利用目的・用途を年齢階層別にみると，**表**

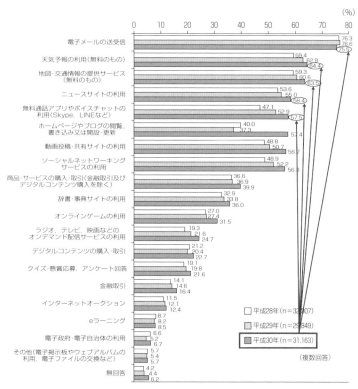

図1-12 インターネットの利用目的・用途の推移

（出典） 総務省「平成30年通信利用動向調査報告書（世帯編）」図表7-7（総務省 2018：39）に著者加筆．

表1-1　インターネットの利用目的・用途（上位5項目）（平成30年，年齢階層別）

単位：%

	集計数(n)	1位	2位	3位	4位	5位
【全体】	31,163	電子メールの送受信　75.5	天気予報の利用（無料のもの）　64.4	地図・交通情報の提供サービス（無料のもの）　63.5	ニュースサイトの利用　58.4	無料通話アプリやボイスチャットの利用（Skype,LINEなど）　57.5
6〜12歳	1,519	動画投稿・共有サイトの利用　76.3	オンラインゲームの利用　54.2	ホームページやブログの閲覧，書き込み又は開設・更新　31.8	無料通話アプリやボイスチャットの利用（Skype,LINEなど）　26.8	ソーシャルネットワーキングサービスの利用　21.9
13〜19歳	2,489	動画投稿・共有サイトの利用　76.2	無料通話アプリやボイスチャットの利用（Skype,LINEなど）　72.0	ソーシャルネットワーキングサービスの利用　70.5	電子メールの送受信　60.3	オンラインゲームの利用　56.3
20〜29歳	3,435	電子メールの送受信　79.9	無料通話アプリやボイスチャットの利用（Skype,LINEなど）　77.8	動画投稿・共有サイトの利用　74.9	ソーシャルネットワーキングサービスの利用　74.6	地図・交通情報の提供サービス（無料のもの）　72.6
30〜39歳	4,372	電子メールの送受信　85.0	天気予報の利用（無料のもの）　77.2	地図・交通情報の提供サービス（無料のもの）　73.8	無料通話アプリやボイスチャットの利用（Skype,LINEなど）　72.9	ソーシャルネットワーキングサービスの利用　72.2
40〜49歳	5,310	電子メールの送受信　85.3	天気予報の利用（無料のもの）　79.3	地図・交通情報の提供サービス（無料のもの）　73.9	ニュースサイトの利用　72.3	ソーシャルネットワーキングサービスの利用　68.2
50〜59歳	5,536	電子メールの送受信　84.9	天気予報の利用（無料のもの）　74.7	地図・交通情報の提供サービス（無料のもの）　72.0	ニュースサイトの利用　68.8	ホームページやブログの閲覧，書き込み又は開設・更新　61.4
60〜69歳	5,428	電子メールの送受信　74.9	天気予報の利用（無料のもの）　65.4	地図・交通情報の提供サービス（無料のもの）　63.9	ニュースサイトの利用　58.6	ホームページやブログの閲覧，書き込み又は開設・更新　48.2
70〜79歳	2,500	電子メールの送受信　69.9	地図・交通情報の提供サービス（無料のもの）　52.1	天気予報の利用（無料のもの）　48.6	ニュースサイトの利用　45.6	ホームページやブログの閲覧，書き込み又は開設・更新　38.1
80歳以上	574	電子メールの送受信　50.4	地図・交通情報の提供サービス（無料のもの）　29.1	天気予報の利用（無料のもの）　26.5	ニュースサイトの利用　24.8	ホームページやブログの閲覧，書き込み又は開設・更新　23.4

（年齢階層別）

（複数回答）

（出典）　総務省「平成30年通信利用動向調査報告書（世帯編）」（総務省　2018：40）に著者加筆.

1−1のように，6〜12歳と13〜19歳の各年齢階層では「動画投稿・共有サイトの利用」の割合が最も高くなっている．また，20歳代以上の各年齢階層では「電子メールの送受信」の割合が最も高くなっているが，「動画投稿・共有サイトの利用」は，30代以上で，また，「ソーシャルネットワーキングサービスの利用」は，50代以上で，それぞれ上位5項目に入っていないというように，年齢階層による割合の差異がみられる（総務省　2018：40）．

　ここで，「ソーシャルメディア利用」と「メール利用」について，図1−13の各年代の平日の平均利用時間（各年代の下段棒グラフ）及び行為者率（各年代の上段折れ線グラフ）の経年変化を見ると，ソーシャル・メディア利用について，10代及び20代は，行為者率で見ても他の年代よりも著しく高い水準にある．その一方で，平均利用時間に着目すると，10代の平均利用時間が大幅に増加した一方で，20代の平均利用時間は減少するといった違いが見られる．また，その他の年代については，平均利用時間及び行為者率ともに，概ね増加傾向となっている（総務省情報通信政策研究所　2020：44-45）．

　メール利用については，30代の行為者率並びに50代及び60代の平均利用時間及び行為者率がそれぞれ増加したが，10代，20代及び40代では平均利用時間及び行為者率は減少した．

　10代及び20代の若年層のコミュニケーション手段は，メールからソーシャル・メディアに移行してきているが，特に20代において，ソーシャル・メディアの平均利用時間及び行為者率がともに減少する結果となった．その一方で，30代以上の各年代においては，ソーシャル・メディアの平均利用時間及び行為者率が増加している箇所が多く見受けられ，特に50代及び60代においては，ソーシャル・メディアの平均利用時間は概ね一貫して増加傾向にある（総務省情報通信政策研究所　2020：45）．

3−4　ソーシャル・メディアの普及による情報行動の変化

　パソコン通信やインターネットが登場する以前は，大多数の人にとって，自分の考えを広く世の中に発信することは難しかった．本を出版したり，新聞や雑誌に投稿したり，という方法はあったが，いずれもハードルが高かった．また，直接面識のない人同士が何かのテーマについて話し合うことも簡単ではなかった．公共施設の掲示板や雑誌などで参加者を募集した上で，それを見た人同士が決められた日時に決められた場所へと集まる必要があり，大変な時間と

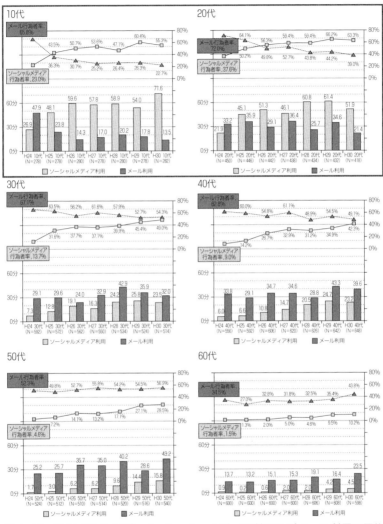

図 1-13　経年［平日 1 日］ソーシャル・メディア利用及びメール利用の平均利用時間及び行為者率（年代別）

（出典）　総務省情報通信政策研究所「平成30年情報通信メディアの利用時間と情報行動に関する調査報告書」図 2-4-9（総務省情報通信政策研究所　2020：45）.

手間がかかった．コミュニケーション活動をその態様に応じて，「1対1」，「1対多」，「多対多」に分類した場合，「1対1」のコミュニケーションについてはかつても手紙や電話が存在したが，「1対多」や「多対多」のコミュニケーションを普通の人が日常的に行う方法は，極めて限られていた（総務省　2015a：68）．

1980年代後半にパソコン通信が登場すると，テーマに応じた「フォーラム」（電子会議室）が開設され，見知らぬ人同士が簡単に情報や意見を交換できるようになった．1990年代後半にインターネットが登場すると，ホームページを開設すれば，誰もが全世界へと自分の考えを発信することが可能になった．そして，2000年代前半にブログサービスが登場すると，HTML等の特別な知識がなくても簡単にインターネット上で情報発信を行えるようになり，日常の何げない出来事をインターネット上で記録し発信する人が増えた（総務省　2015a：68）．

さらに，2000年代後半から若年者を中心に急速に普及した「SNS」が，人々の情報行動や社会関係の様相を大きく変えつつある．

ここで，「ソーシャル・メディア」とは，インターネットを利用して誰でも手軽に情報を発信し，相互のやりとりができる双方向のメディアのことである．代表的なものとして，ブログ，フェイスブックやツイッター等のSNS（ソーシャル・ネットワーキングサービス），ユーチューブやニコニコ動画等の動画共有サイト，LINE等のメッセージングアプリがある（総務省　2015a：199）．

まず，2000年代後半になるとSNSが登場した．ソーシャル・メディアは，自分の投稿をインターネット全体，会員全体，特定のグループ，コミュニティ等を選択の上公開できる上に，他のユーザーの投稿を閲覧したり，コメントしたり，メッセージを送ったりすることができる機能を備えており，コミュニケーション活動の手段として幅広いユーザーを集めた（総務省　2015a：68）．

ところで，ソーシャル・メディアには利用者同士のつながりを促進する様々なしかけが用意されており，互いの関係を視覚的に把握できることが特徴である．2000年代以降，世界的に普及し，インターネットの活用において重要な存在となった．例えば，2015年3月時点で全世界において，フェイスブックのユーザー数は約14億人に，また，ツイッター（現X）のユーザー数は約3億人に達している．さらに2000年代末以降のスマートフォンの普及は，生活の中でSNSをいつでもどこでも利用可能にし，位置情報等のスマートフォンの様々な機能と連携して，その活用の幅を広げている（総務省　2015a：199）．

他方で，ユーチューブ等の動画投稿サイトの利用も広がりつつある．例えば，

2005年にサービスが開始されたユーチューブは，2013年時点で国内約2,800万人が利用している（総務省　2015a：65-66）．

　ところで，総務省の「平成30年通信利用動向調査」によれば，**図1-14**のように，ソーシャル・メディア（フェイスブック，ツイッター，LINE，mixi，インスタグラムなど）の用途別の利用率は，平成28（2016）年〜30（2018）年の間の経年変化でみた場合，「昔の友人・知人をさがすため」と「その他」以外の用途で利用割合が上昇している（総務省　2018：41）．

　また，ソーシャル・メディアを利用する目的をみると，平成30（2018）年で，「従来からの知人とのコミュニケーションのため」の割合が85.5％と最も高く，次いで，「知りたいことについて情報を探すため」（56.1％），「ひまつぶしのため」

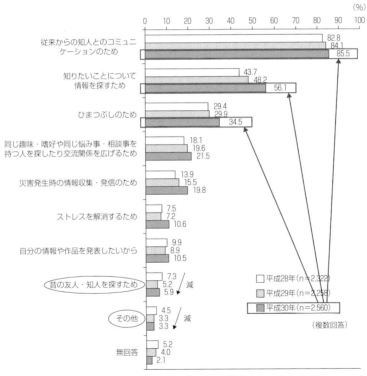

図1-14　ソーシャル・メディアを利用する目的の推移

（出典）　総務省「平成30年通信利用動向調査報告書（世帯編）」図表7-10（総務省　2018：42）に著者加筆．

（34.5％）などとなっている．　前年と比較すると，「従来からの知人とのコミュニケーションのため」，「知りたいことについて情報を探すため」，「同じ趣味・嗜好や同じ悩み事・相談事を持つ人を探したり交流関係を広げるため」及び「災害発生時の情報収集・発信のため」など，「その他」及び「無回答」を除くすべての項目でその割合が上昇している（総務省　2018：42）．

　さらに，年齢階層別にみると，すべての年齢階層において「従来からの知人とのコミュニケーションのため」の割合が最も高く，次いで，「知りたいことについて情報を探すため」となっている（総務省　2018：42）．

　以上のように，この20年間で急速にパソコンや携帯電話，スマートフォンなどの情報通信機器の技術革新が進んで普及し，インターネットの利用者が急激に増加し，利用方法も多様化したという形で「情報化」が飛躍的に進展した．

　他方で，情報化の進展によって，人々の生活が，便利になるだけでなく，知らないうちに，日常的に利用する情報手段が変化して，「対面的で直接的なコミュニケーション」から「メディアを介した間接的なコミュニケーション」へと移行して行き，それに伴って，インターネットに費やす時間が増加した結果，「睡眠時間」，「テレビを見る時間」，「雑誌を読む時間」等が減少するという生活時間の変化が生じた．

　そして，年代ごとのインターネットとマス・メディア（テレビ・ラジオ・新聞・雑誌）の利用目的・利用率・利用時間等については，若者（20代以下の未就業者の）世代と壮年（20～60代の有職者等の）世代，（70代以上の無業者等の）高齢者世代とでは，情報取集・交換のために日常的に利用するメディア（情報手段）が異なっており，この3つの世代の間には「世代間ギャップ」が見られ，特に若者世代と壮年世代では，情報収集・交換に関する思考・行動様式（世代文化）が大きく異なっている．

　いわば，子どもの頃から知らず知らずに何不自由なくデジタル・メディアを使いこなしている「デジタル・ネイティブ（Digital Natives）」（デジタル世界で生まれ育った人々）である若者世代と，次々に新しく出現するデジタル・メディアを社会人になってから仕事の都合で試行錯誤しながら悪戦苦闘して使っている「デジタル・イミグラント（Digital Immigrants）」（デジタル世界への移民）である壮年世代との間にある「世代間ギャップ」が，年齢の違いによる「デジタル・ディバイド」を引き起こす要因ではなくて，もう1つの「アナログ・ネイティブ（Analog Natives）」（アナログ世界で生まれ育った人々）と呼ぶことができる「後期高

齢者世代」とそれよりも若い世代（「デジタル・ネイティブ」・「デジタル・イミグラント」）間の世代間ギャップが本当の要因である．

　この世代間ギャップは，それぞれの世代が生まれ育った，時代状況と未成年期に利用可能な情報手段に起因するものと考えられる．

　すなわち，「デジタル・ネイティブ」・若者世代は，小学生の頃から携帯電話や自宅のパソコンからインターネットを利用し始め，中学生・高校生になると情報収集だけでなく友達や家族等の身近な人たちとの連絡手段及び娯楽の手段としてスマートフォンでインターネットやSNSを頻繁に利用するようになったのが一般的な情報収集・交換に関する思考・行動様式（世代文化）だと思われる．

　それに対して，著者のような壮年世代では，未成年期には，マス・メディアと電話・FAXと郵便・電報だけしか利用可能な情報手段が無かったので，就職して社会人になってから主に仕事として情報通信機器とインターネットを利用するようになった．

　例えば，仕事に必要な資料や書類の作成のためにパソコンでインターネットから情報を収集したり，職場内外の仕事相手にメールと電話を併用して職務上必要な連絡を行ったり，業務用の情報システムに職務上必要な情報の出入力を行ったりというのが，壮年世代の仕事での利用の仕方である．

　そして，壮年世代の人たちは，仕事以外の時間である通勤時や自宅では，スマートフォン・タブレットやパソコンでインターネットを情報収集だけでなく娯楽の手段として，また，多趣味で人付き合いが好きな人は，SNSで仲間と情報交換をして盛り上がるというのが，一般的な壮年世代の情報収集・交換に関する思考・行動様式（世代文化）である．

　このように若者世代と壮年世代との間で，情報収集・交換に関する世代文化が大きく違うということを，さらに，高齢者世代とそれ以外の世代の間では，驚くほど世代文化が違うということを知っておくと，若者世代の人々が就職して社会人になった時に，また，壮年世代が指導的な立場で若者世代の仕事仲間と一緒に仕事をしなければならない時に，さらに，自分の親や祖父母の世代の人たちと連絡を取り合わなければならない時などに，相手が利用可能な情報手段とその利用方法を想定し予測しながら，世代間で適切な言動をとれるようになるのではないだろうか．

第2章

デジタル・メディア利用をめぐる問題

　第2章では，デジタル・メディアの利用をめぐる安全性と子どもの問題とその解決のための課題について論じる．

　1．コンピューター・ウィルスや不正アクセス，サイバー犯罪などのサイバーセキュリティの問題，2．スマートフォン依存や迷惑行為・犯罪被害等の子ども・若者のソーシャル・メディア利用をめぐる諸問題である．

　そこで，この章では，上記の1．と2．の諸問題を『情報通信白書』等の各種資料だけでなく，近年の国内外の主要な諸研究・文献を参照しながら現状を把握した上で課題を明らかにする．

1．サイバーセキュリティの問題

　1．では，コンピューター・ウィルスや不正アクセス，サイバー犯罪などのサイバーセキュリティの現状を把握した上で課題を明らかにする．

　総務省の『令和2年版　情報通信白書』の第3章第4節「5G時代のサイバーセキュリティ」によれば，5GやAI，IoTといった先端技術の活用が社会により一層普及し，データの活用がさらに盛んになることで，経済・社会のデジタル化が一層進展し，我々の生活はより便利で豊かなものとなる．その一方で，サイバー空間と実空間の一体化が進展する中で，サイバー攻撃により深刻な影響が生じる可能性が指数関数的に拡大する（総務省　2020：259）．

　また，『令和5年度版　情報通信白書』の第5章第1節「5G時代のサイバーセキュリティ」には，IoT機器は管理が行き届きにくい，機器の性能が限られ適切なセキュリティ対策ができないなどの理由から，サイバー攻撃の脅威にさらされることが多く，その対策強化の必要性が指摘されている．実際にNICT（情報通信研究機構）が運用する「サイバー攻撃観測網」（NICTER）が2022（令和4）年に観測したサイバー攻撃関連通信についても，依然としてIoT機器（特に監視カメラネットワークを構成するDVR（デジタルビデオコーダー）とNVR（ネットワークビデオレコーダー））を狙ったものが最も多かったと記載されている（総務省　2023：

206）.

　そして，独立行政法人情報処理推進機構（IPA）（以下，「IPA」）『情報セキュリティ白書2023年』の「『情報セキュリティ白書2023年』の刊行にあたって」には，2022年2月に発生したロシアのウクライナ侵攻は，サイバー空間を含む情報戦を加えたハイブリッド戦と呼ばれるものとなり，関係各国はランサムウェアを始めとするサイバー攻撃や世論誘導を意図する虚偽情報拡散等の対応に追われた（独立行政法人情報処理推進機構（IPA）2023a）.

　日本では，9月に政府機関や企業のホームページ等を標的としたDDoS攻撃と思われるサービス不能攻撃により，業務継続に影響のある事案も発生したほか，国家等が背景にあると考えられる攻撃者による暗号資産取引事業者等を狙ったサイバー攻撃や特定の集団によるものとみられる学術関係者等を標的としたサイバー攻撃も明らかとなり，国民の誰もがサイバー攻撃の懸念に直面することとなった（独立行政法人情報処理推進機構（IPA）2023a）.

　この間，国内では，ランサムウェア攻撃による大きな被害が報告された．2月には自動車部品工場が攻撃を受け，出荷先の工場が稼働停止した．10月には自治体の医療センターのサーバが取引先の給食提供業者を経由した攻撃を受け，電子カルテシステムが利用できなくなった．サプライチェーン全体のセキュリティ対策，事業継続計画，インシデント（重大事案）対応等の重要性が再認識された（独立行政法人情報処理推進機構（IPA）2023a）.

　その一方で，2022年はAIへの注目が集まった年でもあり，特に生成系AIの技術的な発展は目覚ましく，ビジネスにおける業務革新等への期待が高まる一方で，AIの利用による人権，プライバシー，知的財産権等の保護が課題として顕在化した．さらにウクライナ侵攻では，虚偽情報生成にAIが利用され，情報の信頼性に対する課題が深刻化した．このようなAI利用を起点とするIT環境の革新は，大きな可能性があるが，セキュリティやプライバシーの脅威も大きくなると思われる（独立行政法人情報処理推進機構（IPA）2023a）.

　IPAが2011年から毎年発表している「情報セキュリティ10大脅威」は，情報セキュリティ専門家を中心に構成する「10大脅威選考会」の協力により，2022年に発生したセキュリティ事故や攻撃の状況等から脅威を選出し，投票により順位付けして解説した資料である．「個人」と「組織」という異なる立場で，それぞれの脅威を順位付けし，立場毎に「10大脅威」を決定している（独立行政法人情報処理推進機構（IPA）2023b：はじめに）.

　表2-1によれば，左列の「個人の10大脅威」では，9位以上の脅威が2020年から4年連続で10大脅威に選抜されている．10位となった「ワンクリック請求等の不当請求による金銭被害」は，「10大脅威2018」以来5年ぶりのランクインとなった（独立行政法人情報処理推進機構（IPA）　2023b：はじめに）．

　他方で，右列の「組織の10大脅威」でも，9位以上の脅威が2022年から2年連続で10大脅威に選抜されている．「サプライチェーンの弱点を悪用した攻撃」は2013年から2位以上を維持し続けていた「標的型攻撃による機密情報の窃取」を抑えてのランクインとなっている．また，10位となった「犯罪のビジネス化（アンダーグラウンドサービス）」は「10大脅威 2018」以来5年ぶりにランクインとなった．これは盗んだ情報の売買だけではなく，攻撃に使用するツールやマルウェアの売買が行われることもあり，攻撃のさらなる増加につながる脅威でもあるため，組織としてはセキュリティ対策の重要度がさらに上がっていると言える結果である（独立行政法人情報処理推進機構（IPA）　2023b：はじめに）．

　そこで，「個人の10大脅威」の1位「フィッシングによる個人情報等の窃取」

表2-1　「情報セキュリティ10大脅威 2022「個人」および「組織」向けの脅威の順位」

「個人」向け脅威	順位	「組織」向け脅威
フィッシングによる個人情報等の搾取	1	ランサムウェアによる被害
ネット上の誹謗・中傷・デマ	2	サプライチェーンの弱点を悪用した攻撃
メールやSMS等を使った脅迫・詐欺の手口による金銭要求	3	標的型攻撃による機密情報の窃取
クレジットカード情報の不正利用	4	内部不正による情報漏えい
スマホ決済の不正利用	5	テレワーク等のニューノーマルな働き方を狙った攻撃
不正アプリによるスマートフォン利用者への被害	6	修正プログラムの公開前を狙う攻撃（ゼロデイ攻撃）
偽警告によるインターネット詐欺	7	ビジネスメール詐欺による金銭被害
インターネット上のサービスからの個人情報の窃取	8	脆弱性対策情報の公開に伴う悪用増加
インターネット上のサービスへの不正ログイン	9	不注意による情報漏えい等の被害
ワンクリック請求等の不当請求による金銭被害	10	犯罪のビジネス化（アンダーグラウンドサービス）

（出典）　独立行政法人情報処理推進機構（IPA）（2023b）『「情報セキュリティ10大脅威 2023」解説書』表1.1（IPA 2023b：6）．

の実例としては，『朝日新聞』2020年 5 月 9 日に掲載された「フィッシング詐欺に遭ってしまった」に記載されているように，埼玉県警の担当記者として何度も詐欺の記事を書いてきた記者でも，スマホに届いたアマゾンを名乗るメールの指示通りに，ユーザーIDとパスワード，クレジットカード情報を入力してしまうというように簡単に被害に遭ってしまうのである（朝日新聞　2020. 5. 9：18）.

　この事例は，スマートフォンではメール内のリンク先のURLが表示されないという盲点をつかれて，フィッシング詐欺の被害に遭ってしまったのであるが，毎月利用明細を見て不正な利用履歴があったらすぐにカード会社に問い合わせるというのが確実な対処の仕方である.

　しかし，『朝日新聞』2023年 2 月21日に掲載された「検索→広告枠に偽サイト　カード情報やパスワードの収集　頻発」という記事にあるように，グーグルで「えきねっと」と検索すると，結果一覧の最上部にある広告枠に偽サイトが表示され，クリックすると，本物そっくりの画面を表示し，会員にIDやパスワードを入力させるという，検索連動型広告の仕組みを悪用したフィッシング詐欺の新たな手口が出てきている（朝日新聞　2023. 2. 21：6）.

　このように，利用者が検索サイトやSNS上に広告として表示される偽サイトを見分けるのが容易でないばかりか，偽サイトを取り締まり排除するためには，広告を載せる場所を提供するプラットフォーマー（大手の検索サイトやSNSの運営者）への消費者庁等の行政当局による効果的な規制が必要であることがわかる.

　次に，「個人の10大脅威」の第 2 位にあがった「ネット上の誹謗・中傷・デマ」について，『朝日新聞』2020年 8 月 9 日に掲載された「ネットの中傷　あなたは？」という記事では，「ネット上の誹謗・中傷」は，世界的な問題となっており，その被害者の多くは，女性で非白人である（朝日新聞　2020. 8. 9：7）.

　こうした状況に対して，日本では，総務省やIT企業の団体が対応を行っている.

　そこで，総務省の「違法・有害情報相談センター」とIT企業が組織する「誹謗中傷ホットライン」の取り組みを見てみよう.

　まず，「違法・有害情報相談センター」を所管する総務省総合通信基盤局電気通信事業部消費者行政第二課の『令和 3 年度　インターネット上の違法・有害情報対応相談業務等請負業務報告書（概要版）』によれば，図 2 - 1 のように，「違法・有害情報相談センターで受け付けている相談の件数は増加傾向にあり，

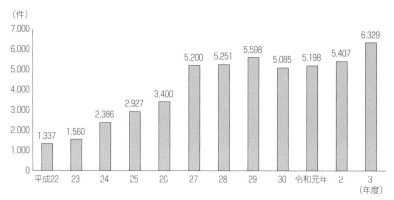

図2-1　違法・有害情報相談センターにおける相談件数の推移〈平成22年
　　　　度〜令和3年度〉

（出典）　総務省 総合通信基盤局電気通信事業部消費者行政第二課2021『令和3年度　インターネット
　　　　上の違法・有害情報対応相談業務等請負業務報告書（概要版）』（同省 同局同課　2021：1）.

　令和3年度の相談件数は，平成22年度の相談件数の約5倍に増加しており，
6,000件を上回った」（総務省 総合通信基盤局電気通信事業部消費者行政第二課　2021：
1）.

　そして，相談件数の内訳は，図2-2のようにその大多数が，名誉・信用棄損，
プライバシー侵害という誹謗・中傷に関わる内容となっていることがわかる（総
務省 総合通信基盤局電気通信事業部消費者行政第二課　2021：6）.

　他方で，一般社団法人セーファーインターネット協会が2020年6月29日に発
表した「【プレスリリース】SIA，ネットの誹謗中傷情報対策タスクフォース『誹
謗中傷ホットライン』を設置，本日より相談受付を開始」によれば，同協会は
「誹謗中傷ホットライン」を2020年6月29日に運用開始し，インターネット上
で誹謗中傷被害を受けている個人の被害者から，誹謗中傷情報が掲載されたサ
イト情報等の相談を受け付け，内容を確認した後，コンテンツ提供事業者やプ
ロバイダ等に，各社の利用規約に基づいた削除等の措置を依頼している．相談
受け付けは，立場の弱い個人を対象とし，原則として被害者本人からの相談の
みを対象としている．被害者が児童または就学中の場合には，保護者や学校関
係者からの相談も対象としている（一般社団法人セーファーインターネット協会
2020）.

　このように，ヤフーやアマゾン等の大手のIT企業が中心となって設立され

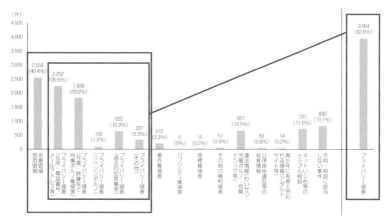

図 2 - 2　相談（作業）件数の内訳：相談内容（作業件数ベース）（n＝6,329）〈令和 3 年度〉

（出典）　総務省 総合通信基盤局電気通信事業部消費者行政第二課2021『令和 3 年度　インターネット上の違法・有害情報対応相談業務等請負業務報告書（概要版）』（同省 同局同課　2021：6 ）に著者加筆.

た民間団体による自主的な取り組みとともに総務省や法務省，警察庁などが連携して図 2 - 3 のような「インターネット上の誹謗中傷に関する相談窓口」を組織化している（総務省　総合通信基盤局電気通信事業部消費者行政第二課2020）．

　ところで，IPAは，「個人の10大脅威」に対するインターネットの一般利用者の対策状況を把握するために，2005年から情報セキュリティの「脅威に対する意識調査」を，2013年から「倫理に対する意識調査」を継続して実施しており，標的型攻撃やランサムウェア等の脅威に対する認知度，インターネットを利用する上で利用者に求められる各種対策，SNS利用における意識，経験等を調査している（独立行政法人情報処理推進機構（IPA）　2022a：123）．

　2021年度の「脅威に対する意識調査」の結果では，パソコン利用者とスマートフォン利用者を対象に，それぞれの機器の特性や使用環境に応じた質問を設定し，実施している．調査結果では，総じてスマートフォン利用者のセキュリティ対策実施率が低いことがわかった．そして，スマートフォン利用者の対策実施率の低さの要因を探るため，回答者属性等の追加分析を行った結果が表 2 - 2 である（独立行政法人情報処理推進機構（IPA）　2022a：123）．

　なお，この「スマートフォン利用者向け調査」は，事前調査の回答から，インターネットをパソコンではなく「スマートフォンのみでの利用している」回

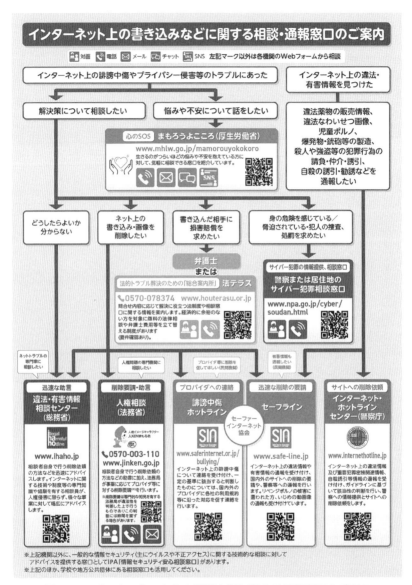

図 2-3　インターネット上の誹謗中傷に関する相談窓口のご案内

（出典）　総務省　総合通信基盤局電気通信事業部消費者行政第二課「インターネット上の誹謗中傷への対策」
2020インターネット上の誹謗中傷に関してお困りの方へ（相談窓口）（https://www.soumu.go.jp/
main_sosiki/joho_tsusin/d_syohi/hiboutyusyou.html）.

答者と，パソコンも使っているが「スマートフォンの方が利用時間が長い」回答者を対象としている．回答者「全体」がサンプル総数5,000人であり，そのうち，「スマートフォンのみを利用」している回答者が1,749人，（パソコンも使っているが）「スマートフォンでの利用時間が長い」回答者が3,251人であった（独立行政法人情報処理推進機構（IPA）　2022a：124）．

　スマートフォン利用者の対策実施率について，回答者「全体」（以下，A群）と「スマートフォンのみを利用している回答者」（以下，B群），（パソコンも使っているが）「スマートフォンでの利用時間が長い回答者」（以下，C群），及び「B群」「C群」の実施率の差分を**表2-2**に記載してある（独立行政法人情報処理推進機構（IPA）　2022a：124）．

　「A群」の対策実施率が50％を超えるのは「（可能な機種の場合）OSのアップデート」「信頼できる場所（公式サイト，公式ストア等）からアプリをインストール」「端末内のアプリのアップデート」の3問である．そして「B群」「C群」と「A群」を比較すると，「B群」の対策実施率が全設問で「A群」より低く，逆に「C群」は「A群」より高い．「B群」と「C群」の差分では，後者の方がおおむね10％程度対策実施率が高かったことがわかる（独立行政法人情報処理推進機構（IPA）2022a：124）．

　したがって，日常的にパソコンも使用していてスマートフォンの利用時間が長い回答者の約6割は，スマートフォンのOSと信頼性の高いアプリケーションのアップデートを行うことでサイバーセキュリティ対策を実践していることがわかる．

　他方で，スマートフォンのみを使用している回答者のうち約5割は，アプリケーションのアップデートを行っているが，アプリケーションの信頼性については無頓着であり，また，4割しかOSのアップデートを行っておらず，サイバーセキュリティ対策が不十分であることがうかがえる．

　ちなみに，総務省の「令和3年通信利用動向調査」の「世帯構成員編」の中で，「過去1年間にインターネットを利用した者」を対象とした「インターネットの利用機器」の利用実態調査結果によれば，**表2-3**のように，「パソコン」の利用率が低く「スマートフォンのみを利用している回答者」の割合が高いと推測されるのは，13〜19歳の中学生以上の未成年者である．

　したがって，サイバーセキュリティ対策の実践状況については，未成年者が要注意であることがわかる．

表2-2　スマートフォン利用者のセキュリティ対策実施状況比較

スマートフォン利用者の セキュリティ対策実施状況	A：全体 (n=5,000)	B：スマートフォン のみを利用 (n=1,749)	C：スマートフォン での利用時間が長い (n=3,251)	B・C差
（可能な機種の場合）OSのアップデート	51.6%	41.3%	57.2%	−15.9%
信頼できる場所（公式サイト，公式ストア等）からアプリをインストールする	56.4%	48.2%	60.8%	−12.6%
アプリをインストールする前または実行時に要求される権限を確認する	46.1%	38.8%	50.0%	−11.2%
端末内のアプリのアップデート	59.2%	53.0%	62.5%	−9.5%
紛失時などに備えたデバイス捜索対策	29.6%	22.4%	33.4%	−11.0%
リモートロックなどの不正利用防止機能	26.1%	20.0%	29.4%	−9.5%
パスワードやPIN，パターンなどによる画面ロック機能	46.4%	39.5%	50.1%	−10.7%
指紋認証・顔認証など，生体認証による画面ロック機能	42.9%	34.4%	47.5%	−13.1%
アプリをインストールする前にレビューやコメントなどを確認する	46.8%	40.3%	50.3%	−10.1%
デバイス内データ（写真，動画，個人情報など）のバックアップ	43.3%	35.8%	47.4%	−11.6%
セキュリティソフト・サービスの導入・活用	38.5%	26.4%	44.9%	−18.5%
重要な情報を扱うアプリの個別ロック機能の活用	24.9%	17.2%	29.1%	−11.9%
パスワード，指紋，ワンタイムパスワード等から2種類以上を組合わせる多要素認証の積極的な利用	39.3%	30.8%	43.8%	−13.0%
IoT機器にアカウント設定があれば，購入後すぐにパスワードの変更等セキュリティ設定を実施	29.1%	22.1%	32.8%	−10.7%
セキュリティのサポートが終了したIoT機器等の利用を止めている	27.3%	20.6%	30.9%	−10.3%
使わなくなったIoT機器は，ネットから切り離している	30.1%	22.9%	34.0%	−11.0%
IoT機器を廃棄する場合には購入時の状態に初期化している	29.6%	22.4%	33.6%	−11.2%

（出典）　独立行政法人情報処理推進機構（IPA）（2022b）『「情報セキュリティ10大脅威 2022」解説書』表
　　　　2-4-7（IPA　2022b：123）に著者加筆.

　そこで，次に，スマートフォン依存や迷惑行為・犯罪被害等の子ども・若者のソーシャル・メディア利用をめぐる諸問題について論じることにしたい．

2.　子ども・若者におけるデジタル・メディア利用の問題

2-1　子ども・若者におけるスマートフォン依存の問題

　『朝日新聞』2022年12月31日「タイパ社会　豊かな時間はどこに2　気づけばスマホの奴隷」という連載特集記事によれば，NTTドコモの調査で，図

表2-3　インターネット利用者におけるパソコンと
スマートフォンの年齢別利用率

	パソコン（％）	スマートフォン（％）
［全　体］	57.9	82.5
6～12歳	30.1	47.8
13～19歳	46.4	81.6
（15～19歳）	50.1	84.7
20～29歳	66.7	91.2
30～39歳	63.8	93.7
40～49歳	65	90.4
50～59歳	65.8	88.1
60～64歳	58.3	86.1
65歳以上	48.9	67.9

（出典）　総務省「令和3年通信利用動向調査」（令和3年8月）末世帯
構成員編　問2（1）インターネットの利用機器に著者加筆.

2-4のように平日にスマホを4時間以上利用するのは，10～20代の男性で4
割前後，女性で5割を超える（朝日新聞　2022.12.31）.
　特にスマートフォンの利用時間が長い10・20代の女性の事例から見えるのは，
仲間から自分が認められたいという「承認欲求」に突き動かされ，SNSを通じ
て送られてくる情報に寝食も忘れて反応せざるをえないという「同調圧力」の
強さに抗えず，「スマホ依存」にならざるをえないという若者の実態である（朝
日新聞　2022.12.31）.
　ちなみに，国立病院機構久里浜医療センターが全国の10～29歳の若年者を無
作為抽出して実施し，令和元年11月27日に発表した「ネット・ゲーム使用と生
活習慣についてのアンケート結果（概要）」によれば，平日における1日当たり
のゲーム時間は，男性では，「3時間以上」が24.6％（うち「6時間以上」は3.7％）
女性では，10.4％（うち「6時間以上」は1.6％）であり，概して男性のほうが長く
なる傾向にあった.
　また，「ゲームのために，学業に悪影響がでたり，仕事を危うくしたり失っ
たりしても，ゲームを続けましたか」，「ゲームが腰痛，目の痛み，頭痛，関節
や筋肉痛などといった体の問題を引き起こしていても，ゲームを続けました

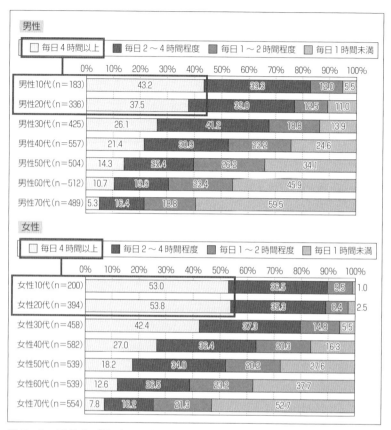

図2-4　平日のプライベートでのスマートフォンの利用時間［性年代別］
（単一回答）

（出典）　株式会社NTTドコモ　モバイル社会研究所2022『モバイル社会白書　2022年版』（https://
　　　　www.moba-ken.jp/whitepaper/wp22/pdf/wp22_chap 1 .pdf：55）に著者加筆
　　　　その中で特に利用時間が長い10代・20代女性の日常は以下の通りである（朝日新聞
　　　　2022.12.31）.

か」,「ゲームにより, 睡眠障害（朝起きれない, 眠れないなど）や憂うつ, 不安な
どといった心の問題が起きていても, ゲームを続けましたか」というゲーム依
存症の傾向の有無を問う質問に「はい」と答えた割合は,「6時間以上」では
それぞれ, 24.8％, 40.5％, 37.2％であり, 6時間以上ゲーム続ける割合が若
年男性で3.7％と若年女性の1.6％に対して2倍以上高いことから, 若年男性の

「ネット依存」の主たる要因は,「ネット・ゲーム」であることがわかる（国立病院機構久里浜医療センター　2019：2）.

　こうした「スマホ依存」が若年者に深刻な影響を与えてことについて,脳科学者たちは,「スマホ脳」や「オンライン脳」というキーワードを提示して警鐘を鳴らしている.

　スウェーデンの精神科医学者のアンデシュ・ハンセンは,その著書『スマホ脳』の「まえがき」において,ここ10年で心の不調受診する人が特に若い人で増えている一因が,この数十年間で急速にデジタル化によってライフスタイルが変化したことにあるのではないかと疑問を呈している（ハンセン　2020：6）.

　そして,同書の「コロナに寄せて――新しいまえがき」の中で,「人間の脳はデジタル社会に適応していない」すなわち,狩猟・採集の生活様式に適応するようになっていて1万年変化していない人間の脳は,デジタル化によって急速に変化する人間を取り巻く環境が合っていないので,睡眠や運動をする時間が短くなり,対面的な交流が減ることで人々の心に影響を及ぼし,精神的不調で受診する人がますます増えていると論じている（ハンセン　2020：7‐9）.

　さらに,新型コロナウイルスの世界的な感染拡大（コロナ禍）によって,自分の身を守るためにテレビやパソコン,スマホなどによって感染者に関する情報だけでなく,SNSを通じて拡散する陰謀論や偽情報も得ることで,ますます不安とストレスを感じるようになり,精神的な不調から身を守る睡眠,運動,他者との交流が減り,ますます,精神的な不調に悩まされる人々が増えた（ハンセン　2020：10-12）.

　しかし,時間の無駄だとわかっていても人々はスマホを手放すことができない.というのは,フェイスブックやスナップチャット,インスタグラム等のSNSを運営する企業は,人々の脳の報酬システムをハッキングすることに成功し,10年で全世界の広告市場を制覇した.人々がSNSを利用することに費やす時間がこれらの企業にとっては,広告収入につながるので,これらの企業は,金もうけのためにデジタル技術を活用して人々の脳の報酬系により多くの快楽を求めるように働きかけてより多くの時間をSNSの利用に費やすように仕向けて,広告費を稼ごうとするのである（ハンセン　2020：13-14）.

　ハンセンによれば,ニュースサイトやメールやSNSから新しい情報を得ると,脳の報酬システムが人々の祖先が新しい場所や環境を見つけた時と同じよう

に，脳内で密接な関係にある（見返りを欲する）「報酬探索行動」と（情報を欲する）「情報探索行動」を誘発するのである（ハンセン　2020：73-74）．

　そして，食料不足の世界に生きた人の祖先は，限られた資源を発見し活用するために，人間に組み込まれた「不確かな結果への偏愛」に駆り立てられて報酬が得られるかどうかわからなくても探し続けたのである（ハンセン　2020：76）．

　フェイスブックやインスタグラムやスナップチャット等のSNSは，この人間の「不確かな偏愛」を巧みに利用し，人々にスマホを手に取らせ，何か大事な更新がないか，「いいね」がついていないか確かめたいという欲求を起こさせる．その上，報酬システムがいちばん強く煽られている最中にデジタルな承認欲求を満たしてくれる．SNSの開発者は，人間の報酬システムを詳しく研究し，脳が不確かな結果を偏愛していることや，どのくらいの頻度が効果的なのかをちゃんとわかっているので，時間を問わずスマホを手に取りたくなるような驚きの瞬間を創造する知識も持っている．そして，SNSを運営する企業は，金儲けのために，行動科学や脳科学の専門家を雇ってSNSのアプリが極力効果的に脳の報酬システムを直撃し最大限の依存性を実現することで人々の脳のハッキングに成功している（ハンセン　2020：77-78）．

　さらに，ハンセンは，今でも人々は狩猟採集民の脳を持っていて，いたるところに危険を探そうとし，すぐにストレスを感じ，気が散り，同時に複数の作業をするのが苦手であるという特性を人間の脳が持っているために，スマホを使いすぎると気が散り，よく眠れなくなり，ストレスを感じることになると論じてる（ハンセン　2020：241-243）．

　そこで，ハンセンは，このようなSNSとスマートフォンの誘惑から逃れて，よく眠って元気になりたい，集中力を高め，現代のデジタル・メディアに依存せざるを得ない生活から受ける影響を最小限にとどめたい人向けに，以下のようなアドバイスを提示している（ハンセン　2020：243）．

　　・自分のスマホ利用時間を知ろう
　　・目覚まし時計と腕時計を買おう
　　・毎日1～2時間，スマホをオフに
　　・プッシュ通知もすべてオフにしよう
　　・スマホの表示をモノクロに

・チャットやメールをチェックする時間を決めよう

・友人と会っている時はスマホをマナーモードにして少し遠ざけておき，一緒に
　いる相手に集中しよう

・スマホの画面を見る時間を制限し，代わりのことをしよう

・スマホを寝室に置かない

・寝る直前に仕事のメールを開かない

・どんな運動でも脳によいので，集中力を高めたければ週に3回45分，できれば
　息が切れて汗をかくまで運動するのがよい

・SNSでは積極的に交流したいと思う人だけをフォローしよう

　これらのアドバイスを実践できれば，スマホ依存から脱することができるの
である（ハンセン　2020：244-249）．

　ところで，脳科学者の川島隆太は，東北大学加齢医学研究所と仙台市教育委
員会と組織的連携協力に関する協定の下で実施した児童・生徒の学習意欲を向
上させるための共同プロジェクトにおいて，仙台市内の中学生を対象にしたス
マホ等のデジタル機器使用に関する調査結果に基づいて著した『スマホが学力
を破壊する』の中で，中学生の平日の携帯電話・スマホの使用時間が長いほど
家庭での学習時間が減り数学の成績が低くなるという現象について，スマホを
長時間使用することで，（相手の気持ちを察して気を遣い円滑に行うために脳の前頭前
野の機能を駆使しなければならない）家族や友人との対面的なコミュニケーション
の機会が減ると思考の中枢である前頭前野の機能に抑制がかかり，前頭前野の
発達に悪影響を及ぼした結果であると説明している（川島　2018：178-183）．

　また，川島は，著書『オンライン脳』において「スマホ・タブレット・パソ
コンなどのデジタル機器をンラインで長時間使いすぎることによって，脳にダ
メージが蓄積され，脳本来のパフォーマンスを発揮できなくなった状態」を「オ
ンライン脳」という概念で提示し，オンラインでデジタル機器を長時間使用す
ることが子どもの発達にとって悪影響を与えていると警告している（川島
2022：8）．

　川島は，仙台市教育委員会と相談の上で，7万人を超える児童・生徒（小中
学生）一人ひとりにID番号を振り，平成26（2014）年度調査から追跡できる環
境を整え，アプリ（アプリケーション・ソフトウェア）を使う状況と学力との関係
について調査・分析した結果から，勉強中に子どもたちは，ゲームからユー

チューブ，ウェッブサイトをハシゴして気になる話題をチェックし合間に
LINEを使うというように，複数のアプリを切り替えて使う「スイッチング」（「何
かに集中している時に妨害が入り，別のことをやりはじめること」が何度も繰り返されて，
1つのことに集中できなくなる現象（状態））を頻繁に行って学習に集中できなくなり，
学力が低くなるというということがわかった（川島　2022：127-131）.

　そもそも，スマホそのものが非常にスイッチングしやすく作られており，さ
らに，スマホを使ってインターネットにアクセスする学習では，学習アプリを
使っている最中にLINEのメッセージが届いてLINEでメッセージをやりとりし
てしまったり，ユーチューブのオンライン授業を受けていて，わからないとこ
ろをウィキペディアで調べ，知らない地名が出てきたらグーグルマップで確認
してしまったりというように，次から次にスイッチングを繰り返すことで注意
が散漫となって勉強に集中が出来なくなった結果，学力が下がるのである（川
島　2022：132-133）.

　また，スマホでSNS，ユーチューブ視聴，ウェブページ閲覧，ゲームなど何
をするかは問わず，デジタル・スクリーンで作業したり遊んだりする時間が長
くなればなるほど脳に悪影響を及ぼすと考えられる（川島　2022：137-138）.

　結論としては，スマホを使ってインターネットを使い過ぎたことによって，
脳の発達そのものに障害が起こり，小中高生を対象にした調査結果からスマホ
を高頻度で使えば3年間で大脳全体の発達が止まってしまい，3年間スマホを
全く使わなかった中学生と3年間高頻度で使ってきた中学生が，同じテストを
受けた結果，後者の方に成績の著しい低下が見られるのである（川島　2022：
147-148）.

　他方で，大人でも，スマホを頻繁に使う人ほど，感情のコントロールが難し
くなったり，うつ状態になりやすくなったりする（川島　2022：149）.

　川島は，こうした状態を「デジタル依存」と呼んでいる．スマホ等のデジタ
ルディバイスで使われるゲームも含めたアプリは，人々の依存を引き出すよう
にゲームデザイナーなどの開発者によって非常に巧妙に作られており，スマホ
やタブレットなどのデジタル機器に触れることで脳は，脳内の報酬システムで
あるドーパミン回路が刺激されて，薬物依存者が薬物に接する時の脳と似たパ
ターンの反応をするのである（川島　2022：152-153）.

　そして，川島は，このような「デジタル依存」を子どもに引き起こす最大の
要因として，現代の家庭が，家族の一人ひとりが双方向型のデジタルディバイ

スを頻繁に利用することで，親子間，夫婦間，きょうだい間などで直接的な対面的コミュニケーションをする時間が激減し，子どもが親やきょうだいなどの間の直接的で密接な関係を通じて経験を積み，コミュニケーション能力や体力・運動能力等の様々な能力を育む場となっていないことを指摘している（川島 2022：165-167）．

そこで，川島は，家庭がこのような状況から脱するための以下のような「5つの提言」を行っている（川島　2022：171-172）．

① 2歳までのテレビ・ビデオ視聴を控える．
② 授乳中，食事中のテレビ・ビデオの視聴をやめる．
③ すべてのメディアへ接触する総時間を1日2時間に制限する．テレビゲームは1日30分が目安．
④ 子ども部屋にはテレビ，ビデオ，パソコンを置かない．
⑤ 保護者と子どもでメディアを上手に利用するためのルールをつくる．

さらに川島は，子どもや大人のスマホ依存がいかに脳へ悪影響を与えているのかを著書『スマホ依存が脳を傷つける』(2023) で強く訴えている．

それによれば，10年間子どもたちの生活習慣と脳の発達を調べた結果，スマホやタブレットをたくさん使う子どもたちの学力が妙に低く，また脳の発達に遅れがでていることがわかった．この衝撃的な結果から，川島たちはなんとしてでも，子どもたちの脳をまもらなければならないという思いを抱き，スマホなどのデジタル機器，オンラインによる学習やコミュニケーションのリスクについて複数の書籍や講演などを通して警鐘を鳴らして来た（川島　2023：1 - 2 ）．

しかし，子どもたちを守る立場にある親や教師たちですら，その危険性に気づいていないのが現実であり，世の中の大人たちは「便利」「ラク」「楽しい」といってスマホを朝から晩まで使い，それを悪いこととは思っていない（川島 2023： 2 ）．

スマホには薬物やアルコールのような依存性があり，中毒になると容易にやめられない．いわば「デジタルドラッグ」である．その危険性に気づかず，スマホの便利さに甘んじて「今が楽しければいい」「今を生きていれば満足」といった認知症の患者たちと同じ状態に陥っている（川島　2023： 2 - 3 ）．

認知症の患者は，時間の感覚がなく，今しかない世界に生きている．将来の計画を立てて実行することが出来なくなり，感情や行動の抑制が利かず，怒っ

たり，泣き出したりしてしまう．この状態は，認知症によって脳が委縮し，認知機能が低下してしまうことによって起こるのである（川島　2023：3）．

　これと同じような症状が，スマホの使い過ぎによって一般の人たちにも出はじめているのではないかと疑われる．それを裏付ける証拠として，デジタル機器の使用によって子どもの自尊心や自己肯定感が下がる，大人も集中力が下がり，倦怠感，うつ，不安など心身の不調が出現するというデータは今や世界中から報告されている（川島　2023：4）．

　そして，こうした知見に基づいて，川島は，今の人々のスマホに依存した生活がいかに異常であるかを特に親と教師が気づく必要がある．子どもの習慣は，家族の習慣であり，親の習慣が鏡になる．親やまわりの大人たちが気づかなければ，子どもを今の異常な状態から救うことはできないと警鐘を鳴らしている（川島　2023：4）．

　ところで，川島は，そもそも子どもを導くべき親がスマホやパソコンにどっぷり浸かり「デジタル依存」の状態となっていて，親が子どもを教え育てる能力である「家庭の教育力」が急激に落ちているという状況に警鐘を鳴らし，「デジタル漬けで夜ふかしをする子どもたちは，睡眠の質が悪くなる．精神的にも不安になる．授業についていけなくなる．本当に悪いことしか起こらない．このままでは子どもたちの未来が壊れてしまう．だから，早急に対策が必要だ」という社会的な合意をなんとかつくらなければいけないと訴えるが，政府から法制度にもとづく強い規制を受けるために政権の意向に逆らうことが難しいNHKやIT・家電業界からの広告料で事業が成り立つ民間放送や系列の新聞といったマスメディアは，それぞれの利害に反するので，こうした川島の訴えを無視しているため，人々の耳に川島の訴えがとどいていないのが実情であろう（川島　2022：172-175）．

　以上が，脳科学者であるハンセンと川島による実証的な研究結果を根拠とする「スマホが未成年者の脳の発達に深刻な悪影響を与えている」という警告である．

　そして，川島に東北大学で研究指導を受けてスマートフォンの適切な利用方法を解明しようとしてきた榊浩平は，川島監修の著書『スマホはどこまで脳をこわすか』（2023）で，上記のようなスマホが脳に与える悪影響の危険性を指摘する実証的研究に基づく研究論文や著書が多数出版されるようになり，スマホなどを販売する企業もこうした研究成果を無視できなくなってきたと指摘して

いる（榊　2023：240-241）.

　そして，2018年に発表されたアップルのiOS12には，「制限機能」として利用者自身が，使用しているアプリの種類や使用時間を記録することができる「スクリーンタイム機能」が追加された．この機能が追加された理由として考えられるのは，IT企業の訴訟対策である（榊　2023：241）.

　すなわち，将来，「スマホのせいで子どもの脳発達が阻害された」「大人でも脳が委縮してしまった」などとスマホを製造・販売する企業に対して訴訟を起こす人が出てきて，企業は多額の損害賠償を支払わなければならない可能が出て来る．そのリスクを避けるためにスクリーンタイム機能を追加して「自分たちで適度に使用時間を制限して使ってくださいね」と利用者の自己責任としてしてしまおうとするのである（榊　2023：241）.

　そして，榊は，多くの人類がスマホに依存する習慣にどっぷりと浸かってしまい前頭前野の機能が失われ，滅びゆく運命を辿ってしまうのか．それとも，スマホという危険でかつ便利なものを使いこなし，前頭前野の機能を手放すことなく人類が生き延び，さらなる繁栄を遂げていくのかと疑問を投げかけ，「21世紀を生きる私たちの手に握られているのは，スマホではなく人類の未来です」とスマホの適正な利用ができなければ人類は滅んでしまうと「人類滅亡の危機」を暗示にしている（榊　2023：241）.

　榊が指摘する「人類滅亡の危機」を人類のより良い進化のための「好機」に変えるためには，川島が提唱しているように，より多くの人々が対面でコミュニケーションする機会を増やしたり，体を動かす機会を増やしたりして，「スマホ」を使わずに得た情報に基づいて自分の頭で考えて大脳の前頭前野を活性化させた上で，「ぼーっと」入浴したり「ぼんやりと」散歩したりすることでヨガや座禅と同様な瞑想状態をつくり出して，「デフォルトモードネットワーク」（DMN）をオンにして人類が「ひらめく脳」を獲得する必要がある（川島　2023：142-176）.

　そうなれば，人類は「ひらめく脳」の創造力を駆使して新たな文物や社会制度を創造し豊かで自由で平等で平和な理想的な社会，つまり「ユートピア」を実現することができるであろう．

　ところで，こうした脳科学の知見に基づく警告は，すべての家庭で親が子どもを教え育てる能力である「家庭の教育力」が急激に落ちているため，子どもの求めるままにスマホを買い与え自由に使わせてしまっているので，子どもの

脳の発達に悪影響が出て，その結果学力が低下するという印象を人々に与えてしまうのではないだろうか．

　しかし，ハンセンは，『スマホ脳』の中で，アップル社の創業者の故スティーブ・ジョブズは，自分の10代の子どもに対してiPadを使ってよい時間を厳しく制限しており，また，ビル・ゲイツも自分の子どもが14歳になるまでスマホを持たせなかったということを指摘している（ハンセン　2020：82）．

　また，川島も『スマホが学力を破壊する』において，ビル・ゲイツもスティーブ・ジョブズも自分の子どもにはスマホをはじめとするデジタル機器を持たせず，使用も制限していると言及している（川島　2018：216）．

　このようにiPhoneを開発・製造し世界中に販売してきたスティーブ・ジョブズ当人が，スマホの子どもの脳の発達への悪影響を明確に認識しているので，自分の子どもにはスマホの利用を厳しくしていることに象徴されるように，スマホの危険性を認識している親がいる家庭では，子どもにスマホを適切に使わせることができるような「家庭の教育力」あるということになる．

　そこで，スマホの危険性を認識し子どもにスマホを適切に使わせることができている「意識の高い」親と，放任してスマホを子どもに使い放題にさせている「スマホ漬け」の親とは何が違うのかということについては，親の職業・収入・学歴や地域差に着目した社会階層論の観点からの考察が必要となる．

　そこで，その手掛かりとなるのが，松岡亮二編『教育論の新常識』の中の多喜弘文「ICT導入で格差拡大　日本の学校がアメリカ化する日」での考察である．

　この論考は，内閣府が2020年のコロナ禍による全国一斉臨時休校明けに調査した全国の小中学校でのオンライン教育の実施状況に関する調査の個票を多喜と松岡が共同で分析した知見に基づいている（松岡　2021：46）．

　それによれば，小中学校の両方において，親の収入が高く三大大都市圏に居住してる児童・生徒は，学校内外でオンライン教育を受ける機会が多かったことが示されている．

　例えば，非三大都市圏に住む家計の収入が相対的に低い中学生は学校によるオンライン教育を16.4％，塾などの学校外のオンライン教育を11.5％受けていたのに対して，同じく非三大都市圏に住む収入「高」の中学生ではそれぞれ29.0％と30.6％に達していた．また，三大都市圏に住む収入「低」の家庭の児童生徒は，非大都市圏の収入「高」の家庭の児童生徒と同程度のオンライン教

育を受けているなど住んでいる地域による差も大きい（松岡　2021：47）．

　そして，全国の国立・私立を除く公立の小中学校に通う児童生徒の間でも，学校でオンライン教育を受ける機会に居住地域や収入による格差が一定程度生じていることがわかっている（松岡　2021：49）．

　こうした格差の要因として考えられるのは，まず，小中学校がオンライン教育の提供の判断にあたり，収入「高」の家庭が多い地域では，タブレット端末やWi-Fi等のICT環境の整備を家庭に求めやすく，理解を得ることが相対的に容易であったと考えられる．また，児童生徒の家庭の世帯収入は親の学歴と密接に関連している．また，子どもの勉強の遅れに敏感な教育熱心な大学卒の保護者ほど学校にオンライン教育の実施を強く要請した可能性が高い．さらに，大都市圏では，産業や職業の構成を考慮すると保護者が他の地域よりもICTに接する機会が多い．したがって，大都市圏では，子どもや親及び教師側もパソコンやタブレットになじみを持っている可能性が高く，比較的円滑にオンライン教育に移行できたと推測できる（松岡　2021：49-50）．

　ちなみに，小中学生を対象にした2015年の国際学力調査TIMSS（国際数学・理科教育動向調査）では，親の学歴が高いほどICT機器を所持している児童生徒の割合が高く，家庭でICT機器に慣れ親しんでいるという明確な傾向が確認できる．また，2019年度の総務省「通信動向調査（世帯員編）」から算出すると，一年間にパソコンでインターネットを利用した人の割合は三大都市圏の54.2%に対して，非三大都市圏では41.3%，世帯収入では600万円未満の39.7%に対して，600万円以上は60.2%であり，明らかに都市部居住者や高収入の家庭ほど，ICT機器を用いてインターネットを利用している割合が高い（松岡　2021：50-51）．

　さらに，高校一年生を対象に2018年度に実施されたOECDのPISA（生徒の学習到達度調査）の分析から，家庭の社会経済的地位が高い生徒ほどデジタル・メディアについて家庭や親戚から学べると答えた生徒が多く，ICT機器の利用意欲も高いということがわかっている（松岡　2021：54）．

　上記の多喜と松岡の共同研究に基づく論考の中でデジタル・メディアやICT機器の中にスマートフォンが含まれるかどうかは明確ではないが，大都市圏の世帯収入の高い世帯で「子どもや親および教師側もパソコンやタブレットになじみを持っている」や「一年間にパソコンでインターネットを利用した人の割合」が高いと言及されていることから，少なくとも教育熱心な大都市部に住む

大学卒の収入に高い保護者は，自分の子どもに勝手気ままにスマートフォンでインターネット利用を使い放題にさせることはしていないと推測できるであろう．

　したがって，川島が仙台市教育員会と連携して平成25（2013）年度に実施した「仙台市標準学力検査」「仙台市生活・学習状況調査」から得た分析結果の中で（川島　2022：119），平日の携帯・スマホの使用時間が1時間未満で2時間以上学習に取り組んで最優秀の成績をあげることができる生徒の親は，仙台という大都市部に住む大学卒でホワイトカラー（専門職・事務職・管理職）の職業に就いていて収入が高く，子どもが自分と同等以上の職業に就けるように学習環境を整えるために，子どもがスマートフォンを含めたデジタル・メディアを適切に利用できるように時間と労力を費やすことを惜しまないと推測できるのではないだろうか．

　例えば，家族社会学者で格差社会論の先駆的研究者である山田昌弘は，『東洋経済オンライン』の「education特集」のインタビュー記事（2022年1月18日）において，家庭のIT環境や教育方針，保護者のサポートの有無などが，子どもたちの学びを左右し，学力の格差をもたらすということについて，以下のように言及している．

　　昔は，学力だけでよかった．受験を突破していい学校に入れば，メドがつきました．ところが今は，英語力，コミュニケーション力，デジタル力，さらには人脈力など学力では測れない能力のほうが必要になっている．非認知能力ともいわれていますね．工業型社会から情報やサービスを中心とする第3次産業中心の社会へ移り変わるに従って，求められる能力が変わりました．学力だけでなく，多様な能力を身に付けなければ，いい職に就けない，能力を発揮できない状況になっています（山田　2022）

こうした子ども・若者をとりまく状況の変化が生じたのが，1990年代後半のバブル経済崩壊後に安定した産業社会が崩壊し，世帯年収が減少し，グローバル化の進展とともに格差が拡大していったという社会状況である（山田　2022）．
　山田によれば，日本の親たちは，「いい教育を受けさせることが親の務めであり，人生の目標」となっているため，「子どもにはできるだけお金をかけて教育したい」と教育熱心であるが，特に，専業主婦の比率がたかい高収入の家庭では，母親が中心となって子どもの動静を管理することができるので，コミュ

ニケーション力，デジタル力等の学力以外の多様な非認知能力を身に付けるのに有利な家庭環境となっている（山田　2022）.

　これについて，以下のように山田は述べている.

　　ITを使うにもインテリジェンスを持っている親が必要だということです. 日頃からパソコンを使っている親がいる家庭と，そうでない家庭とでは，子どもにITスキルを身に付けさせるのにも，その対応に違いが出てきます. 教養のある親ならサポートすることができますが，まったくパソコンに触れたこともない親も世の中には少なからずいます. パソコンと無縁な親の元で育った子どもは，ある程度成長してからそのスキルをゼロから身に付けなければならないわけです（山田2022）

　他方で，このように恵まれた境遇に無い（非都市部居住・高卒以下・非正規雇用・低収入）の親たちは，生計を成り立たせるために働くのに手いっぱいで自分自身がスマホ漬けであることも自覚せず，子どものスマートフォン利用に注意と時間と労力を払う余裕がなく，子どもがスマートフォンを勝手気ままに利用するのを放任してしまい，「スマホ脳」や「オンライン脳」の状態に子どもが陥ることを防ぐことが難しくなるのではないだろうか.

　このように，社会階層論の観点から，スマホ漬けになる親とならない親，子どものスマートフォン使用を適切にコントロールできる親と放任してしまう親，スマートフォンを適切に使用しながら集中して勉強に取り組める子ども，「スマホ脳」や「オンライン脳」の状態になってしまう子どもの間の違いを生み出す要因を説明することが可能である.

　しかしながら，現時点で，地域・家庭・学校の間に格差があるとしても，児童・生徒を含む未成年者の情報リテラシー教育は必要である.

　そこで，家庭・学校の情報リテラシー教育の実態と課題について論じることにする.

2-2　家庭・学校における情報リテラシー教育の実態と課題

　内閣府の『令和4年度 青少年のインターネット利用環境実態調査（速報）』によれば，インターネットを使っている青少年（10～17歳5,000人）とその保護者（5,000人）及び低年齢層（0～満9歳）の子供と同居する保護者（3,000人）に，家庭での子どものインターネットの使い方についてのルールの有無について聞い

たところ，低年齢層の子供の保護者では「ルールを決めている」との回答は81.1％で，子供の年齢が上がるとともに割合は増加する傾向がある．他方で，学校種が上がるにつれて，「ルールを決めていない」との回答が増え，特に高校生において青少年とその保護者の間で「ルールの有無に関する認識のギャップ」も拡大傾向にあることがわかる（内閣府　2022：17）．

　ここで，注目すべきなのは，インターネット利用に関する家庭でのルールについて，青少年とその保護者の間で認識のギャップがあることである．

　「ルールを決めている」という回答の割合は，青少年の総数で67.4％，保護者の総数で78.1％と10.7ポイント保護者の方が高い．学校種別にみても，いずれの学校種でも，保護者の方が青少年よりも「ルールを決めている」という回答の割合が高い．他方で，「ルールを決めていない」については，「わからない・無回答」を含めると総数で保護者（25.9％）の方が青少年（32.7％）よりも，6.8ポイント低く，特に，高校生では，保護者の方が15.8ポイント低くなっている（内閣府　2022：17）．

　すなわち，青少年のインターネット利用に関する家庭のルールについて，保護者は，ルールを定めて自分の子どもを躾けているという認識を持っているが，青少年本人は，そのように躾けられているという認識が薄いことが窺える．

　しかし，青少年の保護者の84.9％がいずれかの方法で子どものスマートフォンによるインターネットの利用を管理していると回答している．実施している取り組みの内容としては，「フィルタリング」（43.6％），「利用してもよい時間や場所を決めて使わせている」（38.9％），「対象年齢にあったサービスやアプリを使わせている」（38.7％）が上位にあがっている（内閣府　2022：18）．

　ところで，青少年や保護者に対するインターネット利用に関する啓発学習の効果は，あるのであろうか．

　内閣府の『令和4年度 青少年のインターネット利用環境実態調査』はまだ，本書のこの章を執筆中の2023年3月時点では完成版がなくて速報版しかないので，『令和3年度版』に掲載された調査結果を見ると，**図2-5**のように，インターネットの使い方について，「ルールを決めている（計）」という回答は，インターネットに関する啓発学習経験の回答別にみると，インターネットの危険性について説明を受けたり学んだりしたことがあると回答した青少年（64.1％）の方が，教えてもらったり学んだりしたことはないと回答した青少年（55.6％）よりも多い（内閣府　2021：101）．

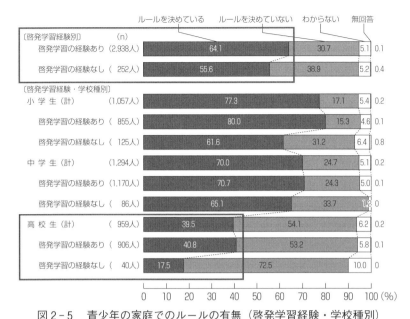

図 2-5　青少年の家庭でのルールの有無（啓発学習経験・学校種別）

（出典）　内閣府「令和 3 年度 青少年のインターネット利用環境実態調査　青少年調査の結果」図表
2-1-2-1a-3（内閣府　2021：101）に著者加筆.

　また，啓発学習経験・学校種別では，インターネットの使い方について，「ルールを決めている」という回答は，「啓発学習の経験がある」と回答した青少年の中で，小学生が80.0％，中学生が70.7％，高校生が40.8％，「啓発学習の経験はない」と回答した青少年は小学生が61.6％，中学生が65.1％，高校生が17.5％となっている．特に，高校生で啓発学習の有と無の間の差が23.3ポイントと大きいことがわかる（内閣府　2021：101）．

　他方で，青少年の保護者の家庭でのルールの有無別にみると，**図 2-6** のように，「説明を受けたり学んだりしたことがある」は，「家庭のルールを決めている」と回答した保護者（82.2％）の方が，「ルールを決めていない」と回答した保護者（69.8％）より12.4ポイント高い（内閣府　2021：138）．

　また，啓発学習経験・学校種別では，インターネットの使い方について，「ルールを決めている」という回答は，「啓発学習の経験がある」と回答した青少年の保護者の中で，小学生の保護者が91.0％，中学生の保護者が84.8％，高校生の保護者が70.2％，「啓発学習の経験はない」と回答した青少年の保護者は小

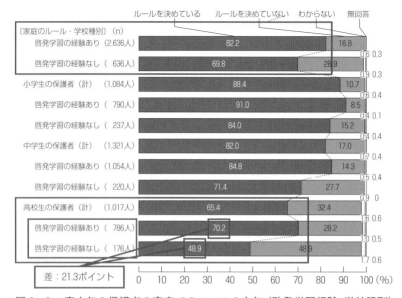

図2-6　青少年の保護者の家庭でのルールの有無（啓発学習経験・学校種別）

（出典）内閣府「令和3年度 青少年のインターネット利用環境実態調査 青少年調査の保護者調査の結果」図表2-2-1-4a-2（内閣府 2021：138）に著者加筆.

　学生の保護者が84.0％，中学生の保護者が71.4％，高校生の保護者が48.9％となっている．特に，高校生の保護者で啓発経験の有と無の間の差が21.3ポイントと最も大きいことがわかる（内閣府 2021：138）．

　以上の調査結果から，青少年や保護者に対するインターネット利用に関する啓発学習は，家庭での子どものインターネット利用の改善に効果をもたらしていることがわかる．

　それでは，実際にどれくらい，青少年や保護者に対するインターネット利用に関する啓発学習が行われているのであろうか．

　内閣府の同調査結果（令和3年度）によれば，図2-7のように，回答したすべての青少年（2,984人）に対してインターネットの危険性について説明を受けたり学んだりした経験を聞いたところ，「学校・幼稚園・保育園等」が97.5％と最も多く，次いで「親（保護者）」が35.3％，「テレビや本・パンフレットなど」が16.5％である．なお，平成30年度以降の調査結果と比べると，「親（保護者）から教えてもらった」，「テレビや本・パンフレットなどから」，「インターネッ

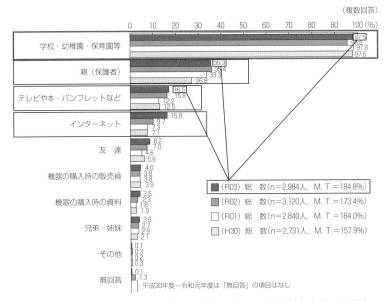

図2-7　**インターネットに関する啓発や学習の経験（青少年の回答）**

（出典）内閣府「令和3年度 青少年のインターネット利用環境実態調査」図表2-1-2-2b-1（内閣府　2021：106）に著者加筆．

トから」，「友達から」が，平成30年度から増加傾向にある（内閣府　2021：106）．

　青少年の保護者については，回答したすべての保護者（2,677人）に，啓発や学習の機会を聞いた結果，**図2-8**のように，令和3年で「学校や保育園・幼稚園等の保護者会やPTAの会合など」が60.1%と最も多く，次いで「学校や保育園・幼稚園等から配布された啓発資料など」が58.2%，「テレビや本・パンフレットなど」が42.8%，「インターネット」が33.8%，「保護者同士の会話」が26.2%である．なお，平成30年度以降の調査結果と比べると，「学校や保育園・幼稚園等の保護者会やPTAの会合など」が減少傾向である．その一方で「学校や保育園・幼稚園等から配布された啓発資料など」，「テレビや本・パンフレットなど」が，「インターネット」は，平成30年度以降引き続き増加傾向にある（内閣府　2021：199）．

　以上のように，青少年に対しても，保護者に対しても，年々，インターネット利用に関する啓発学習の機会が増えている．また，**図2-5**と**図2-6**を精査すると，青少年の方が保護者よりも，啓発学習を受ける割合が高いが，中高生

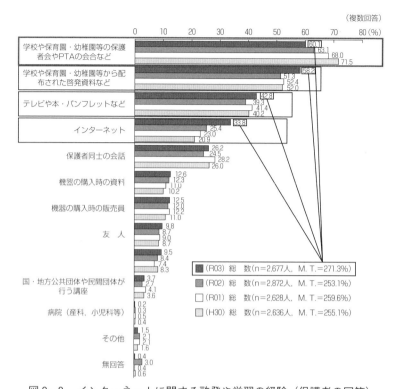

（複数回答）

図2-8　インターネットに関する啓発や学習の経験（保護者の回答）

（出典）内閣府「令和3年度　青少年のインターネット利用環境実態調査」図表2-1-2-2b-1（内閣府　2021：199).

とその保護者に比べ，小学生とその保護者は，啓発学習を受ける割合が低いことがわかる．

　上記のような啓発を中心とした家庭・学校における子どもと親をめぐる情報リテラシー教育の実態では，脳科学者のハンセンや川島たちが警告しているような「スマホによる脳の破壊」を食い止めることは難しいのではないだろうか．

　そこで，「スマホによる脳の破壊」を食い止めることができるように小中高の初等・中等教育で情報リテラシー教育をプログラミングのような「技術習得」中心から「デジタル・メディアの原理及びメリットとデメリット」についての理解と「情報倫理に基づいた適正なデジタル・メディアの利用方法」の体得へと根本的に変えることが早急に必要になる．

　それが実現できれば，未成年者が娯楽や仲間から承認欲求を満たしてもらうためにオンラインゲームやSNSを際限なく使って時間を浪費するような「コンサマトリー（自己充足的：利用すること自体が目的となっている）」な依存症を引き起こす不適切な利用の仕方ではなく，必要に応じて正確な情報を得た上で簡潔でわかりやすく確実に相手とやり取りできる能力としての「情報リテラシー」の獲得を期待できるが，成人を含めた社会全体でのスマートフォンの悪影響の広がりを見ればそれだけでは不十分であろう．

　というのは，川島がスマートフォンを「デジタルドラッグ」と呼んでいるように，薬物やアルコールと同様な依存性がスマホにもあることが実証的な研究によって明らかになったことは否定できないので，国家が，国民のスマートフォンの使用を薬物やアルコールと同様に法制度によって規制することが必要となる．

　そこで，最も効果的でありかつ実現も非常に困難であると思われるが，脳の発達や社会性が未熟な未成年者がスマートフォンを飲酒や喫煙と同じように20歳未満では使用できないように法律を改正することが考えられる．

　また，成人もスマートフォンに依存すれば，未成年者と同様に脳が破壊されることも脳科学の研究成果から明らかであるので，未成年者だけでなく成人を含めた国民全体を対象にした規制が必要になるであろう．

　そこで，自動車の運転免許のように，教習所で教習を受けて運転免許試験所の学科試験に合格した満18歳以上の国民のみにスマートフォンの使用を許可するのか，原動機付自転車の運転免許にように，学科試験と講習に合格した満16歳の住民のみにスマートフォンの使用を許可するのか，その厳格さに応じて方法はいくつか考えられるが，免許制度によってスマートフォンの使用を規制するという方法が考えられる．

　いずれにせよ，スマートフォンの使用が脳に悪影響を与えることが脳科学の分野で実証されつつあることは事実であり，スマートフォンの製造・販売を行う企業の側も脳科学の研究成果を無視できず利用者が自己責任で使用制限できるような機能をスマートフォンに付け加えて訴訟逃れを行うようになってきているので，今後，国家による法制度に基づくスマートフォンの使用規制は，不可避となるであろう．

　国家単位での法制度による規制が難しければ，第4章で論じる生成AIの利用規制と同じように，国連主導で規制条約を成立させ，各国政府が条約を批准

した上で法制度によってスマートフォンの使用を規制するという方策も考えられる.

第3章

巨大IT企業によるIT市場の寡占的支配をめぐる問題

1．巨大IT企業によるIT市場の寡占的支配に対する個人情報・プライバシー保護

　GAFAM（グーグル，アマゾン，フェイスブック，アップル，マイクロソフト）等の巨大IT企業（「プラットフォーマー」）が世界のIT市場の寡占的に支配して行く過程について，神里達博は，2023年1月27日の『朝日新聞』「月刊安心新聞＋Web3.0から見える世界　中心なき運営　革命の序曲」という記事の中で，1995年頃に始まった「インターネット黎明期」としての「Web1.0」の段階から2000年代半ばからGAFAM等の巨大IT企業によるインターネット空間の寡占的支配が進んだ「Web2.0」段階への変容過程について論じている（朝日新聞2023.1.27：13）．

　神里によれば，こうした状況に対して「Web1.0」のような自由なインターネット空間を取り戻したいと考える人たちが，ビットコインに代表される仮想通貨（暗号資産）などの流通を可能にする技術である「ブロックチェーン」を開発した．そして，自律分散型のこの技術は，国家やGAFAM等の特定の運営者なしに，仮想通貨だけでなく様々なサービスの提供・利用が可能になる．この段階が「Web3.0」の段階であるが，現時点でその無限の可能性に気づいているのはごく少数の人だけである（朝日新聞　2023.1.27：13）．

　ちなみに，インターネットの発展を「Web3.0」の段階へと引き上げる「ブロックチェーン」という技術は，完全無欠で人類に幸福をもたらす救世主のような期待がされているようであるが，いかに優れた技術であっても，私利私欲を満たすためにそれを利用しようとすれば，この章でこれから論じようとする「Web2.0」段階での巨大IT企業によるインターネット空間の寡占的支配から起こる諸問題が生じるし，また，「ブロックチェーン」という技術を悪用しようと思えば，第2章で論じたようなサイバー・セキュリティーをめぐって極めて解決困難な新たな問題も生じるであろう．

　しかしながら，「Web3.0」の段階へのインターネット空間の変容によって引

き起こされる社会全体の異次元の構造的な変容の様相については，現時点でその変容を明確に知ることのできる手がかりが乏しいため，著者には具体的に想像しがたいので，ここではこれ以上言及することはせずに，「Web2.0」の段階での巨大IT企業をめぐる諸問題について論じることにする．

　GAFAM等の「プラットフォーマー」（以下，PF）による世界のIT市場の寡占的支配の不平等の問題について，2020年3月2日『朝日新聞』の「力強まる巨大IT企業」という記事によれば，利用者の多いPFに出店する業者としては，販路拡大のメリットがある反面，売り上げの多くを依存することになり，利用料や決済手段等について不利な条件を強制されざるを得ないというPFと出店業者間の圧倒的な力関係の不平等の問題がある．また，PF等のIT企業の強大化とともに，様々な個人データが企業に集まり，その使われ方への懸念も強まっている．グーグルやフェイスブック（以下，FB）などは，無料でサービスを提供する代わりに膨大な個人データを集める．データは利用者の興味に合わせた広告表示や新サービスの開発に使われている（朝日新聞　2020.3.2：7）．

　上記のPFと企業と利用者との間の関係は，図3-1のようになる（朝日新聞2020.3.2）．

　そして，PFが提供する様々なサービスを無料で利用する人々は，必要な情報のやり取りを通じて便利で快適な生活を送ることができるようになる対価として，個人データを知らず知らずのうちにPFに提供しており，こうして収集される個人データを利用してPFは広告や利用料・手数料等から莫大な利益を上げることができるのである．

　その一方で，PFが収集した個人データが特定の政治勢力や企業の利益のためにデータ提供者の知らないところで分析され，意図しない結果や不利益につながりかねない形で使われることで民主主義の破壊や新たな差別を生み出しかねない．

　例えば，2016年の米大統領選挙での英国の選挙コンサルティング会社「ケンブリッジ・アナリティカ」（以下，CA）が引き起こした問題がある．

　CAと協力したケンブリッジ大学の教員がFB上で「学術目的」として性格診断アプリを提供し，このアプリの利用者の個人情報がFBからCAに流出し，CAは，データから利用者の政治的志向などを分析して大統領選挙でトランプ氏が有利になる政治広告をFB上などで配信したとされ，広告収入で収益を得ているFBの個人情報保護に問題がなかったかをメディアや米議会などから厳

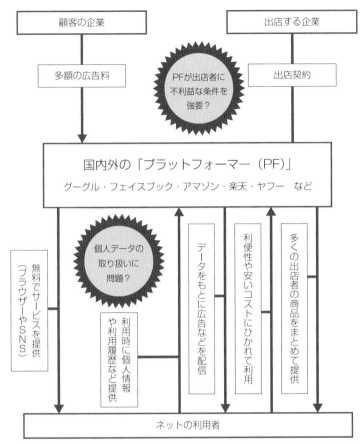

図3-1　プラットフォーマー（PF）と企業・利用者間の関係と問題点

（出典）『朝日新聞』2020年3月2日7面「力強まる巨大IT企業」の図「巨大化するIT企業と問題点」に基づいて著者作成.

しく追及された問題がある．また，日本でも，就職情報サイト「リクナビ」を運営するリクルートキャリアが，就職活動中の大学生の同意を得ぬまま閲覧履歴などから内定辞退率を予測して企業に販売したとして，2019年8月に政府の個人情報保護委員会から勧告を受けた問題がある（朝日新聞　2020.3.2：7）.

　上記のような問題に対して欧米や日本では，新たな法制度を作ってPFの活動への規制を強化しようとする動きが進んでいるが，しかし，PFは，新興企業を積極的に買収し，さらに個人データを独占的に収集しようとしている．こ

のような買収でPFによるIT市場の寡占的支配が進むとPFの対抗勢力が存在しなくなり，企業間の創造と競争が妨げられ，1990年代から2010年代に情報通信産業が急激に発展したような新しい産業が生まれなくなることが危惧される．

ところで，『毎日新聞』2022年11月3日「デジタルを問う：欧州からの報告 巨大IT企業，個人データを収益化 『民主主義の破滅』 EU，本格的法規制へ」という記事によれば，『監視資本主義：人類の未来を賭けた闘い』の著者で，米ハーバード大経営大学院名誉教授のショシャナ・ズボフ氏は，膨大な個人データを収益化する巨大IT企業のビジネスモデルを「監視資本主義」と名付けた（毎日新聞 2022. 11. 3：1；ズボフ 2021：7）．

ズボフ氏によれば，現在のインターネット空間では，人々がパソコンやスマートフォンで情報を検索したり，インターネット交流サービス（以下，SNS）などを使ったりするたびに，利用履歴など個々人に関するデータが収集される仕組みになっている．グーグルやFB（フェイスブック，現メタ）などの巨大IT企業がこれらのデータを事実上無断で利用し，人々がどんな行動をとるのか予測して広告主などに販売する，新たな市場を構築した．そのビジネスモデルが「監視資本主義」である（毎日新聞 2022. 11. 3：1）．

そして，監視資本主義の「開拓者」となったのはグーグルだった．同社は21世紀初めごろから個人データの収益化に動いていたが，そのプロジェクトは秘密裏に行われ，自分たちの利潤追求がプライバシー侵害だと批判されることを理解していた．だから，片側からしか見えないマジックミラーを使うようにして利用者を一方的に監視する仕組みを必要とした．それは反民主主義的な行為だったが，違法ではなかったため，市場原理を重視する新自由主義の風潮のなかで不問に付された（毎日新聞 2022. 11. 3：1）．

その結果，巨大IT企業はこうした人間の行動を商品化するビジネスモデルを急速に強化し，人々は商業的・政治的なターゲットにあわせて，気づかないうちに行動を操作され，修正されるようになった（毎日新聞 2022. 11. 3：1）．

また，監視資本主義では，情報が正しいかどうかなどの「情報の誠実さ」は問われず，「（間違っていても刺激的であるなどの）腐敗した情報」ほど利用者の関心を集め利益につながる（毎日新聞 2022. 11. 3：1）．

こうした巨大IT企業のビジネスモデルに対し，欧州連合（以下，EU）は世界に先駆けて本格的な法規制に取り組んできた．

『毎日新聞』2022年11月3日3頁の「デジタルを問う：欧州からの報告 民

を救うか，巨大IT規制　アルゴリズムを透明化」という記事によれば，EUの欧州議会は2022年 7 月 5 日，巨大IT企業に対する 2 つの規制法案を可決した．1 つは，違法コンテンツや偽情報対策を明記し，個人データを利用した広告配信を制限する「デジタルサービス法」（以下，DSA）．もう 1 つは，巨大IT企業による不公正な競争状態を是正するための「デジタル市場法」（以下，DMA）である．DMAは2023年，DSAは2024年に施行される予定である（毎日新聞　2022. 11. 3 : 3）.

　ここで，特に重要なのが，DSAに盛りこまれた「レコメンド（お薦め）機能」などに関する「アルゴリズムの透明化」である．アルゴリズムとはコンピューターがデータ処理などをするときの手順のことであり，検索サイトやSNSなどで，どのような情報を優先的に表示するかはアルゴリズムが決めている（毎日新聞　2022.11. 3 : 3）.

　巨大IT企業は，利用者のデータの収集と，利用者の行動の把握，予測，操作を「商品」化した．「商品」は個々の利用者の好みに合わせてインターネット広告を配信する「ターゲティング広告」などに利用される．「商品化」の根幹は利用者データの収集であるが，サイトに多くの利用者を引きつければ引きつけるほど「無料の原材料」である個人データを獲得できる（毎日新聞　2022. 11. 3 : 3）.

　より多くのデータを集めるため，刺激的なコンテンツなどを優先するアルゴリズムが組み込まれ，偽情報や有害情報の拡散などを引き起こしていると指摘され，また，ギャンブルに依存する傾向が強い人に賭博関連の広告を配信するなど，個人データから消費者を分析し，心理的な弱みに付け込んだ商品の売り込みが行われているとも批判されている（毎日新聞　2022.11. 3 : 3）.

　DSAは，巨大IT企業に対し「当局や特定の研究者がアルゴリズムにアクセスできるようにしなければならない」と定めている．ほかにも，ヘイトスピーチ，児童ポルノなど違法コンテンツの排除の義務化，ターゲティング広告の未成年への配信の禁止，宗教や性別・性的指向などのデータのターゲティング広告への利用禁止などを求めている．これらはすべて，巨大IT企業のビジネスモデルにメスを入れようとするものである（毎日新聞　2022. 11. 3 : 3）.

　その一方で，DMAでは，巨大IT企業が他社と競合する自社のアプリやサービスなどを自社のプラットフォーム（サイトなど）で優遇して提供しやすくすることなどを禁じ，その独占的な力の制御を目指している（毎日新聞　2022.11. 3 :

3）.

　デジタル空間のルール作りを巡り，EUはすでに2018年に世界で最も先鋭的な個人データ規制とされる一般データ保護規則（GDPR）を施行してインターネット上などで収集した個人情報の保護を大幅に強化した．この法律は欧州のみならず，世界各国の企業や政府に影響を与える国際的な基準となった．EUはDSAとDMAについても「国際基準化」を念頭に置いている．こうしたEUのデジタル規制は人権や民主主義の観点から進められるが，ルール作りの主導権を握ることで，米国の巨大IT企業に牛耳られたデジタル市場で欧州の影響力を強める思惑もある（毎日新聞　2022.11.3：3）.

　しかし，巨大IT企業側の抵抗も激しく，アップル，グーグル，メタ，マイクロソフトの米IT4社は，EUの政策に影響を及ぼそうとロビー活動に合わせて約2400万ユーロ（約35億円）に上る膨大な資金を投入した．また，グーグルとメタのロビイストの7割が，EUや加盟国で過去に働いていたことも判明しており，事情に精通する関係者を取り込み，EU側の切り崩しを図る狙いである（毎日新聞　2022.11.3：3）.

　その結果，DSA策定の過程ではターゲティング広告などを巡りより強い規制を求める声もあったが，実現しなかった．このように，EUは今後もデジタル規制を強化する法整備を進めるとみられるが，巨大IT企業とのせめぎ合いも続いていくと予想される（毎日新聞　2022.11.3：3）.

　さらに上記のようなEUの巨大IT企業に対する規制強化を進展させる動きが，メタ，アップルやグーグルなどの米IT企業が優遇税制で誘致され拠点を置いているアイルランドで起こった.

　『毎日新聞』2023年1月26日の「デジタルを問う：欧州からの報告　アイルランド，メタに巨額制裁金　個人データ保護，厳格化　『ターゲティング広告』に痛手」という記事によれば，アイルランドのデータ保護当局が2022年12月31日に，FBやインスタグラムを運営する米IT大手メタに対し，広告配信への個人データ利用を巡る同意の取り方が不適切だとしてEUのプライバシー法違反を認定し2023年1月4日に発表した．制裁金は，FBに2億1,000万ユーロ，インスタグラムに1億8,000万ユーロの合計3億9,000万ユーロ（約550億円）に及ぶ．その中で，3カ月以内にサービスの仕組みを改めるようにも命じた．利用規約で包括的に同意を得るのではなく，メタ側がデータを利用する際,その都度「あなたのデータを広告に利用してもいいですか」と尋ねることなどが求められる.

また，利用者側がメタによるデータ利用に同意しない場合でも，メタはサービスを提供する必要がある（毎日新聞　2023. 1 . 26：3 ）．

　インターネットで利用者のデータを収集し，個々の利用者の関心に合わせて配信する「ターゲティング広告」で収益を拡大してきたメタにとって大きな痛手であり，日本など各国企業のウェブサービスのあり方にも影響を与える可能性がある（毎日新聞　2023. 1 . 26：3 ）．

　ここで，ターゲティング広告は，年齢や性別などの利用者の属性や利用者のウェブ閲覧履歴といった個人データを収集し，そのデータから個々の関心の傾向を判断して，その利用者向けの広告を配信する．利用者の需要に合わせることができる半面で，膨大なデータを持つ業者側が有利な立場で商品を売り込んだり，人種や性別などに応じた差別的な配信が行われたりする問題が指摘されている．データが多数の外部事業者に共有されるため，本人の知らないところで乱用される恐れもある（毎日新聞　2023. 1 . 26：3 ）．

　なお，欧州ではFBの月間利用者が約 4 億人とされており，メタにとって重要な市場である．しかし，利用者らの多くがこれまで個人データを進んで提供していたとは言い難い．容易に拒めるようになれば，メタが収集できるデータが大きく減少する可能性があり，個人データを利用したターゲティング広告を核とする同社の収益モデルの根幹が崩れかねない（毎日新聞　2023. 1 . 26：3 ）．

　また，アイルランド当局は19日，メタ傘下のメッセージアプリ「ワッツアップ」についても同様にGDPR違反を認定し，550万ユーロの制裁金を科すと発表した（毎日新聞　2023. 1 . 26：3 ）．

　さらに，『朝日新聞』2023年10月26日「『若者に悪影響』メタを提訴　インスタ巡り米41州など」の記事によれば，米国のカルフォルニアやコロラドなど41州と首都ワシントン特別区は，2023年10月24日に写真投稿アプリ「インスタグラム」を運営するメタが若者への心理的な影響を知りながら利用者を欺いたとして，同社を提訴した．米国ではソーシャル・メディアによる若者への心理的影響が問題となっており，大規模な訴訟に発展した（朝日新聞　2023. 10. 26：3 ）．

　カリフォルニアなど33州の訴状では，メタはインスタなどのアプリで若者の利用時間や関心を最大化するビジネスモデルを構築したと指摘している．若者に心理的な悪影響があると認識しながら，「安全」だと欺き，各州の消費者保護法などに違反したと主張している．また，「保護者の同意を得ずに児童の利用者の個人情報を違法に収集した」として連邦法の「児童オンラインプライバ

シー保護法」（COPPA）にも違反したとしている．訴状では，メタが投稿の表示順を決める際に使う人工知能（AI）のアルゴリズム（計算手順）で心理学の手法を使ったと指摘している．つまり，時系列でなくランダムに投稿を表示することで多幸感につながるドーパミンの分泌を操り「スロットマシンをやるギャンブラーのように」アプリを繰り返し使うように誘導していると訴えている（朝日新聞 2023. 10. 26：3）．

　若者の影響への対応を加速させたのが，メタの元従業員のフランシス・ホーゲン氏による2021年の内部告発である．メタの内部文書によると，日本を含む6カ国の約2万人を対象にした調査では，自殺願望の悩みをかかえる10代の少女の13.5％が，また，身体の悩みをかかえる少女の32.4％が，インスタを見ると状況が悪くなると回答している．この調査結果はメタの社内で共有され，ホーゲン氏は当時，メタが若者への影響を知りながら公表しなかったと訴えた．それに対して，メタのCEO（最高経営責任者）のマーク・ザッカーバーグ氏は，内部告発について「全く事実ではない」と反論していた（朝日新聞 2023. 10. 26：3）．

　このように，メタがインスタグラムの若者に対する心理的悪影響を知りながら効果的な対策をとらずに来たことに対して，多数の州等による訴訟という形で米国でその社会的責任を強く問われているのである．

　このように，メタがインスタグラムの若者に対する心理的悪影響を知りながら効果的な対策をとらずに来たことに対して，多数の州等による訴訟という形で米国においてその社会的責任を強く問われているのである．

　そして，『朝日新聞』2022年4月16日「（フェイスブック　内部告発の衝撃）FBに情報開示させる法律を　元従業員・ホーゲン氏インタビュー」という記事で，米フェイスブック（FB，現メタ）の元従業員で内部告発者のフランシス・ホーゲン氏は，「FBにより多くの情報を開示させるための法律が必要だ」と訴えている（朝日新聞 2022. 4. 16：3）．

　ホーゲン氏は2021年に2万ページ超のFBの内部文書をもとに，傘下の写真投稿アプリ「インスタグラム」の若者への悪影響や，途上国での有害投稿の対策が不十分な点を告発した．内部文書では，FBが画面に表示する投稿の順番を決めるアルゴリズム（計算手順）を2018年に変えた後，過激な投稿が拡散されやすくなったことが明らかになった（朝日新聞 2022. 4. 16：3）．

　また，ホーゲン氏は「企業として力を持つ以上は，責任が伴う」と指摘．「FBは利益を1，2％ほど減らすだけで，おそらく75％の偽情報を減らすことがで

きる」として，投稿の安全対策を強化すべきだと訴えている（朝日新聞　2022．4．16：3）．

　その上で，ホーゲン氏は「銀行や医療のようにシステムが複雑で，人々の暮らしや命に関わるものには規制があるが，FBのような企業には報告義務などの仕組みがない．この不透明さをFBは有利に使っている」と説明し，情報開示を求めるとともに，ネットに深い知識を持つ学生を増やすことなどを通じて「IT企業に責任を取らせる『公共の筋肉』をつくる投資が必要だ」と強調している（朝日新聞　2022．4．16：3）．

　他方で，ホーゲン氏は，欧州委員会でもFBの有害性と規制の必要性について証言している．

　これについては，『毎日新聞』2021年11月10日の「米フェイスブック：FB元社員『実効性を』　規制案審議の欧州議会で証言　利益重視『民主主義を弱体化』」という記事に以下のように記載されている（毎日新聞　2021．11．10：7）．

　ホーゲン氏は，2021年11月8日にEUの欧州議会でEUで審議が進むデジタル規制の法案について「民主主義を守るルールを求めている国々にとっての世界基準になり得る」と述べ，実効性の高い法案成立を求めた（毎日新聞　2021．11．10：7）．

　また，ホーゲン氏は「FBの商品は子供に害を及ぼし，（社会の）分断をあおり，私たちの民主主義を弱体化させている」と述べ，同社が人々や社会への悪影響よりも利益を重視していると改めて批判した（毎日新聞　2021．11．10：7）．

　そして，ホーゲン氏は，コメント投稿数やシェアを増やすために，刺激的なコンテンツなどを優先的に表示する仕組みを作っていることに原因があると指摘し，「まず重要なのは透明性だ．外部の研究のために（こうした仕組みを知るための）データにアクセスできるようにすべきだ」，「法律は強力で，しっかりと執行されなければならない．そうしなければ，テクノロジーと民主主義を協調させるための，またとない機会を失ってしまう」と訴えている（毎日新聞　2021．11．10：7）．

　ここで，ホーゲン氏が言及した「コメント投稿数やシェアを増やすために，刺激的なコンテンツなどを優先的に表示する仕組み」については，『朝日新聞』2022年10月2日「（ビッグテック　膨張する権力）アルゴリズム，見えない中身　AIが競争のカギ，SNS利用者とズレ」という記事以下のようにその仕組みと問題点が記載されている（朝日新聞　2022．10．2：2）．

　メタによると，FBで投稿を表示させる際，AIの機械学習と呼ばれるしくみで，膨大な投稿をふるい分け，利用者1人あたり500ほどの投稿に絞られた上で，投稿についた「いいね」や共感を示す「ハート」などのマークの数や動画か写真かなど数千の要素を考慮して重みづけをし投稿に点数をつけられ，点数が高いほど，優先して画面に表示されるのである（朝日新聞　2022.10.2：2）.

　しかし，重みづけなどのアルゴリズムの調整は人の手で行われるが，次のような弊害も起きている.

　メタは2018年にアルゴリズムの大規模な変更を公表した. 友人や家族間での「シェア」（共有）やコメントなどのやりとりが多く見込まれる投稿に高いスコアをつけるもので，「有意義な社会的交流」を生むためと説明していた. だが，ホーゲン氏が入手した文書によると，この変更で投稿の「拡散されやすさ」を重視したため，「怒り」を示すマークが多くついている, 社会の分断をあおるような過激な投稿が増えたと指摘されている（朝日新聞　2022.10.2：2）.

　メタはこうした批判について，表示される投稿の優先順位に利用者からのフィードバックを反映するなどの改善を進めているとしたうえで，「今後もさまざまな改善を重ねていく」（広報）としている（朝日新聞　2022.10.2：2）.

　『朝日新聞』の同記事によれば，メタは昨年の売り上げ約1180億ドル（約17兆円）の97％を広告から得ており，より多くの利用者の「関心」を引きつければ，収益は高まる. しかし，2022年に米国で起こった米メタ傘下の写真投稿アプリ「インスタグラム」が同年6月に動画などの投稿も画面いっぱいに表示する機能を実験的に始め，友人や知人などつながりがある人の投稿だけでなく，ティックトックと同じように，アルゴリズムが推奨する他人の動画もより多く流れるようになった. それに対して利用者から大きな反発を招いた. このようなインスタをめぐる騒動はアルゴリズムを活用するうえで，より長い時間利用者をサービスにとどめ，利益を追求するメタの姿勢と，利用者が求める理想的なサービスにズレがあることを浮き彫りにした（朝日新聞　2022.10.2：2）.

　ここで，アルゴリズムが重要なのは，それを組み込んだAIの性能が上がり，人間ではできない膨大なデータに基づく予測を効率よくこなせるようになったからである. AIは，カーナビのルート案内や企業の採用活動, 病気の診断支援などに使われ，私たちのくらしに不可欠な存在となっている（朝日新聞　2022.10.2：2）.

　ただ, 不正防止などを理由にアルゴリズムは外部から見えない「ブラックボッ

クス」になりがちであり，影響が大きくなるにつれ，世界的に透明性を求める
動きが広がっている．例えば欧州連合（EU）が2022年4月に合意した「デジタ
ルサービス法案」では，巨大プラットフォーム企業に対し，アルゴリズムに関
するデータへのアクセスを求める内容が盛り込まれた．また，米国では，アル
ゴリズムが公平かどうかを「監査」する動きも広がっている（朝日新聞　2022.
10. 2：2）．

　米国の裁判ではアルゴリズムが被告の再犯リスクの評価に使われるが，リス
クが高いと評価されながら再犯に至らなかった事例は，黒人の方が白人より約
2倍多かったことなどが報じられ，判断の「偏り」も指摘されている（朝日新
聞　2022.10. 2：2）．

　米数学者キャシー・オニール氏が運営する会社では，政府機関や企業が使う
アルゴリズムを「テスト」し，顧客や従業員らが不利になるような偏りがない
か監査している．サービスの利用者などへの聞き取りを通じ，性別や人種によっ
て偏りの悪影響があるかなどを調べるほか，自社開発したシステムで顧客企業
のデータを分析するなどして公平さを調査する．同社では，自社のサービスで
使うアルゴリズムが特定の人を差別的に扱うなどすれば，信用が傷つきかねな
い．人種や性別による差別を禁止する法律に抵触するおそれもあるため，監査
を希望する企業が増えているという（朝日新聞　2022.10. 2：2）．

　メタは，米当局から人種や国籍などに基づいて住宅広告を見られる人を制限
するアルゴリズムを使っていたとして訴追され，2022年6月に人種などによる
偏りを防ぐ和解策を公表した（朝日新聞　2022.10. 2：2）．

　巨大IT企業の態度を変えるには，訴訟による圧力だけでなく，オニール氏
が主張するように巨大IT企業の提供するサービスのアルゴリズムにどんな弊
害があるのか，外からはわからないので外部の研究者が分析できるよう，デー
タへのアクセスが必要である（朝日新聞　2022.10. 2：2）．

　そこで，欧州では，巨大IT企業のアルゴリズムを監視する活動が非営利団
体によって行われるようになった．

　しかし，『毎日新聞』2021年11月9日「デジタルを問う：欧州からの報告
巨大IT，表示順位の闇　調査団体『FBに脅され』中止　言論や取引，公正さ
確保課題」という記事に記載されているように，メタはこうした活動を妨害し
ようとした（毎日新聞　2021.11. 9：3）．

　「インスタグラム」を巡り，その仕組みを調査していたベルリンの非営利団

体「アルゴリズムウオッチ」のプロジェクトが中止に追い込まれた．同団体は2020年3月から調査プロジェクトを進めていた．しかし，メタはこの調査に対して「利用規約の違反」があるとして，「より正式なやり取りに移行する前に，この問題についてあなた方に協力させていただきたい」と記されたメールを同団体に送った．その後，オンライン会議などで協議を行ったが，メタは調査のデータ収集が「利用者のプライバシー侵害」にあたると主張．一方，アルゴリズムウオッチは利用したデータは協力者から集めたもので，同意のない個人データは自動的に削除されることを説明した．しかし，妥協点は見つからず，アルゴリズムウオッチは7月中旬にプロジェクトの中止を決めた（毎日新聞2021. 11. 9：3）．

　同団体で広報などを担当するニコラ・カイザーブリル氏らには，プロジェクトが法令に違反しているとは思えなかったが，高額訴訟となれば，それだけで訴訟費用など大きな負担がのしかかる．「正しいか間違っているかは彼らには問題ではない．批判を抑え込みたいだけです．でも，FBに脅されれば，スタッフ20人ほどの私たちには何もできません」と判断してプロジェクトを中止することになったのである（毎日新聞2021. 11. 9：3）．

　同団体のプロジェクトは，インスタグラムの「アルゴリズム」を分析する調査であり，利用者の投稿が表示される際の傾向を調べ，このアプリのアルゴリズムが「肌の露出度が高い投稿画像の表示を優先する傾向にある」とする分析結果などを発表していた（メタは分析内容を否定）（毎日新聞　2021. 11. 9：3）．

　オニール氏の主張のように，検索サイトやSNSなどのアルゴリズムを第三者が検証すべきだとの声は強い．サイトでどんな情報が優先的に表示され，どんな投稿が促されるのか．その仕組みが不透明なままでは，オンラインの言論や取引に公正さを確保するのは難しいからである（毎日新聞　2021. 11. 9：3）．

　しかし，PFと呼ばれる巨大IT企業は，アルゴリズムの公開をかたくなに拒む．メタはニューヨーク大学が進めていた政治広告の分析調査にも中止を求め，8月にサービスへのアクセスを遮断している．上記の非営利団体「アルゴリズムウオッチ」はグーグルを巡る調査でも同社からサービスを一時停止されたことがある（毎日新聞　2021. 11. 9：3）．

　「自分たちのビジネスモデルが社会に害悪をなすことを知っていて，それを隠そうとしているのではないでしょうか」とEUの欧州議会でインターネットの有害情報対策などに取り組むアレクサンドラ・ギース議員（緑の党・欧州自由

連盟）は語る．多くの利用者の関心を引きつけて利益を上げるため，刺激的な内容を優先するようにアルゴリズムが設計されているのではないかとの疑念がいだかれている．ギース氏は「膨大な個人データを収集するプラットフォーマーは，私たちの感情をどうあおるかをよく知っているのです」と述べている（毎日新聞　2021.11.9：3）．

　EUの行政執行機関にあたる欧州委員会は2020年12月に違法コンテンツ対策などの規制を強化するデジタルサービス法案を欧州議会などに提出した．その中でPFらに「アルゴリズムの透明化」を求める仕組みの導入を提案した．ギース氏は実効性の高い法案成立を訴え，欧州議会での審議に力を注いでいる．「欧州の政治家の多くは，アルゴリズムが民主主義や人々の生活に多大な影響を与えるものだと考えています．企業側は『営業秘密』だと主張するが，それは私たちが社会全体として知るべきものです」と同氏は主張している（毎日新聞 2021.11.9：3）．

　しかし，「アルゴリズムの透明化」を求める仕組みの導入を提案した欧州委員会に対し，グーグルは意見書で，アルゴリズムの公開が「ハッキングや詐欺などに悪用されるリスクを拡大」し，「市民や消費者のためになる以上に害を及ぼす可能性がある」と主張している．メタも同様の意見書で，公開されたアルゴリズム情報が悪用される恐れがあり，規制が「厳密になりすぎないようにする必要がある」とEU側の動きをけん制している（毎日新聞　2021.11.9：3）．

　そして，巨大IT企業などは莫大（ばくだい）な資金をロビー活動に投じ，EUの政策に影響を与えようとしている．ブリュッセルの非営利団体「コーポレート・ヨーロッパ・オブザーバトリー」などが8月末にまとめた報告書によると，デジタル業界が欧州で支出したロビー活動費は年間計約9,700万ユーロ（約128億円）に上り，製薬業界や化石燃料業界などをしのぎトップ．上位4社はグーグル，メタ，マイクロソフト，アップルといずれも米巨大IT企業で，この4社の支出が全体の2割を占めていた（毎日新聞　2021.11.9：3）．

　同報告書は，デジタルサービス法案などを巡って欧州委が開催した会議の4分の3にデジタル業界のロビイストが関与していたり，巨大IT企業が関連シンクタンクを通じ世論形成に影響を与えようとしていたりする実態も明かし，「デジタル業界の声が市民社会などの声をかき消している」と指摘している（毎日新聞　2021.11.9：3）．

　上記のように欧州では，巨大IT企業の「アルゴリズムの透明化」をめぐっ

て「営利非営利団体・欧州連合（EU）対巨大IT企業」の戦いが繰り広げられている．また，米国でも訴訟を中心に同様な戦いが行われている．

　このような欧米の巨大IT企業を規制する動きとは対照的に，日本の法規制はインターネットサービスにおける個人データ保護の面で，EUから大きく遅れている．「個人情報保護法」は2022年施行の改正法で，サイトの閲覧履歴などが保存された「クッキー」について規制を強めた．「クッキー」は外部事業者に提供され，ターゲティング広告などに広く利用されている．ただ，規制対象は外部提供先が保有する氏名や年齢といった個人情報とひも付けて扱うことができる場合などに限られ，クッキー自体を個人データと規定するGDPRに比べて緩い．2022年6月に成立した「改正電気通信事業法」では，クッキーの外部送信についての同意の義務付けが検討されたが，IT業界の反発を受けて見送り，利用者に「通知・公表」だけすればいいことに落ち着いた（毎日新聞 2023．1．26：3）．

　しかし，日本など欧州外の企業でも，EU域内の居住者にサービスを提供する場合はGDPRに従う必要がある．国際的に展開されているサービスでEU基準が広がれば，利用者側が個人データについての意識を高め，企業や政府にEUと同等の対応を求める声が増える可能性もある（毎日新聞 2023．1．26：3）．

　日本ではEUのような厳格なやり方でデータ利用の同意を取らなくても原則，違反とみなされない．ただ，国際的にデータが流通するなかで，EUによるルール形成は日本の企業や利用者にも重要な影響を与える．日本でも個人の権利としてデータを保護すべきだとする風潮は強まるとみられ，法整備の検討も進められる可能性がある（毎日新聞 2023．1．26：3）．

　このように日本も巨大IT企業への規制強化に動いている．2021年2月，巨大IT企業に取引の透明化を求める日本初のルール「デジタルプラットフォーム取引透明化法」が施行された．巨大IT企業に対して，オンラインモールの出店者などの取引先事業者は弱い立場に置かれることも多いため，取引の透明性や公正性を確保するのが狙いだ．ただ，取り組みは基本的に企業の自主性に委ねられる内容で，実効性に疑問の声もある（毎日新聞 2022．11．3：3）．

　「透明化法」では，まずオンラインモールとアプリストアを対象にし，2021年4月にアマゾンジャパン，グーグル，iTunes（アイチューンズ）の米系3社と，楽天グループ，ヤフーの国内2社を指定した．2022年10月3日には規制対象分野にデジタル広告を加え，グーグル，メタ，ヤフーの3社を指定した（毎日新

聞　2022.11.3：3）.

　　指定された企業は取引条件の開示や契約変更の際の事前通知が求められる. また, 透明性確保などのための取り組みについての報告書を毎年, 経済産業相に提出する必要がある. 独占禁止法違反の恐れがある場合は, 経産相が公正取引委員会に対処を要請する.

　　法律に強い強制力を持たせなかったのは, 過度な規制で民間企業の活力が損なわれることを避けるためである. しかし, 企業がどこまで自主規制に踏み込むかは不透明である（毎日新聞　2022.11.3：3）.

　　違反時の罰金も, EUの「デジタル市場法」（DMA）が年間世界売上高の最大10%となるのに対し, 「透明化法」では最大100万円にとどまる. 寡占が進むスマホの基本ソフト（OS）分野では, 実効性を高めるため, EUがDMAで定めたような, 競争阻害要因を明記して禁じる事前規制の導入も検討されている（毎日新聞　2022.11.3：3）.

　　自由競争で巨大IT企業が急成長した米国でも規制強化の流れが生まれている. バイデン大統領は2021年6月, 連邦取引委員会の委員長に巨大IT企業の規制論者, リナ・カーン氏を指名した. 同7月に大企業の市場支配力を抑えるための大統領令に署名した.（毎日新聞　2022.11.3：3）

　　同10月には米上院の与野党議員が, 巨大IT企業が自社サービスの優遇を禁じることを盛り込んだ独占禁止法（反トラスト法）改正案を提出するなど, 複数の同法改正案が提出されている. ただ, 法改正で規制強化をすれば米経済の競争力の弱体化につながるとの懸念も根強く, 議論は停滞気味である（毎日新聞2022.11.3：3）.

　　このような欧米の動きを受けて, 『朝日新聞』2023年10月24日の第1面の記事によれば, 日本の公正取引委員会は, 2023年10月23日に巨大IT企業のグーグルが検索アプリをめぐってスマートフォン端末のメーカー側に不当な働きかけをしていた疑いがあるとして独占禁止法違反（私的独占など）の疑いで審査を始めたと発表した（朝日新聞　2023.10.24：1）.

　　『朝日新聞』の同日の「グーグル1強『イノベーション阻害』 検索市場の不当な支配力　公取委が問題視」という記事には, 公正取引委員会のこのような動きについて以下のように解説が記載されている（朝日新聞　2023.10.24：3）.

　　公正取引委員会が, スマートフォンメーカーに自社アプリの優遇を不当に強いた疑いがあるとして米グーグルの審査に着手した. 世界のネット検索市場で

圧倒的なシェアを持つ巨大IT企業に厳しい姿勢で臨む欧米の規制当局の動きを受け，日本も一歩を踏み出した（朝日新聞　2023.10.24：3）.

　公正取引委員会が同年同月23日に開いた記者会見で田辺治審査局長は，「グーグルの製品が広く使われていること自体を問題視するものではない」が，「有力な事業者が市場支配力を不当に固定化する仕組みを作ってしまうと，イノベーションがおこりづらくなり，中長期的には消費者にとっても不利益になりうる」と審査の意義を強調した（朝日新聞　2023.10.24：3）.

　公正取引委員会によるとグーグルはアンドロイドOSを搭載する端末を製造するメーカーとの間で自社の検索アプリを初期設定で画面上の目立つ位置に配置する契約を締結している．グーグル検索に慣れた多くの利用者にとって最初から設定されていることの不利益は実感しにくいが，しかし，公正取引委員会は，こうした契約が消費者の利益にならない恐れを重視したである（朝日新聞　2023.10.24：3）.

　公正取引委員会は，2023年2月にまとめた報告書でアプリがスマホに初期設定されていることの問題を指摘した．また，内閣官房のデジタル市場競争会議も同年6月の報告書であらかじめ設定されている検索アプリを利用者が容易に変更できるよう義務付けるべきだと指摘している．これを受けて，日本政府は，スマホ市場を規制するための法案を新たに提出する準備を進めている（朝日新聞　2023.10.24：3）.

　総務省の資料によれば，国内のスマホの検索市場でグーグルのシェアが約79％を占め，2位のヤフーの約20％を大きく引き離している．さらに，田辺局長は「対話型AIを搭載した検索サービスが登場するなど検索市場の競争が新たな局面に入っている．競争が阻害されてはならない」と生成AIの登場が今後の検索市場に及ぼす影響への懸念を示している（朝日新聞　2023.10.24：3）.

　公正取引委員会の判断の背景には，デジタル市場で存在感を増す巨大IT企業に対して欧米各国が規制に乗り出していることがある．グーグルは世界の検索エンジン市場で9割超の社を持ち2022年の売り上げ約2828億ドル（約42兆円）のうち検索関連の広告収入が約6割を占めている．この屋台骨を支えるビジネスモデルのひとつが，スマートフォンメーカーに自社アプリを初期設定させる取引である（朝日新聞　2023.10.24：3）.

　欧州連合の行政府にあたる欧州委員会は2018年に，アンドロイドを採用した端末メーカーにグーグルが自社の検索アプリを初期設定するように強制したと

判断し，EU競争法（独占禁止法）違反にあたるとして，40億ユーロ（約6350億円）超の制裁金を科した．EUは2023年5月に巨大IT企業が独占的地位を利用しないように制限する「デジタル市場法（DMA）」を施行し，同年9月には規制対象とする企業にグーグルを指定した．指定企業は，2024年春の運用開始までに対応を決め，詳細な報告書を提出するように義務付けられた（朝日新聞　2023. 10. 24：3）．

　米国でも2023年9月に司法省が「反トラスト法（独占禁止法）」違反でグーグルを訴えた訴訟が始まっている．司法省側は，グーグルが自社の検索エンジンを初期設定させるためアップルなどに「毎年100億ドル（約1兆5千億円）を支払っている」と指摘し，グーグルが検索市場での独占を違法に維持していると主張している．これに対してグーグル側は「利用者が初期設定を簡単に切り替えることができる」と真っ向から反論し，初期設定しているのは「利用者が求めているからだ」と主張している（朝日新聞　2023. 10. 24：3）．

　以上のような欧米のグーグルに対する規制の動きを背景にして，日本の公正取引委員会は，グーグルなどの巨大IT企業に対する規制を強めようと動いているのである．

　ところで，世界中の人々が，PFの検索サイトやSNS等の多様なサービスを日常的に利用することによって，自分の知りたいPFが提供する「おすすめ情報」に満足してしまうようになり，知らず知らずのうちに次第に興味・関心が狭まって行ってしまう．

　こうした現象が「フィルター・バブル（filter bubble）」，すなわち，PFが提供する各種のサービスがアルゴリズムによってインターネット利用者個人の検索履歴やクリック履歴を分析し学習することで，ターゲティング広告と連動しながら個々のユーザーにとっては望むと望まざるとにかかわらず見たい情報が優先的に表示され，利用者の関心の無い情報からは隔離され，自身の考え方や価値観の「バブル（泡）」の中に孤立するという情報環境のことである（総務省 2019：103）．

　この概念を提唱した米国の社会運動家のイーライ・パリサーは，「フィルター・バブル」から発生する以下の3つの問題を指摘している．

　まず，1人ずつ孤立にするという問題である．例えば，ケーブルテレビの専門チャンネルでゴルフなどのごく狭い分野の番組を見る場合では，自分と同じ価値観や考え方を持つ他の人も見ている．しかし，フィルター・バブルの中に

は自分しかいないため，情報の共有が体験の共有を生む時代において，フィルター・バブルは我々を引き裂く遠心力となる（パリサー　2016：23）．

　次に，フィルター・バブルは目に見えないという問題である．FOX NEWS等の保守系やCNN等の革新系のテレビのニュースの場合，ほとんどの人は，政治的に偏向していると分かった上で見ている．しかし，グーグルで検索して表示された結果を見た場合，なぜこのような結果になったのか，検索した自分をグーグルがどのような人物であると判別しているのか，その人物像が正しいのか間違っているのか，そもそもグーグルはそのような判別を自分について行っているかどうかさえ，その根拠が明確にされることはない．その結果，グーグルによって検索して得た情報は偏向のない客観的な事実だと思うしかなく，フィルター・バブルの内側にいることに気づかず，その情報がどれほど偏向しているのかが分からないことになる（パリサー　2016：24）．

　最後に，フィルター・バブルの内側に入ることを人々が進んで選んだのではないという問題である．特定の政治的傾向をもつテレビニュースや雑誌を視聴したり読んだりする場合，制作者や編集者の意図や政治的傾向を知りつつ，人々はそうした番組や記事を自ら能動的に選んで利用している．しかし，グーグルの検索結果が示されるごとにターゲティング広告が利用者の興味関心にしたがって「おすすめ情報」が頻繁に提供されるような避けようにも避けにくい状態になることで，パーソナライズされたフィルターが生成され，利用者は，知らず知らずのうちにフィルター・バブルの内側に入りこんでしまい，そのことに気づきさえもしないのである（パリサー　2016：24）．

　このようなフィルター・バブルは，人々が新たな洞察や学びに遭遇する機会を減らし，異なる考え方を持つ人々が交流することで新たな発見や発想を生み出すことを妨げ，世界や自分自身に対する見方さえ変えてしまうような体験に出会えなくなってしまい，社会全体の創造や発展を阻害してしまう（パリサー　2016：30-31）．

　そして，フィルター・バブルは，異質な思考・生活様式をもつ人々の間の交流を妨げることで，ロバート・パットナムの「ソーシャル・キャピタル論」の観点に基づけば，架橋型の「ソーシャル・キャピタル」の生成を阻害し，社会全体の分断をもたらす（パリサー　2016：32-33）．

　他方で，SNSを利用する際に自分と似た興味関心をもつ利用者をフォローする結果，意見をSNSで発信すると自分と似た意見が返ってくる「エコーチェン

バー」（echo-chamber）という現象が生じる．

　この２つの現象よって，インターネットを媒介にして同じ思考や主義を持つ者同士がつながることで，特定の意見が大きな流れとなり強い影響力を持つようになる「サイバー・カスケード」が発生して「集団極性化」を引き起こし社会が分断していく．

　そこで，次に「サイバー・カスケード」（cyber cascade）による社会の分断について論じることにしたい．

２．「サイバー・カスケード」による社会の分断

　米国の法学者キャス・サンスティーン氏は，『インターネットは民主主義の敵か？』（2003）において，インターネット上で情報収集を行う際に，インターネットの持つ同じ思考や主義を持つ者同士をつなげやすいという特徴から，「集団極性化」を引き起こしやすくなる「サイバー・カスケード」という現象が生じると指摘した（総務省　2019：102：サンスティーン　2003：93-97）．

　集団極性化とは，集団で討議を行うと討議後に人々の意見が特定方向に先鋭化するような事象を指す．「カスケード」とは，階段状に水が流れ落ちていく滝のことであり，人々がインターネット上のある１つの意見に流されていき，それが最終的には大きな流れとなることを「サイバー・カスケード」と称している（総務省　2019：102：サンスティーン　2003：67-101）．

　サンスティーン氏は，集団分極化はインターネット上で発生しており，インターネットには個人や集団が様々な選択をする際に，多くの人々を自作のエコーチェンバーに閉じ込めてしまうシステムが存在するとしたうえで，過激な意見に繰り返し触れる一方で，多数の人が同じ意見を支持していると聞かされれば，信じ込む人が出てくると指摘している（総務省　2019：102：サンスティーン2003：95-97）．

　アメリカでは過去10年の間で二極化が進んだことを示す研究結果が出ているが，日本での実証研究例は少なく，二極化していると断定することはできないし，また，インターネット自体が分極化を進展させているのかどうかは引き続き議論の余地があるとされている（総務省　2019：103）．

　このことについては，『朝日新聞』2020年３月３日の特集記事での２人の研究者の見解の相違を見れば明らかであろう．

　まず，社会学者で大阪大学准教授の辻大介氏によれば，世界各地で，社会の分断が広がっていて，その多くは，「右派VS.左派」「保守VS.リベラル」などイデオロギーや思想の違いの対立であり，インターネットがそれに拍車をかけている．インターネット利用で社会の分断が進んでいるのは日本も同じであるが，日本の分断は価値観や思想の対立というよりも，単純に相手が敵か味方か，という感情的な対立であり，それが顕著に表れているのが「排外意識」の高まりである（朝日新聞　2020．3．3：15）．

　辻氏は，2007年，14年，17年の3回にわたり，のべ7,000人のネット利用者を対象に，調査を行った．その結果，「ネットを利用すると排外意識が高まる」ことが裏付けられた．インターネットの利用時間が長い層ほど，外国人が増えると「犯罪発生率が高まる」「職を奪われる」といった考え方を支持する傾向が見られた．排外意識が高い代表的な層である「ネット右翼」は，推計ではインターネット利用者全体の1％弱に過ぎない．しかし，彼らの過激な言説はインターネット全体の論調を左右し，強い思想信条を持たない人たちにも影響を及ぼしている（朝日新聞　2020．3．3：15）．

　これは，インターネット空間では，インパクトの強い偽ニュースの方が，事実よりも拡散しやすい傾向があるためで，実際に存在しない「在日特権」を語る偽ニュースに触れると，それまで関心がなかった人が嫌韓意識，ひいては外国人・少数者に対する敵対感情を持つようになる．インターネットを利用していると，気づかないうちに，排外意識が高まってしまうことがある．その一方で，インターネット利用が増えると「外国人は新しい考えや文化をもたらしてくれる」といった反排外意識につながる考え方を支持する傾向もみられた（朝日新聞　2020．3．3：15）．

　このような正反対の結果が出るのは，もともと自分が持っている価値観や信念に沿った情報に接しやすくなる「選択的接触」というメカニズムが，インターネット上ではより強く働くためであるが，全体としては，やはりインターネットの利用で排外意識が高まる傾向にあるのは間違いない．インターネットの普及に伴って言論が過激になっていることも，分断を招いている一因である．例えば，2000年ごろからインターネットで「論破」という言葉が使われるようになり，今では現実の社会にも広がり，議論をして妥協したり，落としどころを探ったりするのではなく，相手を言い負かすやり方ある．「論破」は当初こそゲーム的な側面が強い言葉であったが，最近は，SNSやコメント欄の極端で排外的

な言説を広げる「強い言葉」になっている．インターネットが現実の社会を正確に映し出す「鏡」ではないが，ITの進化によってインターネットは，社会の情報流通のインフラを形づくるようになり，今やマスメディア以上に世論形成に影響がある．世界の分断を防ぐため，インターネットの言論空間に何らかの規制を考える時期に来ている（朝日新聞　2020．3．3：15）．

　このように辻氏は，「ネット右翼」の事例研究に基づいて，インターネットが社会の分断をもたらしているので，これ以上の分断を防ぐために，インターネットの言論空間に何らかの規制を加える必要があると主張している．

　それに対して，計量経済学を専門とする慶応義塾大教授の田中辰雄氏によれば，今のインターネット空間は，確かに分断しているように見えるが，それは，少数派が積極的にインターネットで意見を発信する一方で，中庸派はインターネットの議論にはほとんど参加しない「サイレントマジョリティー」になっているからである．このことは田中氏が行った調査から確認できる．すなわち，憲法 9 条改正に関するインターネット上の書き込みの実態を調べたところ，総数の約50％は「過去 1 年60回以上書き込んだ」というヘビーユーザーによるものであった．この人たちは，書き込んだ人全体のわずか0.23％に過ぎず，リベラル・保守ともに強い政治的な意見をもつ傾向が顕著であった．つまり，現実の社会は中庸な意見をもつ人々が多数派で，極端なリベラル派や保守派という少数派が，インターネットを熱心に使う結果，社会も分断しているように見えるのである（朝日新聞　2020．3．3：15）．

　もし世間で言われているようにインターネット利用で社会が分断しているのであれば，インターネットを情報源として頻繁に使う若い世代ほど分断が進むことになるが，他方で，新聞・雑誌・テレビが主な情報源で，あまりインターネットは使わない中高年世代は分断が進んでいないはずである．しかし，約10万人を対象にした調査から見えてきたのは，それとは逆の傾向であった．つまり，「憲法 9 条は改正すべきか」「原発は直ちに廃止すべきか」など，リベラルか保守かで意見が割れそうな質問を10問つくり，その賛否を問うた．そして，各年代で賛否がどう割れているのかを探った結果，分断傾向は20代，30代はさほど見られないのに対し，40代から70代へと高齢になるほど強まっていた．若い世代は政治的に分断しておらず，昔より穏健になっているという見方のほうが妥当である（朝日新聞　2020．3．3：15）．

　その要因として，インターネットには新聞や雑誌，テレビに比べ，人々を穏

健化させる働きがあると考えられる．インターネットでは，保守からリベラルまで，クリックするだけで費用ゼロで容易に様々な意見に出合うことができるので，幅広い意見に接する機会が旧メディアに比べて格段に多い．インターネットは，残念ながら罵詈雑言（ばりぞうごん）が飛び交う荒れた場になっているが，建設的な議論の場にするために，もっと中庸派の「サイレントマジョリティー」をネット空間に導く努力が必要である（朝日新聞　2020．3．3：15）．

　このように，田中氏は，現実の社会は中庸な考え方をする人々が多数派で，極端なリベラル派や保守派という少数派が，インターネットを熱心に使う結果，社会が分断しているように見えるのであり，インターネットを建設的な議論の場にするために，もっと中庸派の「サイレントマジョリティー」をインターネット空間に導く努力が必要であると主張している．

　上記のように辻氏と田中氏の主張は相反するように見えるが，しかし，極端な思想・心情をもった少数者が過激な発言を頻繁に繰り返すことで，中庸な考え方をする多数派が過激な発言をする者からの攻撃を恐れて発言をしないため，インターネット上では，少数派の過激な発言が多数派の「ネット世論」であるかの様相を呈し，その結果，インターネットが社会の分断をもたらすように見えてしまうという点については，辻氏と田中氏の間に見解の相違はないと言えるであろう．

　したがって，「ネット世論」と実社会での「世論」は乖離しているということになる．

　これについては，総務省の「平成30年度デジタル化による生活・働き方への影響に関する調査研究成果報告書」によれば，極端で過激な意見の応酬が繰り広げられるインターネット上の言論から印象付けられる世論は，社会全体の意見と乖離している可能性がある．ネット世論は，発信したい人だけが発信するという，極めて能動的な発信に基づいている．したがって，インターネット上で批判や誹謗中傷を書き込む人はインターネット利用者のなかのごく少数に過ぎないが，発信したい思いが強ければ強いほど，何回も書き込んで存在感を増すし，過激な意見が蔓延すればするほど，中庸の意見を持つ人は萎縮し，発言を控えるようになる（総務省　情報流通業政局　情報通信政策課　情報通信経済室 2018：54）．

　学習院大学法学部教授の遠藤薫氏は，こうした実際の社会における意見分布と異なる「ネット世論」がマス・メディアによって取り上げられることによっ

て歪んで認知されてしまうことに懸念を示す．マイナーな意見，過激な意見は
よく目立つので取り上げられやすいが，実態を表してはいないことに留意が必
要であり，こうした極端な「ネット世論」を安易にマス・メディアが取り上げ
ることによって民意が歪んだ鏡に映ってしまう現状は非常に問題であり，マス・
メディアはネットの情報を無自覚に拡散するのではなく，ジャーナリストとし
ての視点を持ってネットの情報を検証するべきであると指摘している（総務省
情報流通業政局　情報通信政策課　情報通信経済室　2018：54）．

　このように，インターネット上の極端な過激な「ネット世論」をマス・メディ
アが取り上げることによって「歪んだ民意」としての「世論」が形成されて社
会が分断しているかのような印象を与えてしまうことで人々の思考・行動様式
に影響を及ぼし，社会の分断を実際にもたらすことが危惧されるが，社会の分
断の背景には，経済的格差の拡大があるという「格差社会論」の観点を忘れて
はならないであろう．

第4章

AIをめぐる諸問題

　AIが省力化と人件費の削減を目的に普及することによって，肉体労働や単純作業，定型的作業に従事する人々の仕事が無くなって失業者が増えて社会の格差拡大をもたらすことが懸念されている．

　そこで，1．AIの普及による格差拡大の問題と解決策としての「ベーシックインカム」の可能性について，そして，2．チャットGPT等の「生成AI」をめぐる問題について論じる．

1．AI普及の問題と「ベーシックインカム」の必要性

　総務省の『平成30年版　情報通信白書』の第4章第5節「ICTの進化によるこれからのしごと」では，AIなどによる業務の自動化などのICTの進化がもたらす仕事における人間の役割の変化について論じている（総務省　2018：192-194）．

　それによると，コンピューターの処理速度が加速度的に進化するのに伴い，人工知能（AI），モノのインターネット（Internet of Things, IoT），ロボットによる業務自動化の技術が急速に向上している．AI，IoT，ロボット等の社会実装の進展に伴い，業務が自動化し，働き方も大きく変化することが様々な文献やニュースで指摘されている（総務省　2018：192-194）．

　総務省が2018年3月に公表した『ICTによるインクルージョンの実現に関する調査研究報告書』によると（総務省　情報流通業政局　情報通信政策課　情報通信経済室　2018：72），日本，アメリカ，ドイツ，イギリスでのアンケート調査において，有職者にAI導入によって自動化してほしいと思う業務について尋ねたところ各国とも定型的な一般事務（例：伝票入力，請求書等の定型文書作成），定型的な会計事務（例：経費申請のチェック，計算），簡単な手作業の生産工程（例：単純加工，単純組立）との回答が20％台〜40％台であった．その一方で，非定型業務は定型業務よりも自動化してほしいとの回答率が少なかった．また，特になしという回答が30％前後を占めており，AIによる業務の自動化への期待を抱

いていない回答者も一定数いることがわかった（総務省　2018：192）．

　AI導入によって技術革新により自動化が進むことによる労働力代替の可能性については様々な推計が行われている．例えば，イギリスのオックスフォード大学のマイケル・オズボーン准教授とカール・ベネディクト・フレイ博士は，アメリカにおいて10〜20年内に労働人口の47％が機械に代替可能であると試算をしている．日本については，野村総合研究所が，オズボーン准教授及びフレイ博士との共同研究により，日本の労働人口の約49％が就いている職業において，機械に代替可能との試算結果を得ている（総務省　2018：193）．

　AIによって将来，どの職業がどのように変化していくのかについては，非常に予測が難しい．しかし，先行研究の内容を総合すると，まず，AIの導入によって業務効率や生産性が向上する結果，定型的な業務などの機械化が進むであろう職業については業務量が減少する．他方で，AIを導入・運用するために必要なシステム開発やシステム運用などの業務量の増加や，AIを活用したサービスなどの新たな職業の登場により業務量が増加する．このようにAIの導入が進んだ結果，機械化可能性の高い職業に就く人が減る一方で，AIを導入・運用する職業やAIの登場により新しく生まれる職業などに就く人が増加すると考えられている（総務省　2018：193）．

　しかしながら，企業や官庁へのAIの業務や運営への活用・普及によって省力化を進めて人員削減を大規模に行うことで大量の失業者を生み出す可能性は，否定できないであろう．

　そして，失業者だけでなくすべての人々が最低限の生活を行うことができる金銭が給付される社会保障制度「ベーシックインカム」（以下，BI）が不可欠となる．

　井上智洋『AI時代の新・ベーシックインカム論』（2018）によれば，「ベーシックインカム」（BI）とは，収入の水準に拠らずにすべての人々に無条件に，最低限の生活を送るのに必要なお金を一律に給付する制度のことである（井上2018：6）．

　例えば，毎月7万円のお金が老若男女を問わず世帯ではなく，個人を単位として国民全員に給付される．したがって，3人家族ならば毎月21万円，四人家族では毎月28万円が支給されるので，1世帯で毎月15万円くらい稼ぐことができれば，暮らすのに十分な収入となるであろう．重い病気や障害などのハンディキャップを負っている人に対しては，別途給付が必要であるが，また，労働意

欲がなくてベーシックインカムで支給される7万円のみで暮らしたいという独身者の場合，都市部に住むにしてもルームシェアをすれば暮らせるし，地方に行けば一人暮らしをすることも可能である（井上　2018：6）．

　現在，BIに関する議論がかつてないほどに盛り上がっているが，その背景には，AIやロボットが多くの人々の雇用を奪うのではないかという予想がある（井上　2018：6）．

　そして，井上は，AIが人々の雇用を奪うかどうかという議論の火付け役になったアメリカの経済学者エリック・ブリニョルフソンとアンドリュー・マカフィーの著書『機械との競争』（2013）のエッセンス（本質的内容）（ブリニョルフソン＆マカフィー　2013：73-92）を図4-1のようにまとめている（井上　2018：140）．

　それによれば，職業を「肉体労働」・「事務労働」・「頭脳労働」の3つの職種に単純化し，低所得層は「肉体労働」，中間所得層は「事務労働」，高所得層は

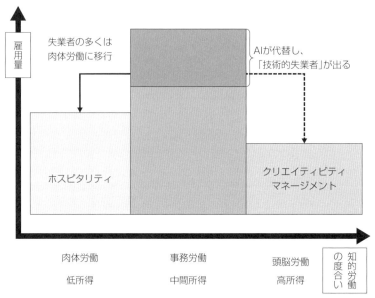

図4-1　AIの普及による「肉体労働」・「事務労働」・「頭脳労働」の雇用量の変化

（出典）　井上智洋　2018『AI時代の新・ベーシックインカム論』光文社，141頁，図表18「中間所得層の雇用破壊」を一部改変．

「頭脳労働」にそれぞれ従事していることにする（井上　2018：141）．

　図4-1の縦軸は，それぞれの職種の「雇用量」を示し，横軸はそれぞれの職種の「知的労働の度合い」を示している（井上　2018：141）．

　近年アメリカでは，元々多かった事務労働の雇用量が，AIを含むITによって急激に減らされている．具体的には，コールセンターや旅行代理店のスタッフ，経理係などである（井上　2018：141）．

　こうして失業した「事務労働」に従事していた人々が，頭脳労働に移行でき所得が増大することが望ましいのであるが，頭脳労働は高いスキル（知識・技能）が要求される上にそもそも雇用量が膨大にあるわけではないので，これらの人々の大多数は需要の多い介護スタッフや清掃員などの「肉体労働」に移行し所得が減少せざるを得ないのが現実である（井上　2018：141-142）．

　「AIが既存の雇用を奪ったとしても，AIは新たな雇用を生み出すはずだ」というのがAIによる技術的失業を論じる際の決まり文句となっており，確かにAIの普及によってAIの開発者やAI導入コンサルタント，AI教育スタッフなどの「頭脳労働」職種の雇用を増やすことが考えられる（井上　2018：142）．

　しかし，AIを含むあらゆるITに当てはまることであるが，ITが奪う雇用は，ITが増やす雇用よりも絶えず大きい．例えば，旅行サイトの構築・運営に関わる人員は，旅行代理店の人員より少ないはずである．そうでなければ，旅行サイトの方が旅行代理店よりも余計にコストがかかるはずであるが，実際は，旅行サイトの方が安くサービスを提供している．このように，旅行業以外の多くの業種においてもITによって人員の削減によるコスト減が進展しており，アメリカと同様に日本でも，ITに仕事を奪われた人々の多くは，システムエンジニアやWebデザイナーにはなれず，ITとは関係のない介護や清掃などの従来の肉体労働に従事せざるをえず，中間所得層の「事務労働」に従事していた人たちが低所得層の「肉体労働」に従事することで低賃金化してしまうことになる（井上　2018：142-143）．

　井上によれば，日本でもアメリカと同様な事態が徐々に進行していくと考えられるが，日本では終身雇用制の企業が多いので，今のところ目立ったITによる失業は生じていない（井上　2018：145）．

　そもそも，終身雇用制の存在自体がITの導入を遅らせている．というのは，企業の都合で従業員を解雇するのが難しいのならば，ITを導入するよりも従業員をそのまま使い続けた方が安上がりであり，また，日本の企業経営者が比

較的高齢であることもITの導入を遅らせていると考えられる（井上 2018：145）．

　しかしながら，日本においても事務職についてはすでに人手が余っており，厚生労働省の「一般職業紹介状況」2023年4月時点での有効求人倍率の全職種平均が1.13倍であるのに対して，「一般事務」の有効求人倍率は0.35倍である（厚生労働省 2023：7）．

　有効求人倍率が0.35倍というのは，3人応募して1人くらいしか採用されないということを意味している．多くの人々がエアコンの効いた部屋で座って仕事をしたいと願っているが，そのような人気の職種の事務職はITに置き換え易く，今後ますます採用数が減って行くと考えられる（井上 2018：146）．

　なぜ，事務職がITに置き換え易いかという理由は，事務職の仕事は「情報空間」における作業が中心であるからである．つまり，事務職は，「実空間」で物体を運んだり作ったりする製造・運輸・建設に関わる職種とは違って，主に帳簿や書類を作成したりチェックする作業が中心の記号ないし情報を相手にする仕事であり，事務職の作業は「情報空間」で閉じているといえるので，そのような作業はITないしAIに置き換えることが容易であるからである（井上 2018：146）．

　他方で，「実空間」で物体を運んだり作ったりする肉体労働をAIやITによって自動化し置き換えようとする場合，例えば，トラックやタクシーを自動運転車両にして，運転手の仕事をITやAIに置き換えようとするならば，車両を制御するAIやITというソフトウェアの研究開発だけでなく，それに合わせて作動する車体や各種のセンサー等のハードウェアも研究開発されねばならないため長い時間と膨大な費用がかかるので，実空間での肉体労働をAIやITによって置き換えることは，ソフトウェアによって置き換え可能な事務職の仕事と比べれば，はるかに困難である（井上 2018：146-147）．

　日本では，少子高齢化のために労働力人口が減って人手不足が続いているが，人手が多く必要なのは，「実空間」で物体を運んだり作ったりする製造・運輸・建設・農林水産業や人を相手にする医療・福祉・販売・接客・保安といった職種であり，「情報空間」で記号や情報を相手にする事務・管理といった職種では人手が余っているのである（厚生労働省 2023：7）．

　したがって，人手不足の職種ではAIやITへの置き換えはなかなか進まず，人手不足がなかなか解消されないが，人手が余っている職種ではAIやITへの

置き換えが進展していき，このような職種では今後IT化による失業が増えていくと考えられる（井上　2018：148）．

　ところで，AIが雇用に及ぼす影響を論じる際に，AIを「特化型AI」と「汎用型AI」に分けて考える必要がある．例えば，「Siri」や「アルファ碁」は，特定の用途でしか使うことができない「特化型AI」であり，Siriは，人間の問いかけや要望に応答するだけで，また，アルファ碁は囲碁を打つだけなので，Siriに囲碁は打てないし，アルファ碁は，人間としゃべることはできない（井上　2018：155）．

　それに対して，「汎用型AI」は，人間同様の汎用的な知性を持っていて，囲碁を打ったり，会話をしたり，事務作業をしたりできるなど様々な用途で使用することができる（井上　2018：155）．

　したがって，汎用型AIが普及すれば，人間の雇用が消滅に向かう可能性がある．というのは，人間の知性は汎用的なので，潜在的にはどのような職務もこなすことができるので，人間の労働力は軟体動物のように自在に形を変えて，様々な職業に対応できる．そして，汎用型AIも軟体動物のように自在に形を変えて，様々な職業に対応できるので，職場での汎用型AIの導入・運用コストが人間の賃金よりも安ければ，あらゆる職業において人間の代わりに汎用型AIの方が使われることになる．さらに，汎用型AIの普及によって新しい職業が生まれたとしても，汎用型AIは，すぐにその新しい職業に適応し，人間を職場から駆逐してしまう可能性がある（井上　2018：157-158）．

　しかし，井上は，人間の脳の機能を真似て人間と同じ知的振る舞いができる汎用型AIが実現されても，人間自身が気づいていない潜在的な感覚や感性，欲望まで汎用型AIが再現できるとは限らないので，人間と全く同じような判断や振る舞いを行うことはできないと考えられるので，以下の3種類の仕事は残るのではないかと主張している（井上　2018：159-160）．

　すなわち，曲を作る，小説を書く，映画を撮る，発明する，新しい商品の企画を考える，研究して論文を書くという「クリエイティヴィティ系（Creativity：創造性）」，工場・店舗・プロジェクトの管理，会社の経営等の「マネージメント系（Management：経営・管理）」，介護福祉士，看護師，保育士，接客，インストラクターなどの「ホスピタリティ系（Hospitality：もてなし）」である（井上　2018：160-161）．

　しかし，上記の仕事も，長期的に見れば，これらの分野にも汎用型AIが進

出して来て，これらの仕事に従事する・しようとする人々は「機械との競争」に否応なしにさらされなければならなくなる．例えば，アメリカにおいて汎用型AIは，過去の作品を参考にして創作することはかなり得意になっていて，作曲や絵画といったクリエイティヴィティ系の分野ではすでに汎用型AIが進出してきており，AIが作る曲や絵画に劣る作品しか作れない作曲家や画家は，失業してしまうことになる（井上　2018：161）．

　さらに，マネージメント系やホスピタリティ系の分野の仕事においても，それぞれの仕事についてのデータの蓄積が進むにつれて，AIとそれを搭載したロボットができることは増大し，人間にしかできないことは減少していくことになる（井上　2018：164）．

　そして，井上は，汎用型AIが2030年に現れるとするならば，2045年くらいにはかなり普及している可能性があると予測している．例えば汎用型AIを組み込んだ「パーソナルアシスタント」（電子秘書）がパソコンやスマートフォンで使われるようになっており，手足を使わないことならば何でも依頼することができるので，「我が社の決算書を作ってくれ」「我が社のホームページを作ってくれ」「自動車産業の最近の動向を10ページほどの報告書としてまとめてくれ」と命じるだけで，それぞれの作業をたちどころにやってくれる．また，汎用型AIが組み込まれた「汎用型ロボット」がレストランのウェイター・ウェイトレスから警察官，消防士に至るまで身体動作を必要とする様々な仕事を担うようになるであろう．そうなると，クリエイティヴィティ系・マネージメント系・ホスピタリティ系の分野の仕事に従事する人々の半数くらいが失業することになるであろう（井上　2018：165）．

　その結果，井上の予想では，汎用型AIや汎用型ロボットによって9割の就業者が失業するようになり，内実のある仕事をし，それで食べていけるだけの収入を得られる人が一割しかいない「脱労働社会」が出現するのである（井上2018：165-166）．

　そして，「脱労働社会」とは，クリエイティヴィティ系・マネージメント系・ホスピタリティ系の分野で「機械との競争」に打ち勝った少数の「スーパースター労働者」しか働いていないような社会である（井上　2018：166）．

　このような社会において，「スーパースター労働者」になりえなかった大多数の人々はどのように生計を立てて行けばよいのかについて考察するために，井上は，ごく少数の「スーパースター労働者」以外の人々を（働いて得られる賃

金所得を収入源とする）「労働者」と（工場・店舗・会社等を所有したり，それらに運転資金を提供したりすることで得た利子や配当を収入源とする）「資本家」に分けて議論をしている（井上　2018：167）.

　脱労働社会においては，汎用型 AI を搭載したロボットが商品を作る無人工場を所有する資本家は，労働者に賃金を支払う必要が無いのでますます儲かることになるが，AI やロボットに仕事を奪われ失業した労働者は収入を得ることができず，生活保護などの社会保障制度がなければ，飢え死ぬしかなくなる（井上　2018：167-168）.

　そこで，労働者が飢え死にしないようにするためには，生活保護を国民の大半に適用する政策を積極的に進める必要があるが，生活保護の適用にあたって，救済に値する者と値しないものに選別しなければならない.「資力調査」と呼ばれるそのような選別は，時間と労力をかけて慎重に行わなければならないため，それを行うための費用は莫大なものになるのにもかかわらず，不正受給が起こったり，生活保護の受給額以下の所得しか得られていない多くの「ワーキングプアー」の人々が放置されたり，毎年のように餓死者が発生せざるをえない現在の日本の生活保護の実態は，多くの問題を抱えているといえるであろう（井上　2018：169）.

　このような生活保護の問題を解決せずに，汎用型 AI によって雇用を奪われ収入源を絶たれる人々が増えてくれば，生活保護の適用対象を拡大しなければならず，給付すべきか否かを選別するために多くの人員を必要とするため費用が莫大なものとなり，生活保護の制度を維持することが困難となり，社会保障制度の抜本的な改革が必要となってくる（井上　2018：169）.

　そこで，井上は，脱労働社会に適合した新たな社会保障制度として失業者だけでなくすべての人々が最低限の生活を行うことができる金銭が給付される BI を提唱する（井上　2018：170）.

　ただし，現在の日本では，ほとんどの人々が働いて得た所得で最低限度以上の生活が営めているために，BI に必要性を感じている人は少数にしか過ぎない．しかし，長期的に見れば，汎用型 AI によって雇用を奪われ収入源を絶たれる脱労働社会が出現すれば，多くの人々が BI を導入した方が良いという考えにいたるのではないかと予想されることから，井上は BI の必然性を訴えている（井上　2018：170）.

　上記の井上の『AI 時代の新・ベーシックインカム論』の AI の普及による「脱

労働社会」の出現とBIの必要性についての議論は，オランダの歴史学者ルト
ガー・ブレグマンの『隷属なき道──AIと競争に勝つ：ベーシックインカム
と一日三時間労働──』（2017）の知見に基づいている（井上　2018：285）．

　このブレグマンの著書の「第八章　AIとの競争には勝てない」の「まとめ」
によれば，21世紀にはいると，ロボットが突然スピードを上げて，先進工業国
の生産性は過去最大のレベルになり，技術革新はかつてないスピードで進んで
いるが，同時に，AIとロボットが「中流」と呼ばれる人々の仕事を奪い，国
内の平均収入が落ち，雇用が減ってしまう．その結果，不平等が広がり続ける
ことになる（ブレグマン　2017：206-207）．

　そこで，BIによって，AIとロボットというテクノロジーから得られた恩恵
を再配分し，不平等を是正することが必要となるのである（ブレグマン　2017：
207）．

　ところで，AIとロボットが生産活動すべてを行うようになり生活に必要な
ものが何不自由なく手に入ることで労働から人々が解放されるようになった未
来の社会の姿について，井上は，以下のように論じている（井上　2018：280）．

　労働が必要なくなった未来で人々が何をして時を過ごすのかを想像するにあ
たっては，古代ギリシャの社会が参考になる．アテネのようなポリス（都市国家）
の市民は，労働を忌み嫌い奴隷に任せて，自分たちは政治や芸術，学術（哲学
や数学），スポーツに勤しんでいた．未来においても価値判断を必要とする政治
や芸術は，AIの支援を受けつつも最終的には人間自身によってなされるであ
ろう．というのは，汎用型AIは，およそ人間と同じ働きをするものの，少な
くとも今世紀中は，人間の持つあらゆる感性や感覚，欲望を備えることはでき
ないと予想されるからである（井上　2018：280-281）．

　科学的な研究の大部分はAIが人間の代わりに行うようになるが，知的好奇
心を満たすための学術的な探求は，人間の娯楽的な営みとして残される．勤労
道徳が滅んでも「所属欲求」まではなくならないので，未来の人々は死ぬまで
大学に所属し続けるかもしれない．他人から認められたいという「承認欲求」
もまた消えることなく，人々は労働によってではなくて，スポーツなどのゲー
ムに勝つことで承認欲求を満たすようになるだろう（井上　2018：280-281）．

　このように，AIとBIが普及し労働が必要なくなった社会は，古代ギリシャ
のような活力の満ちたものとなる可能性があると井上は展望している．

　その一方で，このような活力に満ちた社会の実現を阻むものとして，井上は，

「ヴァーチャルリアリティ」（以下，VR）の発達の危険性を指摘している．

　井上によれば，VR内は誰も傷つかない優しい世界になりうるが，そのようなVRに人々が耽溺するようになれば，活力も何もない退廃した社会になる．VR中毒者に欠けているのは，アーレントのいう「活動」であり，儒教のいう「徳」であり，コミュニタリアリズムのいう「共通善」である（井上　2018：282）．

　このような社会は，まさに，映画「マトリクス」で描き出されているが，この映画の主人公ネオは，機械の支配から逃れ，より人間らしく生きるためにVRの世界を抜け出して機械と戦った．安楽なVRの世界ではなく，苦悩と戦いに満ちた現実世界で生きるべきなのか．「今の私にはっきりした答えはない」と井上は，「脱労働社会」の根本的な問題に対して解答を保留している（井上2018：283）．

2．生成AIをめぐる問題

　ところで，本書の原稿が執筆されている2023年になってから，汎用型AIとして人間の要求通りに文章や画像・映像，音楽を自由自在に作成できる「生成AI」が急速に普及しつつあり，様々な分野で活用されるようになった．

　特に，新聞・テレビ等のマス・メディアが2023年になってから連日のように取り上げるようになったのが，対話型AIの「チャットGPT（ChatGPT）」である．『朝日新聞』2023年5月18日に掲載された「AIの急速進化　可能性と懸念は」という記事には，「チャットGPTはインターネット上で使える対話型AIだ．尋ねると，友人と話すように自然な言葉で答えてくれる．18歳以上（保護者の同意があれば13歳以上）なら誰でも，サイトに登録して無料で使える．質問文や依頼文を打ち込むと，文章で回答する」，「ほかにも文章の翻訳や要約，料理レシピや旅行のプランも教えてくれる．やり取りは，日本語でもできる．ビジネスの場面でも，企画書や営業のメールの下書きを書いたり，顧客の問い合わせに手早く対応したりする役割が期待される」とチャットGPTの概要が記載されている（朝日新聞　2023．5．18：2）．

　「GPT」とは，『朝日新聞』2023年5月22日に掲載された「チャットGPTって何がすごい」という記事によれば，「Generative Pre-trained Trasformer：生成可能な事前学習したトランスフォーマー」の頭文字であり，「トランスフォーマー」とは，大量のデータを使ってAIが自ら学習していく「ディープラー

ニング（深層学習，DL）」の計算量の多い新しいモデル（方式）のことである（朝日新聞 2023.5.22：19）．

　そして，『朝日新聞』2023年5月18日掲載の同記事によれば，アメリカの新興企業「オープンAI」がチャットGPTを公開したのが2022年11月で，わずか2カ月で世界中の利用者が1億人を超え，チャットGPTは「史上最速で普及したアプリ」と言われている．月額20ドル（約3,000円）の有料版では，回答の内容や日本語の精度が上がった最新版「GPT4」の機能も使える．オープンAIのCEO（最高経営責任者）のサム・アルトマン氏によると，日本でも一日100万人以上が使用しているということである．2022年には，「ミッドジャーニー」や「ステーブルディフュージョン」などのような言葉で指示するだけで高精度の画像を生み出すAIも登場した．チャットGPTやこれらのAIは，「生成AI」と呼ばれている（朝日新聞 2023.5.18：2）．

　同記事によれば，チャットGPTは，ゼロから文章を生み出し，言わばアドリブで文章を作れるようになったのが特徴である．これが可能となったのは，チャットGPTの開発時にネット上の膨大な情報を読み込み，文章や会話の自然な流れを学習したと考えられている．さらに訓練したAIが作った答えを教師役の人間が採点してAIに教えることを繰り返した．文章を生み出す仕組みはシンプルでひたすら次の単語を予測していくというものである．チャットGPTは，以前のバージョンでも数千億単位の単語を事前に学習しており，高速で計算できるコンピューターの性能向上とも相まって計算量を大幅に増やした．こうして，文章として適切な単語を計算ではじき出す「先読み」によって長い文章を記憶し文脈を踏まえて回答する能力が高まったと考えられている（朝日新聞 2023.5.18：2）．

　さらに，チャットGPTは，パソコンやスマートフォンを動かすソフトやWebサイトを作成したりするプログラミングのコードをすらすらと作成できる．チャットGPTに「こんなコードを作って」と日本語でお願いするだけで数十秒で作成できるので，プログラマーの間でも「時間が節約できる」と実際に使われ始めている．他にも，アメリカや日本の医師資格試験やMBA（経営学修士号）の試験で合格点に達するような解答ができるという報告も相次いでいる．今後は，生成AIの基盤となっている文章や画像の大規模なデータを使って訓練を行うモデルの開発が急速に進むと考えられ，文章や画像だけでなく映像や数式，化学式や遺伝情報などの様々なデータを統合して解析できることに

なる．実用化が進めば，映像や音楽，セリフも一体となった映画もAIが短時間で作ったり，AI自身が仮説を立ててロボットの腕を動かして実験まで進め，人間が発見できなかった理論や発明にたどりついたりすることも予想される．2023年5月現在，マイクロソフトはチャットGPTの技術を使ったAIを自社の検索サイト「ビング」に搭載した．また，グーグルも独自の生成AI「バード」を公開するなど巨大IT企業各社の競争も激しくなっている（朝日新聞　2023. 5. 18：2）．

　しかし，現在のチャットGPTの最大の弱点は，答えに完全な誤りが含まれる場合があることである．文章としてのもっともらしさの計算に基づいて文章を生成しているだけで，事実関係の正さを判断する機能は備わっていないと考えられており，学習したデータに誤りがある場合やデータが少ない日本語ベースの人物の紹介や歴史的事実については誤りが含まれやすいということである（朝日新聞　2023. 5. 18：2）．

　「答えに完全な誤りが含まれる場合がある」ということについては，『朝日新聞』2023年5月30日（夕刊）掲載の「米国でチャットGPT　裁判書面を創ったら……」という記事によれば，実際に，アメリカでは，弁護士がチャットGPTを用いて民事裁判の資料を作成したところ，虚偽の内容が多数含まれていることがわかったと「ニューヨーク・タイムズ」などのアメリカの新聞が報道した．問題となったのは，ある男性が2019年にニューヨーク行の飛行機内で配膳カートが膝に当たってケガをしたとして南米コロンビアのアビアンカ航空を訴えた訴訟である．原告男性の弁護士が10ページにわたる準備書面を作成してニューヨークの連邦裁判所に提出したが，この書面の中で「航空会社が過去に被告となった訴訟の判例」とされるものが引用されていた．しかし，被告側弁護団も裁判官も，引用された6件の「判例」を見つけることができなかった．それらは実際に存在せず，いずれもチャットGPTが作成したものであることが判明し，原告側の弁護士もそれを認めた．この弁護士は，準備書面に記載された虚偽の判例について「これは実在するのか」とチャットGPTに再度尋ねたが，「はい，実在する事件です」という回答を信用し，記載内容が虚偽である可能性は認識していなかったということである（朝日新聞　2023. 5. 30夕刊：8）．

　また，『朝日新聞』2023年10月25日（夕刊）「万博「中止になってしもた」──大阪府提供AI，誤解招く回答相次ぐ　府，注意喚起『正確性保証せず』」という記事によれば，大阪府が高齢者向けの事業として提供する生成AI（人工

知能）を活用したチャットサービスで誤解を招く回答が相次いで報告され，府が対応に苦慮している．2025年大阪・関西万博に関しては，中止かどうか問うと「中止になってしもた」などと回答してしまう．府は，このサービスは正確性を保証するものではないと注意喚起している（朝日新聞2023年10月25日 夕刊：7）．

　この生成AIを利用したサービスは，府がＬＩＮＥ公式アカウント「おおさか楽なび」で提供している「大ちゃんと話す」．デジタル技術を活用して高齢者の暮らしをサポートする事業の一環で，チャットGPTによる会話を通じて高齢者の孤独を和らげるのが狙いである．利用者はサイト上で関西弁のしば犬のキャラクター「大ちゃん」とやり取りできる（朝日新聞2023年10月25日 夕刊：7）．

　大阪・関西万博については「万博は中止になったの？」と質問すると，大ちゃんは「大阪万博は中止になっちゃったみたい．残念だねえ」などと回答する．正しい開催期間（2025年4月13日〜10月13日）を答えられなかったり，「まだ決まってない」「もう終わった」と答えたりする．SNSでは「珍回答」「ツッコミどころ満載」など多くのコメントが寄せられている（朝日新聞2023年10月25日 夕刊：7）．

　大阪府によると，大ちゃんは高齢者の会話に寄り添う趣旨で開発されたため，問いかけられた内容には肯定的な答えをする傾向にある．また回答はネット上の誤ったものも含む情報から生成しており，正確性に欠けることもあるということである．万博に関する誤りの指摘を受け，府は今月（2023年10月）17日から利用開始時に表示される「内容の正確性及び最新性等を保証するものではありません」との文字が強調されるよう改めた（朝日新聞2023年10月25日 夕刊：7）．

　このように，大阪府という地方自治体のAIを利用した公式のサービスが，事実と異なる情報を生成し，それが，SNS上で話題となるという事態に対して「内容の正確性及び最新性等を保証するものではありません」と利用者に注意喚起するだけでは，行政府としての責任を果たしているとは言い難いのではないだろうか．

　他方で，「ミッドジャーニー」や「ステーブルディフュージョン」などの生成AIについて，『朝日新聞』2023年5月16日掲載の「チャットGPT台頭　ルール追いつかず」という記事によれば，無料や低額で高精度の画像を生成でき，ビジネスだけでなく行政機関でも利活用の動きがでる一方で，脅威も飛躍的に拡大している．例えば，AIが性能を高める際に必要な学習で作家が苦心して作り上げた文章や絵画のWeb上のデータが無断に使われたり，画風や作風をまねた作品をAIが作成できてしまったりすることで，アーティストの権利や

職が脅かされるという訴えが社会的に大きな問題となっている．また，高精度のフェイク画像を作れたり，偽ニュースなど民主主義を否定するような偏った言説に誘導する文章も無尽蔵に生成できたりする．さらに，生成されたデータが AI の学習に使われて特定に考え方が加速度的に拡散してしまうことも懸念される．こうした生成 AI の基盤となる「ファンデーションモデル（大規模生成モデル）」と呼ばれる AI の開発もアメリカの企業や大学で進んでおり，将来，映像や数式，化学式や遺伝情報などの様々なデータを統合した AI が実用化されることになると予測される．そうなると，イラストレーターや新聞記者，プログラマーだけでなく統合的な知識や知能が必要な大学教員も含めた「ホワイトカラー」全般の職業が無くなることが現実となりうる（朝日新聞　2023. 5. 16：31）．

　そして，『朝日新聞』2023 年 9 月 2 日掲載の「朝日地球会議2023　対話がひらく新時代」の中の「AI の功罪　恩恵受ける道は」という見出しの記事によれば，AI 開発研究者で通信アプリ「シグナル」を開発した会社の社長のメレディス・ウィティカー氏は，2023 年春の朝日新聞の取材で，巨大 IT 企業が最新の AI 技術を矢継ぎ早に製品に導入する状況を「非常に無責任で無謀な行い」であると指摘し，巨大 IT 企業にデータやインフラなどの資源が集中している構造を問題視している．世界シェア約 9 割の検索エンジンを提供するアメリカのグーグル，40 億人近いフェイスブックの利用者を持つアメリカのメタなどの巨大 IT 企業は，無料サービスと引き換えに利用者から同大なデータを集め，広告などを通じて巨額の利益を得てきた（朝日新聞　2023. 9. 2：27）．

　ウィティカー氏は，最新の AI 技術は巨大 IT 企業へのデータと富の集中の結果生まれたもので，「中立的でもなければ，民主的でもない．究極的には彼らの利益につながるようにつくられる」と批判している．先端 AI の進化でますますデータが集中し「AI と監視モデルの関係はさらに強まる恐れがある」と指摘している．しかし，私たちは無料のネットサービスに慣れ，AI も日常生活に深く入り込む．各国では AI 規制の検討が進むが，議論は始まったばかりである（朝日新聞　2023. 9. 2：27）．

　このように生成 AI のような新技術が社会に導入されると既存の社会のルールと合わなかったり，そもそもルールがなかったりする．開発や利用に関わる企業は，法的な問題がないことを確認して判断するが，開発のスピードが速い時，法規制は技術の進歩に追いつかない．しかし，「何かあったらどうするんだ」

と規制が固まるのを待っていては，イノベーション（技術革新）で後れをとってしまう．他方で，社会の反応はつかみにくく，企業の法務部門が大丈夫だと判断してもSNSでは何が炎上につながるかわからない．そこで，「他人を傷つけない」「公正」など守るべきこと，人がよって立つ規範である「倫理」が必要となる．そして，科学技術がどのように使われるかを社会の側で想定して，どんなリスクが生じるかを事前に洗い出してできるだけリスクを少なくする「社会技術」も必要である．生成AIのような新しい技術を社会実装する際には狭い意味での技術開発に加えて，社会技術を並行して開発することが必要である．倫理規範を作ることも社会技術の重要な観点である（朝日新聞　2023．5．16：31）．

　そして，「朝日新聞」2023年5月18日の「『AI　政府規制・免許制を』オープンAIのCEO　米議会で証言」という記事によれば，チャットGPTを開発したオープンAIのCEOのアルトマン自身も，アメリカ上院司法委員会の公聴会で，最新のＡＩには大きなリスクがあるとして，専門の政府機関の設置や「免許制」の導入などを訴えた（朝日新聞　2023．5．18：6）．

　アルトマン氏は，「AIは私たちのくらしのほぼすべてを改善する可能性を持っている」と主張した上で「もしこの技術が悪い方向に行けば，極めて悪くなりうる．そうしたことが起きないよう，政府と協力していきたい」として規制の必要性を強調し，「IAEA（国際原子力機関）」のようなAI専門の政府機関の設置を提案した．企業が開発したAIに対する外部専門家による監査や，一定の規模以上のAIを開発する企業に免許を与える案などに触れた（朝日新聞2023．5．18：6）．

　この公聴会では，議員らからは，選挙への影響やデータプライバシーなど様々な懸念が寄せられた．アルトマン氏は「来年（2024年）は（米大統領の）選挙があり，技術はさらに良くなる．私が最も懸念している分野の一つだ」としたうえで，ネット上のコンテンツがＡＩに生成されたかどうかがわかる仕組みが必要だと話した（朝日新聞　2023．5．18：6）．

　雇用への影響について，アルトマン氏は「新しい仕事を生む一方で，一部の仕事は完全に自動化されると思う」と指摘．影響を受ける人々への対応に「政府と業界の協力が必要になる」と話した（朝日新聞　2023．5．18：6）．

　アルトマン氏が訴えるように，チャットGPTのような生成AIが急速に普及することによって発生する個人情報の保護や人権への配慮，透明性の確保，偽

情報の拡散の防止といった多くの課題に対処する際には，新たな倫理規範を創造した上で規制の仕組みづくりを行うための「社会技術」が必要となるが，こうした観点に基づいて生成AI規制のルール作りを積極的に進めているのが欧州であり，欧州連合（EU）は，2023年内に成立を見込むAI規制法では，生成AIを「高リスク」に分類し，生成AIが作った文章や画像に表示の義務付けも検討している．また，自由な企業活動を重視するアメリカでも，上記のように議会で企業にAIの安全性の確認を求める制度創設の動きが出ている．しかし，日本は，AIの研究開発で後れをとって来たことへの危機感が強く，政府は経済成長のためのAIの開発・活用を重視しているため，AI規制の動きが鈍い（朝日新聞　2023.5.18：2）．

　上記のようにEU・アメリカ・日本の間で生成AIを適正に使用するためのルールづくりについての姿勢の違いがある中で，2023年4月末に「主要7カ国（G7）デジタル・技術相会合」が日本で開催され，「責任あるAI」の実現を盛り込んだ閣僚宣言が採択された．

　『朝日新聞』2023年5月1日掲載の「同床異夢のAI議論　規制に動く欧州・利活用探る日米」という記事によれば，生成AIの規制に関する国際的な基準づくりで協調が演出されたが，「利活用」と「規制」をめぐる日米欧の立場の違いから火種は残ったままになった．各国が立場の違いを認識しつつ企業がデジタル分野での国境をまたぐ活動が続けられる状態を維持するために，議長の松本剛明総務相は繰り返し「相互運用」という言葉を用いて生成AIの適正な使い方のルールづくりにG7が協調して向き合う必要性を強調した．このようにルールがあいまいなまま，実効性よりもまずは「合意する」という形式が優先された．このように生成AIが急速に精度をあげていく中で，規制のあり方は日欧米各国に任されたのである．この時点での各国の現状については，EUで審議中のAI規制法案は，個人の尊厳や個人データの保護，男女平等といった基本的人権がAIの利用によって侵害されないよう守ることを明記している．アメリカのバイデン政権は，白書を公表して，アルゴリズムによる差別からの保護やデータプライバシーという5原則をAI規制のガイドラインに盛り込んだ．日本では，政府内でも議論が不十分なのにもかかわらず，経済産業省主導の生成AIの活用に前向きな意見が目立ち生成AI活用に前のめりな姿勢である（朝日新聞　2023.5.1：3）．

　上記のようにG7（アメリカ・日本・イギリス・カナダ・フランス・ドイツ・イタリア）

とEUに代表される主要な先進工業国の間でのAI利活用と規制を巡る姿勢の違いが明確になる一方で，『朝日新聞』2023年6月13日（夕刊）掲載の「『生成AIの監視機関を』国連事務総長，設置案に賛同」という記事によれば，国連のグテーレス事務総長は，2023年6月12日にニューヨークで行った会見において，チャットGPT等の生成AIへの対策として，科学的知識に基づいて規制を行うことができる国際原子力機関（IAEA）のような機関を各地で望む意見が出ていることを受けて，生成AIに関する技術の規制やルールが守られているかを監視する国際機関の設置案に賛同した．グテーレス氏は，以前からAIが悪用されるリスクを懸念してきた．特に人間の判断を介さずに人間の命を奪う自律型兵器の禁止を唱えてきた．各国にはガードレールやレッドライン（超えてはいけない線）の定義を求めている．そして，グテーレス氏は，国連としての対策を練っていくために，同年6月中旬に専門家や科学者から構成される「科学諮問委員会」を設ける考えを示した．AI業界に対する行動規範の作成も検討し，2024年夏までの発効を目指している．グテーレス氏は，チャットGPTを開発したオープンAIのサム・アルトマン最高経営責任者（CEO）らの複数の専門家と面会したことを通して，生成AIをめぐっては現場から深刻な声が相次いでいるとして，「科学者や専門家は，AIを核戦争のリスクに匹敵する人類の存亡の危機と断定して，世界に行動を呼びかけている」と警告した（朝日新聞 2023. 6. 13夕刊：6）．

　このような国連の動きに呼応して，『朝日新聞』2023年8月29日掲載の国連大学学長チリツィ・マルワラ氏のインタビュー記事「AIと私たち　地球課題に向き合う」によれば，国連大学は，2023年6月にイタリアのボローニャに人類を取り巻く地球規模の課題を解決するためにビッグデータとAIに関する研究所を設立すると発表した（朝日新聞 2023. 8. 29：13）．

　この記事によれば，2023年春に国連のシンクタンクである国連大学の学長に就任したマルワラ氏は，AIの専門家であり，生成AIの急激な発達を見ていて，世界に新たな格差が生まれる危険性が出てきていることを心配している（朝日新聞 2023. 8. 29：13）．

　そこで，国連大学は，2023年6月にイタリアのボローニャに人類を取り巻く地球規模の課題を解決するためにビッグデータとAIに関する研究所を設立すると発表した．国連としても，SDGs（持続可能な開発目標）の達成を加速させるうえでAIは欠かすことのできない役割を果たすと期待している．AI技術は，

国際社会への貢献だけでなく，軍事目的やテロなどに利用される可能性もある．AI技術をテロリスト集団のような国家でない主体が手に入れることも非常に危険である．核管理や地球環境の問題と同じようにAI技術の利用について地球規模の課題として取り組む必要がある．AIのもたらす本質的な問題と課題について研究者や専門家だけでなく，政治家や行政に関わる人々，そして一般の市民にも理解を深めてもらうことが重要である（朝日新聞　2023.8.29：13）.

　これから世界がしっかりとAIについて理解を深め，正しく活用していくためには，教育が非常に重要である．というのは，アルゴリズム（計算手順）や入力するデータの欠陥を修正して差別しないAIに改善することは技術的に可能であるが，より修正が難しいのは，そうした欠陥のもととなっている人間の差別や偏見の方であり，それに基づいてできあがってしまった仕組みがつくられるのを防ぐために，AIの研究開発に携わる人が差別や偏見を持たないように教育する必要があるからである（朝日新聞　2023.8.29：13）.

　上記のように，国連大学では，研究者や専門家だけでなく，政治家や行政関係者，一般の市民も巻き込んで，AIのもたらす本質的な問題と課題について理解を深めてもらいながら，AIの研究開発に携わる人が差別や偏見を持たないようにする教育に取り組もうとしている．

　それでは，どのような教育をしたらよいのであろうか．そのヒントとなるのが，『朝日新聞』2023年5月29日掲載の「チャットGPT　子どもに使わせるべき？」という記事である．

　それによれば，東大合格を目指すAIを作る「東ロボくん」プロジェクトを主導した国立情報学研究所教授の新井紀子氏は，AIは，文章の最初の何語かを与え，次がどうなるかを当てさせるということを繰り返しながら文章を学んでいる．意味を考えているわけでなく，正答率100％を目指しているわけでもない．いかに人間らしい文章を生成させるかがAIにとって大事である．だから，正しい知識のない子どもが使うと，その答えをうのみにしてしまう可能性がある（朝日新聞　2023.5.29：10）.

　新井氏にとっては，子どもにチャットGPTを使わせることは，ユーチューブを使わせるのと同じ感覚である．例えば，ユーチューブでアメリカのスタンフォード大学の最先端の授業を見て「こうなんだ」と勉強する子もいれば，他の子がゲームをする姿を見ているだけの子もいる．このようにユーチューブは，ごく少数の子どもには賢くなる可能性をもたらすが，多くの子どもの可能性を

奪う道具である（朝日新聞　2023. 5. 29：10）.

　新井氏によれば，子どもは幼児の頃は「サル」として育てるのが正しい. 自分で暑さ寒さを感じるとか，こうすると転ぶんだなとか，昆虫が動く様子をずっと見て「動く」ということの統一的な原理を認識するとか，そういうことを無言のまま学ぶ時期が幼児期である. その時期が十分にないと，その後の発達が難しくなるように人間はできているのでないか. チャットGPTをそのまま子どもに使わせたら，作文を書いてもらうとか，調べ物の学習の答えをかかせるとか，楽なことをするに決まっている. その結果，時系列で物事を書く能力とか，つじつまが合うように何かをまとめる能力とか，本来，狙っていた教育効果が白紙になってしまう. しかし，もう後戻りできない段階に来ていることも確かである. 例えば，作文コンクールで最優秀賞が決まった後にチャットGPTが作ったことがわかり，受賞取り消しが頻発するという事態も起こり得る. このようにして，学校から作文という文化が失われてしまう可能性もある（朝日新聞　2023. 5. 29：10）.

　こうした状況に関連付けて，新井氏は，2022年に東大入試で出た8個のキーワードを盛り込んで「8世紀から19世紀までのトルキスタンの変遷を600字以内にまとめなさい」という世界史の問題はとてもいい問題であると評価している. というのは，1千年の歴史を600字以内で，しかも人に伝わるように書くのは，相当高度な能力が求められるからである. この問題をチャットGPTに解答させて代々木ゼミナールの先生に採点してもらったところ，事実関係も違い，示したキーワードも6個までしか入れることができず，0点であった（朝日新聞　2023. 5. 29：10）.

　このような結果になったのは，新井氏によれば，チャットGPTは，読解力がないため文章の意味がわかっていないので，指定された字数とキーワードにしたがって，文章を作成することができないからである. 読解力のある人は，文章を読んだときに読んだことの意味が理解でき，事実を俯瞰的にとらえることができるので，指定された字数やキーワードなどの条件に応じて，元の文章の要点をとらえながら，文章をAという観点からも，Bという観点からも，人に伝わるように書くことができるのである（朝日新聞　2023. 5. 29：10）.

　したがって，わが子をチャットGPTが使いこなせる大人にするためには，小さい頃は「サル」として育てる. つまり，鉛筆を使う，消しゴムを使う，物差しをしっかり押さえて線を引くという原始的な体験を踏むことが大事である

と新井氏は，主張している（朝日新聞　2023. 5. 29：10）.

　なぜ，子どもが文章の意味が分かるようになるには，このような手を駆使した原始的な動作が必要になるのかという疑問に対して，『世界』2023年 7 月号「対談　わかりたいヒトとわかっているふりをするAI」という対談についての『朝日新聞』2023年 7 月21日掲載の「言葉の意味　AIは理解していない」という解説記事によれば，認知科学が専門で人の言語習得過程を研究している慶應義塾大学教授の今井むつみ氏によれば，言葉の意味を真に理解するには，現実世界から受け取る情報について身体的な感覚を持つ必要がある．認知科学ではこれを「記号接地」と呼んでいる．例えば，視覚と聴覚に障害のあったヘレン・ケラーは，冷たい水に触れながらwaterという言葉を教わったとき，初めてその意味を理解した．また，「梅干し」と聞くとたいていの日本人は口に唾が湧く．このような言葉と感覚が結びつく「記号接地」という考え方からすると，「身体のないAIは言葉の意味を理解していないのではないか」と推測される（朝日新聞　2023. 7. 21：26）.

　そして，今井氏によれば，チャットGPTと人とでは，「学習の仕方が正反対」なのである．というのは，チャットGPTは，最初に膨大な言語データが与えられ，学習が始まる．その後，データの統計的な規則性を抽出し，この言葉の後にはこの言葉がふさわしいという情報処理をしながら文章を作成する．「一言でいえば『次の単語予測機』」である．他方で，人の乳児には，大量の言語データを処理する力はない．それでも，自分の身体感覚に結びついたほんの少しの知識から新たな知識を作ったり修正したりすることができ，これを繰り返すことで知識体系を大きくしていく．この過程には推論や仮説を立てる行為も含まれる．そして，今井氏は，AIが記号接地に基づく知識体系をもたないので，リンゴが木から落ちる理由を説明する万有引力のような法則を導き出すことはできないと指摘する．つまり，AIは物が落ちる規則性をとらえることができても，物が落ちる法則を解明することはできない．それに対して，人は直感をもとにした発想の転換をして仮説を立て観察や実験によって仮説を検証することで法則を導き出すことができると述べている（朝日新聞　2023. 7. 21：26）.

　ちなみに，今井氏は，認知・心理言語学者の秋田喜美氏との共著『言語の本質』（2023）において，「直感をもとにした発想の転換をして仮説を立て観察や実験によって仮説を検証することで法則を導き出す」推論方法である「アブダクション推論」（逆行推論）が，人間とAIの思考方法の本質的な違いであること

を指摘している（今井・秋田　2023：254-256）.

　そして，今井氏は，大学生のチャットGPTの利用については，「学問が身に
つかず損をするのは自分だし，楽ができてよかったと思えるならそれでもいい
かも」と述べる一方で，子どものチャットGPTの利用については，記号接地
のない暗記学習につながる恐れがあるとしても，大人と一緒にAIが誤る様子
を体験してもよいかもしれないが，「わからなければ，チャットGPTに聞けば
いいという意識付けを避けることが重要」と注意している（朝日新聞　2023. 7.
21：26）.

　上記のことから，「身体がなく，言葉の意味を理解していない」生成AIの
チャットGPTをうまく使いこなすためには，新井氏が提唱するように幼少期
から子どもを「サル」として育てることで，今井氏が唱えるように，身体を駆
使して五感を働かせ，現実世界から受け取る情報を身体的感覚に基づいて処理
して「記号接地」を行い言葉の意味を理解する必要があることがわかった.

　しかし，これから生まれてくる子どもの中で，身体感覚に基づく記号接地に
よる言葉の理解ができるようになる恵まれた養育・教育環境が与えられる子ど
もがどれだけいるのか.

　第2章の山田昌弘氏の見解のように「格差社会論」の観点から考察すれば，
経済的に家庭環境が厳しい子どもは，親が仕事で忙しくて子どもの面倒を見ら
れないので，「わからなければ，チャットGPTに聞けばいい」と子どもが野放
しになってしまうのではないか.

　このような家庭の社会経済的格差は，子どもの文書読解力に影響し，チャッ
トGPTのような「生成AIを使いこなせる少数者」と「生成AIを使いこなせず
仕事を奪われる大多数の者」に二極分化することでさらに社会の格差を拡大す
ることが危惧される.

　上記のような生成AIによる社会の格差拡大を防ぐ1つの方策として，人間
とチャットGPTの本質的な思考方法の違いについて利用体験や議論を通じて
明確に理解した上で，生成AIを法制度によって適確に規制することが喫緊の
課題といえるであろう.

　そこで，生成AIの法規制を行うために有力な方策は（立法や行政に関わる者が，
人間とチャットGPTの本質的な思考方法の違いについて利用体験や議論を通じて明確に理解
した上でという前提条件が付くが）前述のEUで審議中のAI規制法案の成立・制定
と国連による生成AIに関する監視機関の設置であろう.

　ところで，第 1 章から第 2 章にかけて見てきたように，1990年代後半から急速に進んだデジタル・メディアの普及による社会変動としての情報化は，故スティーブ・ジョブズ（アップルの創設者・最高経営責任者）やビル・ゲイツ（マイクロソフトの創設者・最高経営責任者）に代表されるアメリカのシリコンバレーの情報通信技術者がIT企業を創設し巨大成長させることによって進展した結果，GAFAMと呼ばれるごく少数の巨大IT企業が世界のデジタル・メディアを支配することによって生成AIがもたらす「核戦争のリスクに匹敵する人類の存亡の危機」という現状を作り出してしまった．

　巨大IT企業の経営責任者たちは，より新しいデジタル・メディアを作り出したいという技術者の「知的欲望」と無料サービスを通じて利用者の膨大なデータを収集し利益を生み出すというビジネスモデルを構築して巨万の富を得て称賛されたいという「金銭欲」と「承認欲求」を満たすためにデジタル・メディアの研究開発に基づく利潤追求を行ってきた．

　ちなみに，『朝日新聞』2023年 9 月 7 日の「『ネット敗戦』の理由」というインタビュー記事で，日本最初のインターネット接続事業者（プロバイダー）を設立した鈴木幸一氏によれば，鈴木氏と交流のあったアップル創業者のスティーブ・ジョブズやGAFAMに集まるエンジニアたちは「変人」と言ってもよいほど，高い基礎学力と途方もない気力や体力があり，「これがしたい」という野心，「よこしまな心」がすごく大きく，一人ひとりが面白い人物であり，こうした才能と強欲さに突き動かされてGAFAMが提供するような独創的なサービスを生み出すことができたのである（朝日新聞　2023. 9. 7：13）．

　すなわち，天賦の才能と強運を持った彼らは，「知的欲望」・「金銭欲」・「承認欲求」という欲望に突き動かされて努力を重ね巨大IT企業の経営責任者という地位と巨万の富を得るに至ったといえるであろう．

　他方で，巨大IT企業が提供するデジタル・メディアの大多数の利用者は，情報端末（パソコン・フィーチャーフォン（ガラケー）・タブレット端末・スマートフォン・ウエラブル端末等）とアプリケーション（オフィス・スマートフォン用アプリ等）とインターネット及びSNSを使って「楽をしたい」「楽しみたい」「みんなに認められたい」という「快楽」と「承認欲求」を満たすために，巨大IT企業が提供する無料・有料サービスを使って「快適で楽しく生きがいのある」生活を送ろうとしてきた．

　すなわち，巨大IT企業の経営責任者のような天賦の才能や強運を持たない

このような利用者は，デジタル・メディアを漠然と利用して「快楽」と「承認欲求」という欲望を満たしてきたのである．

　また，デジタル・メディアの研究開発に関わる大学や研究機関の研究者や専門家は，新たな情報通信技術（ICT：Information and Communication Technology）を作り出し知識を得たいという「知的欲求」を満たすために，また，優れた研究者・専門家としての名声を得ようとする「承認欲求」を満たすために研究開発に取り組んできたが，これらの研究者や専門家の大多数は，そうして作り出された新たな科学技術が社会に及ぼす悪影響については無関心か鈍感であり，法制度による規制は研究者の探求心と開発意欲を委縮させて研究開発を妨げるので規制は好ましくないとして，AIの規制に対して否定的な姿勢をとる．

　つまり，彼らの大多数は，「知的欲求」と「承認欲求」を満たすためにデジタル・メディアの研究開発を行うのであり，自分たちが作り出したAIが「人類存亡の危機」をもらしつつあるという現状に対しては，優秀な研究者・専門家という名声と社会的地位を失うのをおそれて保身に走り責任を取ろうとしない．

　さらに，デジタル・メディアの研究開発政策に携わる政治家や行政官は，研究開発予算を獲得したりIT業界から利権を得たりして自分の評価と地位を高めたいという「出世欲」と政界人や業界人，国民を従わせる権力を得て称賛されたいという「支配欲」と「承認欲求」に突き動かされて政策を立案し遂行しようとする．

　ちなみに，前出の『朝日新聞』2023年9日7日のインタビュー記事で，鈴木氏は，インターネットはアナーキー（無政府主義的）で究極の自由空間などではない．インターネットの起源はアメリカの国防総省の軍事技術の国家戦略そのものであり，アメリカでは1960年代から70〜80年代を通じて，国防総省などが大学やシリコンバレーでのインターネット研究開発に膨大な資金を投入していた．初期のインターネット開発人材にも国家戦略がからんでおり，アメリカ政府はベトナム戦争当時，国防関係の仕事に就けば徴兵を拒否できる良心的徴兵忌避制度を利用して，才能ある若いエンジニアをシリコンバレーに集めたと述べている（朝日新聞　2023．9．7：13）．

　このように，アメリカ政府の国防総省などの国家機関でインターネット研究開発政策に関わる行政官の大多数は，「出世欲」・「支配欲」・「承認欲求」という欲望を満たすためにAIの研究開発によって国際競争力を創出・強化して勝

利し経済成長を遂げることを旗印としてデジタル・メディアの研究開発政策に関わろうとしてきたのである.

　他方で, 政治家は巨大IT企業の莫大な資金を投じた強力なロビー活動を通じても利権を得られるので, 利権を損なうAI規制に後ろ向きでIT業界の保護と自己保身に走ろうとする.

　さらに, 行政官も政治家も自国のIT企業の国際的競争力の育成と強化による経済成長を名目にしてデジタル・メディアの研究開発政策を遂行する際に, 国内の有力なIT企業が次々と同種サービスを提供するIT企業を吸収合併するのを黙認して来たので, アメリカのGAFAMのような少数の巨大IT企業が世界全体のIT市場を強大な力で支配し, 巨額の収益を得て生成AIという「人類存亡の危機」をもたらす技術開発をタダで手に入れた膨大なデータを利用して独占的に推し進めることができるのである.

　本来であれば, 行政官と政治家は, 独占禁止法などの法制度に基づいて国内のIT市場での公正公平な企業間の競争を促進しIT業界全体を健全に育成することでIT産業の国際競争力を高めて一国の経済成長を推し進めていくべきであるが, 有力IT企業と結託して私利私欲に走り, 巨大IT企業による独占的支配を黙認しつつ後押しすることは, IT企業に公正公平な競争をさせるためにルールを守らせる立場にある行政官と政治家の職務怠慢といえるのではないだろうか.

　上記のように1990年代後半から急速に進んだデジタル・メディアの普及による社会変動としての情報化は, 巨大IT企業の経営責任者（産）, デジタル・メディアの利用者（民）, 研究者・専門家（学）, 政治家（政）・行政官（官）それぞれが, 欲望に目がくらみ私利私欲に走ることで進展してきた.

　この産・官・政・学・民の中で主導的な役割を果たして来たのが, アメリカでは, 国防総省の行政官（官）が遂行する巧妙に隠蔽されたインターネット研究開発政策に支援された巨大IT企業の経営責任者（産）であり, 極論すれば, それ以外の立場の官・政・学・民の立場の人たちは, IT産業界を寡占的に支配する巨大IT企業の経営責任者が欲望を満たす道具にしかすぎないといえるであろう.

　こうした状況を変える有力な方策が, 生成AIの法規制と監視機関の設置である. その実現を可能にするのが, 官・政・学・民それぞれの良識と改革の志をもつ人々, すなわち良心的な研究者・専門家（学）, 革新的な政治家（政）・

改革的な行政官（官），主体性・自発的に問題に取り組む市民（民）の間でAIの
もたらす本質的な問題と課題について議論を通じて理解を深めて実効ある方策
をつくりだすことである．そしてさらに，良心的なジャーナリストと連携しな
がらマス・メディアやインターネットを駆使して広く社会に訴えかけて，賛同
者を増やしながらEUにおけるAI規制の法制度の成立・制定や国連による生成
AIに関する監視機関の設置を実現し，さらに，BIによる自由で平等な社会の
構築を目指す取り組みを後押しする世論を形成していくことであろう．

　ちなみに，『朝日新聞』2023年9月7日の「報道26団体『世界AI原則』発表」
という記事によれば，「世界ニュース発行者協会」（WAN IFRA）などの報道・
メディア26団体が，2023年9月6日に「世界AI原則」を連名で発表した．知
的財産や透明性など，生成AIの技術開発に適用されるべき原則を明示した．
アメリカや欧州，韓国，ブラジルの報道団体の他に日本新聞協会も名を連ねた．
原則は，知的財産▽透明性▽説明責任▽品質と誠実性▽公平性▽安全性▽設計
▽持続可能な開発の8項目から成る．知的財産権の保護については「AIシス
テムによる私たちの知的財産の見境ない流用は，非倫理的で有害であり，私た
ちの保護された権利の侵害である」と指摘し，報道機関や出版社が知的財産の
使用に対して十分な報酬を受け取る権利があると強調している．また，生成
AIの開発でインターネット上の情報を収集して訓練データとして利用してい
ることに対して「明示的な許可なく，私たちの独自のクリエーティブ・コンテ
ンツをクローリングし，取り込み，使用すべきではない」と主張している（朝
日新聞　2023．9．7：27）．

　また，『朝日新聞』の2023年10月19日の「AI普及『言論守る』議論　新聞大
会　偽情報懸念・『知財保護を』」という記事によれば，第76回新聞大会（日本
新聞協会主催）が2023年10月18日に長野県軽井沢町で開かれ，生成AIが普及す
る中で健全な言論空間を守ることを誓う決議がされた．そして，有識者と新聞
各社の社長らによる座談会では，生成AIとの向き合い方について意見が交わ
された（朝日新聞　2023.10.19：27）．

　座談会の冒頭で，慶應義塾大学教授の山本龍彦氏は，情報の正確さよりも人々
の関心を引くことに重きを置く「アテンション・エコノミー」によって個人の
自律的な意思決定が揺らいでいることを指摘した上で，もっともらしい偽情報
を大量生成するAIは「問題をより深刻にする可能性がある」と述べた．さらに，
記者が取材して得た事実が引用なく生成に使われることは，報道機関の取材意

欲の低下につながるとし，「健全な言論空間を構築し，民主主義を維持するためにも，新たな知的財産保護の仕組みが必要である」と指摘した（朝日新聞 2023. 10. 19 : 27）．

　日本の著作権法ではAIの学習段階においては，原則，著作権者の許諾は必要ないとされている．これに対して，読売新聞グループ本社社長の山口寿一氏は，チャットGPTが情報の出所を明示しておらず，オリジナルの価値が軽んじられていることを問題視し，「諸外国に比べて緩い著作権法が弊害を深刻化させている」と指摘して法改正を求めた．また，確率論的推論で未知の問いにもこたえようとする生成AIは，正確なデータのみを与えても誤った答えを出す可能性を排除できず，「今の性能では，取材，報道に使うべきでない」と自社の方針を示した（朝日新聞　2023. 10. 19 : 27）．

　これに対して，日本経済新聞社社長の長谷部剛氏は，すでに生成AIによる記事の学習は進んでおり，記者がAIでプログラムを作ることを学んでいる米国などを例示して，「AIの活用も考えて行かないと立ち遅れる」と述べた．ちなみに，同社は，2023年 7 月に「信頼できる公開情報からデータ抽出，文章や画像など，編集作業を補助する場面」で限定的に生成AIを利用すると発表している（朝日新聞　2023. 10. 19 : 27）．

　コーディネーター役の日本新聞協会会長（朝日新聞社長）中村史郎氏は，「共通認識として言えるのは，生成AIを監視，報道する対象として見て行かないとならない．リスクを世論喚起していくことが重要である」と座談会を結んだ（朝日新聞　2023. 10. 19 : 27）．

　このように，日本における新聞社を中心とする報道機関は，生成AIについては，その活用方法については新聞各社で姿勢の違いがあるが，報道機関と言論空間に対する生成AIの影響の強さに警戒感を強めていることがわかる．

　このような世界の良心的なジャーナリストやメディア関係者が議論を通じて策定し発表した「世界AI原則」に基づいて生成AIの適正な研究開発と公平・公正な利用を実現するためには，官政学民及びジャーナリストという様々な立場の人たちの間で共通の目的や問題意識に基づいてインターネット等のデジタル・メディアを活用しながら議論と行動を通じて「相互協力信頼関係」すなわち「ソーシャル・キャピタル」を作り上げて行く「デジタル・ネットワーキング」を実践することが不可欠となる．

　この章では,（1）AI普及の問題と「ベーシックインカム」の可能性,そして,（2）生成AIをめぐる問題について論じてきた.

　これらの諸問題は,日常生活を破壊するリスクを増大させ,次世代を担う子ども・若者の健全な成長・成熟を妨げ,社会の不平等の拡大と分断をもたらし,社会の存続を困難にする.さらに,「人類存亡の危機」をもたらす.

　そこで,第5章では,第2～4章で論じた情報化の進展から生じる諸課題の解決のための方策について,「ソーシャル・キャピタル」（社会関係資本：相互協力信頼関係）とインターネットとの関連からデジタル・メディアの活用による社会的諸問題の解決可能性について考察することにする.

　すなわち,社会の改革を目指して「デジタル・メディア」を駆使して「良識と志のある」人々の間に「ソーシャル・キャピタル」を形成して目的を達成していく連携行動である「デジタル・ネットワーキング」について論じることにする.

第 5 章

デジタル・ネットワーキングによる社会問題の解決に向けて

　第 2 ～ 4 章で論じたように，1990年代後半から急速に進んだデジタル・メディアの普及による社会変動としての情報化は，巨大IT企業の経営責任者（産），デジタル・メディアの利用者（民），研究者・専門家（学），政治家（政）・行政官（官）それぞれの欲望と利害を満たしながら進展してきた．

　その結果，まず第 2 章でデジタル・メディア利用をめぐる問題として 1．サイバーセキュリティの問題，2．子ども・若者におけるデジタル・メディア利用の問題．さらに第 3 章で，巨大IT企業をめぐる諸問題として 1．巨大IT企業によるIT市場の寡占的支配に対する個人情報・プライバシー保護，2．「サイバー・カスケード」による社会の分断，第 4 章でAIをめぐる問題として，1．AI普及の問題と「ベーシックインカム」の必要性，2．生成AIをめぐる問題を生み出し，これらの諸問題は全世界の人びとの日常生活を破壊するリスクを増大させ，次世代を担う子ども・若者の健全な成長・成熟を妨げ，社会の不平等の拡大と分断をもたらし，社会の存続を困難にしている．

　こうした状況を変えるために，第 4 章で言及したように，世界の良心的なジャーナリストやメディア関係者が議論を通じて策定し発表した「世界AI原則」に基づいて生成AIの適正な研究開発と公平・公正な利用を実現するためには，官・政・学・民及びジャーナリストという様々な立場の人たちの間で共通の目的や問題意識に基づいてインターネット等のデジタル・メディアを活用しながら議論と行動を通じて「相互協力信頼関係」すなわち「ソーシャル・キャピタル」を作り上げて行く「デジタル・ネットワーキング」が実践されることが必要となる．

　ここで，「ネットワーキング（networking）」とは，ある目標や価値を共有している人々の間で，既存の組織への所属とか，職業上の立場とか，居住する地域とかの違いや制約をはるかに越えて，人々の連帯を作り上げていく活動である（正村　1986：13-21）．

　つまり，環境・福祉・地域づくりなどといった共通の問題や関心事をめぐって，様々な人々が職業や居住地などの社会的立場を越えてつながりを作り出し

取り組んでいく市民活動（ボランティア活動や社会運動）である.

　そして, 1980年代後半からデジタル・メディア（パソコンやパソコン通信, インターネット）を活用したネットワーキングが, 盛んに行われるようになってきている.

　著者は, このようなネットワーキングの動向に着目して, 市民活動においてデジタル・メディアが活用されるようになることによって, いかに活動が活性化し, どのように社会を変えて行くことが可能になるのかを主題に1990年代前半から研究を行うようになった（干川　1994 : 332-345）.

　そして, 著者は, このようなデジタル・メディアを活用して展開されるネットワーキングを「デジタル・ネットワーキング（digital networking）」と呼んでいる.

　ここで, デジタル・ネットワーキングを定義すれば, それは, デジタル・メディアを活用して展開される市民活動（市民による非営利の自発的な対策立案・提示・行為調整・連帯形成・実践活動）である（干川　2001 : 1）.

　ところで, ネットワーキングが展開して行くためには, 相互協力信頼関係, すなわち, ソーシャル・キャピタルが不可欠である.

　そこで, 第 5 章では, まず, 1. ネットワーキングが展開して行くために不可欠な相互協力信頼関係である「ソーシャル・キャピタル」に関するロバート・パットナムの学説を手がかりにして, 2. インターネット等のデジタル・メディアの普及がソーシャル・キャピタルにもたらす影響を明らかにする.

　次に, 3. 事例研究によってデジタル・ネットワーキングの実態と課題を考察するための理論モデルとして, 著者独自の「デジタル・ネットワーキング・モデル（DNM : Digital Networking Model）」を構築して提示する.

1. ソーシャル・キャピタルとは何か

　ソーシャル・キャピタル（social capital）とは何かについて, 社会学においては, ジェームズ・コールマン（James, S. Coleman）が, "Foundations of Social Theory"（1990）（『社会理論の基礎』（2004年））において詳細に論じている（Coleman 1990 : 300-321 = 2004 : 471-501）.

　それによれば, ソーシャル・キャピタルは, 家族関係や地域の社会組織に内在する, 子どもや若者の認知的ないし社会的発達にとって有用な一群の資源であり, 権威や信頼や規範から成る諸関係は, ソーシャル・キャピタルの諸形態

である（Coleman 1990：300 = 2004：472）．

　そして，ソーシャル・キャピタルは，社会関係の構造に内在し，その構造の中にいる人々に特定の行動を促すが，ある人たちにとって有用なソーシャル・キャピタルが，他の人たちにとっては，無用であり，有害でさえある場合もある（Coleman 1990：302 = 2004：475）．

　ところで，コールマンによれば，ソーシャル・キャピタルには，特定の人が自己の利益を達成するために利用可能な構造的資源（私的財）としての側面があり（Coleman 1990：305 = 2004：479），その一方で，すべての人に恩恵をもたらす構造的資源（公共財）としての側面がある（Coleman 1990：315 = 2004：493）．

　そして，ソーシャル・キャピタルの公共財としての側面に重点を置いて，ソーシャル・キャピタルと民主的な市民社会との関連を探究しているのが，ロバート・パットナム（Robert, D. Putnum）である（Putnum 1993；2000；2002 = 2001；2006；2013）．

　パットナムは，"Democracies in Flux"（2002）（『流動化する民主主義』（2013年））において，社会関係資本に関する学説の変遷をたどっている（Putnum 2002：3 -19 = 2013：1 -17）．

　パットナムによれば，ほぼ一世紀前に，進歩的な教育者で社会改革者のL・ジャドスン・ハニファンは，生まれ故郷のウェスト・バージニア州の農村学校で働いていたが，彼が働いている地域の深刻な社会的・経済的・政治的問題を解決するには，地域住民間の連帯のネットワークを強化する以外に方法はないと決意するようになり，1916年に彼が書いた文書の中で，民主主義と発展を持続するためには，新しいやり方で地域社会に関わることが重要であることを説き，社会的な単位を構成する個々人や家族間の善意，仲間意識，同情，社会的交わりを示す言葉として，ソーシャル・キャピタルという概念を作り出した（Putnum 2002：4 = 2013：2 ）．

　このハニファンに由来するソーシャル・キャピタルという概念は，20世紀において，以下のような変遷を経ている．

　まず，1950年代に，カナダの社会学者ジョン・シーリー（John Seely）とその同僚たちが，クラブや協会の会員資格のように売買可能な証券と同様に，より高い社会階層への上昇に役立つものとしてソーシャル・キャピタルという概念を用いた．1960年代になると，都市研究者のジェーン・ジェイコブズ（Jane Jacobs）が，近代的な大都会における近隣住民の非公式な絆がもつ集団的な価

値を強調するために，この概念を用いた．そして，1970年代には，経済学者の
グレン・G・ルアリー（Glenn G. Loury）が，奴隷制と人種差別という歴史的遺
産があるために，アフリカ系米国人が，より広い社会的絆に加わりにくいとい
うことを強調するために，ソーシャル・キャピタルという概念を用いた．1980
年代になると，フランスの社会学者ピエール・ブルデュー（Pierre Bourdieu）は，
ソーシャル・キャピタルを「お互いに知り合いで，どのような人物であるかと
いうことがわかっているという関係から成る，多少とも制度化された持続可能
なネットワークに位置を占めること，すなわち，集団への所属に結びついた，
現実のあるいは潜在的な一群の資源」として定義した．1984年には，ドイツの
経済学者エッケハルト・シュリヒト（Ekkehart Shlicht）が，組織と道徳的秩序
の経済的価値を強調するために，この概念を用いた．最後に，1980年代に，ジェー
ムズ・コールマンが，この概念を確定し，アカデミックな議論の土俵を作り出
すことによって，ソーシャル・キャピタルという概念は，当初用いられていた
社会学や政治学の分野だけでなく，経済学，公衆衛生学，都市計画，犯罪学，
建築学，社会心理学など様々な分野で用いられるようになった（Putnum 2002：
5 = 2013：2 - 3）．

　パットナムは，上記のように，ソーシャル・キャピタルの概念の変遷をたど
り，この概念を用いた多様な分野における研究成果を概観した上で，最近のソー
シャル・キャピタルに関する研究成果が，地域社会の問題への市民の積極的参
加が民主主義自体にとって不可欠であるという論点と共鳴し合っていることを
指摘し，ソーシャル・キャピタルの基本的な考え方を，マイケル・ウールコッ
ク（Michael Woolcock）とディーパ・ナラヤン（Deepa Narayan）の議論を引き合
いに出して示している．

　それによると，ソーシャル・キャピタルという概念の基本的な点は，ある人
の家族，友人，仲間が重要な資産を構成しているということであり，その資産
は，困難の中で頼りにすることができ，それ自体を楽しむことができ，物質的
な利益を得ることができるものである．このことは，個人についてあてはまる
だけでなく，集団についてもあてはまる．すなわち，社会的ネットワークの多
様な蓄積に恵まれた地域は，貧困や脆弱性に対処したり，紛争を解決したり，
新しい機会を活かすより大きな可能性を持っているのである（Putnum 2002：6
= 2013：4）．

　このような考え方に基づいて，パットナムは，ソーシャル・キャピタルを，

私的財である同時に公共財でもあり，社会的ネットワークとそれに伴う互酬性の規範としてとらえている（Putnum 2002：7-8＝2013：5）．

　また，パットナムは，"Making Demogracy Work"（1993）（『哲学する民主主義』（2001年））において，ソーシャル・キャピタルは，協調行動を促進することで社会の効率性を向上させうる，信頼，規範，ネットワークという社会組織の特徴を指し示していると論じている．そして，パットナムは，コールマンの知見を手がかりにして，出資者が，定期的に一定の金額を拠出して集まったお金の一部または全部を受け取ることができる」非公式な相互金融システムとしての「回転信用組合」（rotating credit association）（日本の「講」にあたるもの）を事例として引き合いに出し，自発的な協力がソーシャル・キャピタルによって促進されることを示した上で，信頼がソーシャル・キャピタルの本質的な構成要素であり，協力を円滑にすると論じている（Putnum 1993：167-171＝206-212）．

　また，パットナムは，社会的信頼は，互酬性の規範と市民参加のネットワークから生じうると述べ，社会的信頼を支える最も重要な規範としての互酬性の規範には，特定の人々の間の相互扶助としての「特定的互酬性」と不特定多数の人々の間の相互扶助としての「一般的互酬性」の二種類があり，一般的互酬性の規範と市民参加のネットワークが，裏切りへの誘因を減らし，不確実性を低減させ，将来の協力の可能性を高めることで，社会的信頼を作り出し協力を促進する．さらに，社会的信頼と一般的互酬性の規範に基づいて市民が協力して行動することで，市民参加のネットワークが拡大し，そこから，また，社会的信頼と一般的互酬性の規範が強固なものとなる好循環が生じると論じている（Putnum 1993：171-177＝2001：212-221）．

　以上のようなパットナムのソーシャル・キャピタルについての議論に基づけば，ソーシャル・キャピタルは，信頼と互酬性の規範と社会的ネットワークから構成されていて，それらの要素は，循環的に相互に影響を及ぼし合ってソーシャル・キャピタルを増殖させていく「相乗的循環増殖過程」を引き起こすといえるであろう．

　ところで，パットナムによれば，ソーシャル・キャピタルは，様々な文脈で有用性を発揮するという形で多くの形態をとって現れるが，そのような形態は，特定の目的にとってだけ有用で，他の目的にとっては有用ではないという意味で，互いに異質である．また，ソーシャル・キャピタルの中のいくつかの形態は，社会的に好ましくない意図しない結果をもたらしうるという，潜在的な欠

点を考慮しなければならない．そして，特定の形態のソーシャル・キャピタル
は，民主主義と社会の健康にとって好ましいものであるが，他の形態のソーシャ
ル・キャピタルは，破壊的（あるいは，破壊的な恐れのあるもの）である．例えば，
米国で1世紀にわたって頑なまでの信念と人種差別的な信念に同時に根差す暴
力を伝統として来たKKK（クー・クラックス・クラン）は，自由で民主的なルー
ルと伝統を破壊するソーシャル・キャピタルの形態を代表するものである．
KKK内部の信頼と互酬性の規範は，共有された「自己防衛」という目的によっ
てその集団を強固なものとするが，こうした集団の存在によって，ソーシャル・
キャピタルが，必ずしもすべて，民主的な統治の役に立つわけではないという
ことがわかるであろう（Putnum 2002：8-9＝2013：6-7）．

　そこで，パットナムは，多様な形態で現れるソーシャル・キャピタルを分類
し考察する際に手がかりとして，以下の4つの分類を提示している（Putnum
2002：9-12＝2013：7-10）．

　1つ目の分類は，「公式的ソーシャル・キャピタル（formal Social Capital）」対「非
公式的ソーシャル・キャピタル（informal Social Capital）」という分類である．「公
式的ソーシャル・キャピタル」は，父母会や労働組合などのように，役員の選
出，参加資格，会費，定例会議等に関する規定を持ち，組織としての形が整っ
た集団があるが，このような公式集団を成り立たせるソーシャル・キャピタル
が，「公式的ソーシャル・キャピタル」である．他方で，即席でつくられたバ
スケットボールのチームや同じ酒場に居あわせた人々の集まりを成り立たせる
ソーシャル・キャピタルが，「非公式的ソーシャル・キャピタル」である．「公
式的」であれ，「非公式的」であれ，両方のソーシャル・キャピタルの形態は，
その中で互酬性を発展させ，そこから私的あるいは公共的な成果を得ることが
できるネットワークを作り上げている．つまり，公式集団は，1つの形態のソー
シャル・キャピタルを構成しているのにすぎず，もう1つの形態のソーシャル・
キャピタルを構成する非公式な集団は，特定の価値ある目的を達成する上で，
公式集団よりも有用な場合もあるのである（Putnum 2002：9-10＝2013：8）．

　2つ目の分類が，「太いソーシャル・キャピタル（thick Social Capital）」と「細
いソーシャル・キャピタル（thin Social Capital）」である．「太いソーシャル・キャ
ピタル」とは，密接に幾重にも絡み合っているものであり，例えば，平日は工
場で一緒に働き，土曜は一緒に飲みに出かけ，毎日曜日には，一緒にミサに参
列するといった鉄鋼労働者の間の関係である．他方で，「細いソーシャル・キャ

ピタル」とは，スーパーマーケットのレジの前で列をつくって順番待ちをしている時にときおり見かけて会釈を交わす関係のような細くてほとんど見えないような糸によって織りなされているソーシャル・キャピタルである．これと関連して，マーク・グラノベッター（Mark Granovetter）は，「強い絆」と「弱い絆」について論じている．それによれば，「強い絆」は，接触が頻繁で閉鎖的な関係である．例えば，私の友人全員が，それぞれ友人であり，私が彼らと内外で時間を過ごす場合に形成される関係である．このような関係は，人々を動員にしたり，相互扶助を行うのに適している．それに対して，通りすがりの顔見知りや共通の友人がいないような人との関係が，「弱い絆」である．グラノベッターは，職探しに際して，強い絆よりも弱い絆の方が重要であり，また，弱い絆は，社会をまとめ上げたり，一般的な互酬性の規範を幅広く作り上げたりするのに適しているということを指摘している（Putnum 2002：10-11＝2013：8-9）．

　3つ目の分類が，「内部志向的ソーシャル・キャピタル（inward-looking Social Capital）」と「外部志向的ソーシャル・キャピタル（outward-looking Social Capital）」である．

　「内部志向的ソーシャル・キャピタル」によって形成される集団としては，階級，性別，民族に基づいて組織化された集団であり，例えば，ロンドンのジェントルマンズ・クラブ（上流階級の男性専用の会員制クラブ）や商工会議所，労働組合，新参の移民によって設立された非公式の信用組合など，内部志向的で構成員の物質的，社会的，政治的利害の増進を目的としている．他方で，「外部志向的ソーシャル・キャピタル」によって形成される集団としては，赤十字，米国の公民権運動，環境運動があげられ，外部志向的あるいは利他的な組織であり，明らかに公共的ならびに個人的な利益を提供するものである．しかしながら，パットナムは，それぞれのソーシャル・キャピタルによって形成される集団は，人々にとってまた社会にとって必要性があるから組織化されるのであり，「外部志向的ソーシャル・キャピタル」によって形成される集団が，「内部志向的ソーシャル・キャピタル」によって形成される集団よりも社会的・道徳的に優れているという価値判断をすることは，控えるべきである．また，都会の遊戯公園を清掃する青少年の奉仕グループが，新参の移民の地域社会の繁栄を可能にしてきた内部志向的な非公式の信用組合と比べて，より多く社会全体のソーシャル・キャピタルを増大させたということを数量的に示すことはできないと述べている（Putnum 2002：11＝2013：9）．

　４つ目の分類が，「架橋型ソーシャル・キャピタル（bridging Social Capital）」と「結束型ソーシャル・キャピタル（bonding Social Capital）」である．「結束型ソーシャル・キャピタル」は，民族，年齢，性別，社会階級といった社会的属性において互いに似通った人々を結びつけるネットワークから成り立ち，「架橋型ソーシャル・キャピタル」は，社会的属性において互いに異質な人々を結びつけるネットワークから成り立つ．実際の社会集団は，両者のソーシャル・キャピタルから構成されているが，その組み合わせ方は，様々である．例えば，社会階級は異なるが民族と宗教が同一の人々から構成される友愛団体のような集団もあれば，人種は異なるが性別が同じ人々から構成されるキルティング・サークルやスポーツ・リーグなどの集団がある（Putnum 2002：11＝2013：9-10）．

　このように，パットナムは，ソーシャル・キャピタルの４つの分類を示すことで，ソーシャル・キャピタルが多次元なものであることを明らかにした．

　そして，彼は，社会を構成するソーシャル・キャピタルは多次元的なものであるがゆえに，単に多寡という観点からのみソーシャル・キャピタルの違いや変化をとらえることはできず，どのような種類のソーシャル・キャピタルが社会の中で卓越しているのかによって，社会の性質が異なってくることを示している．例えば，ある国において「公式的ソーシャル・キャピタル」が増大しつつ「架橋型ソーシャル・キャピタル」が減少することで社会が特定の公式集団へと分裂していくとか，「架橋型ソーシャル・キャピタル」が増大しつつ「太いソーシャル・キャピタル」が減少することで人々の絆が弱い社会になって行くとか，「太いソーシャル・キャピタル」が増えつつ「外部志向的ソーシャル・キャピタル」が減少することで社会が閉鎖的になって行くなどである（Putnum 2002：12＝2013：10）．

　そこで，ソーシャル・キャピタルの４つの分類とそれぞれの基準については，**表5-1**のようにまとめることができるであろう．

　著者は，パットナムが提示したこの４つの分類を手がかりにして，本書の第６章以下の諸事例において，デジタル・ネットワーキングを通じて結びついた人々や団体・組織間のソーシャル・キャピタルの種類を示しながら，また，信頼の有無や（特定的または一般的という）互酬性の種類を含めて，それらの間に張り巡らされている社会的ネットワークを描き出し，デジタル・ネットワーキングとソーシャル・キャピタルの間の相乗的循環増殖過程を明らかにすることを試みたい．

表5-1　ソーシャル・キャピタルの4つの分類

分類	基　準	
公式的　対　非公式的	構成員の資格要件	
	明確	不明確
	公式的	非公式的
太い　対　細い	構成員の接触頻度	
	高い	低い
	太い	細い
内部志向的　対　外部志向的	構成員の志向性	
	内向き	外向き
	内部志向的	外部志向的
架橋型　対　結束型	構成員の社会的属性	
	異質	同質
	架橋型	結束型

（出典）　Putnam, R. D. 2000 *Bowling Alone: The Collapse and Revival of American Community*, Simon & Shuster.

　そこで，デジタル・ネットワーキングとソーシャル・キャピタルの関係を学説的に裏付けるために，パットナムが，ソーシャル・キャピタルとの関連でインターネットなどのデジタル・メディアをどのように取り扱っているかを把握する必要がある．

2．ソーシャル・キャピタルとインターネット

　パットナムによれば，20世紀の後半において，電子メールやインターネットなどの情報通信が，ソーシャル・キャピタルに対して多大な影響をもたらした．情報通信は，広大な空間にわたって人々の社会的ネットワークを維持・拡大する能力を高めたが，他方で，特定の人たちが市民生活や社会生活から退出することを促進した．このように，情報通信のソーシャル・キャピタルに対する影響は，維持・拡大する方向へも，切断・衰退する方向へも，どちらの方向にも働きうるのである（Putnum 2002：16-17＝2013：14-15）．

　これについて，パットナムは，"Bowling Alone"（2000）（『孤独なボウリング』（2006年））の「第9章　潮流への抵抗——小集団・社会運動・インターネット——」において，詳しく論じている．

　まず，この章の冒頭で，パットナムは，インターネットやそれを通じて構成される「ヴァーチャル・コミュニティ」は，従来の物理的コミュニティにとって代わることが出来るのだろうか，という問いを発している（Putnum 2000：148

＝2006：174）．

　調査機関のMediamarkが1999年5月12日に発表した報道資料によると，1999年春の時点で米国の成人人口の約3分の1（約6,400万人）が，インターネットを使ったと回答しており，この数字は，約半年前の時点に比べて1,000万人増加したこと示している．また，インターネットが普及し始めて数年で，最も伝統的な社会的絆や市民参加の代替物がインターネット上に見られるようになった．例えば，オンライン葬儀やサイバー結婚式，ヴァーチャル礼拝，悲嘆カウンセリング，ボランティア活動，サイバー恋愛，ロビー活動など様々なもの，すなわち，「ヴァーチャルなソーシャル・キャピタル」をインターネット上に見い出すことができる（Putnum 2000：169-170＝2006：202）．

　このようにインターネットが米国で急速に普及するに伴って，インターネット上に「ヴァーチャルなソーシャル・キャピタル」というものが雨後のタケノコのように出来上がって来たが，パットナムは，2000年の時点では，ソーシャル・キャピタルとインターネットとの関係について，確信を持って述べられることは非常に少ないと論じている．すなわち，米国におけるソーシャル・キャピタルの減少と衰退を示す手がかりとなる投票，寄付，信頼，集会，訪問等の低下といった社会現象は，インターネットが普及する20数年前から始まっており，インターネットの普及によって，ソーシャル・キャピタルが減少・衰退したということは言えないし，また，20世紀後半の数十年間に行われていた社交の場が，物理的空間からサイバー空間へと単純に移行したということも言えない．さらに，インターネット利用者の市民活動への参加率が非利用者に比べて高いという調査結果もないので，インターネット利用と市民参加との間に相関があるとは言えない．したがって，インターネットの長期的な社会的影響を実証的に評価するのは，2000年の時点では，時期尚早であるとパットナムは述べている（Putnum 2000：170-171＝2006：203）．

　その上で，パットナムは，インターネットがソーシャル・キャピタルにもたらす潜在的な利点と欠点について考察している．

　彼によれば，インターネットは，人々のコミュニケーション能力を高め，おそらく，コミュニティを劇的に拡張しうると考えられる．たしかに，インターネットは，物理的に離れた人々の間で情報を伝達する強力な道具であるが，しかし，そうした情報の流れがソーシャル・キャピタルと正真正銘のコミュニティを涵養することができるのかどうかは，詳細に検討される必要がある（Putnum

2000：171-172＝2006：204-205）．

　まず，うまく工夫すれば，インターネットは，広範囲で効率的なネットワークを作り出して，人々の社会的世界との絆を強め，コストなしに情報を共有することができるため「知的資本」を増大させうる．また，インターネットは，組織的境界や地理的境界を超えて活動することから大規模で稠密であり，流動的な集団を支援することができる．すなわち，インターネットは，利害関心を共有する何百万人もの人々に，低コストで時空を超えて互いに平等につながり合うことができる手段を提供することで，市民参加と社会的絆を作り出すという潜在的な利点をもつ（Putnum 2000：172-174＝2006：205-209）．

　その一方で，パットナムは，インターネットが，新しく，より良いコミュニティを生み出すという希望が直面する深刻な4つの問題を考察している．

　まず，1つ目が，サイバースペースへのアクセスの社会的な不平等，すなわち，性別・年齢・居住地域・収入といった社会的属性によるインターネットの利用可能性の格差である「デジタル・ディバイド（digital divide）」である．インターネットが普及し始めた時期では，インターネットのヘビーユーザーの大部分が，若年で，高学歴で，高収入の白人男性であった．米国国勢調査局による1997年の全数調査によれば，米国社会において最もインターネットの利用率が低いのは，農村部の貧困者，農村部やインナーシティの人種的マイノリティ，若年女性を世帯主とする世帯（シングルマザー世帯）であった．さらに，教育，収入，人種，家族構造による格差は拡大し続けていて，縮小していない．こうした現象は，社会的弱者が，インターネットを通じて形成される社会的ネットワークから排除されることで，そこから得られる文化的・経済的・社会的な資源を利用することができず，さらに弱い立場へと転落して行くことで，米国内での強者と弱者の間の社会的格差が拡大し，弱者を中心に社会全体で「架橋型ソーシャル・キャピタル」が減少・衰退していくことが予測される．この問題に対しては，21世紀の公共事業として公費を投入して，社会的弱者が，図書館やコミュニティセンター，コインランドリー，自宅で無料あるいは安価にインターネットを利用できる環境を整備することを，パットナムは，提唱している（Putnum 2000：174-175＝2006：209-210）．

　そして，2つ目の問題が，インターネット上のコミュニケーションが，文字でのやり取りが中心であるため，文字化できない非言語的な情報を伝えることが困難なことである．

　そのために，インターネット上のコミュニケーションは，対面的なコミュニケーションでは瞬時に伝えられる視線・身振り（意図的なものと，意図的しないもの両方）・うなずき・わずかに眉をしかめるなどの大量の非言語的な情報を伝えることができず，対面的なコミュニケーションに比べて，効率性や確実性に劣り，文章表現に細心の注意を払ったとしても，表現が不正確になったり，真意が伝わらなかったりして，誤解を招いたりしがちになる（Putnum 2000：175＝2006：210）．

　文字でのやり取りが中心のインターネット上のコミュニケーションでは，お互いに相手の顔が見えないため，自ら氏名や身分を名乗らない限り，匿名で情報発信ができるため，率直に意見を交換合うことができ，問題発見や解決策を議論できる利点がある一方で，基本的に加入・脱退が自由であるため，偽りや裏切りとなる無責任な言動をとることも可能であり，相手が本当はどのような人物であるのか，また，真意を語っているのか，自分の期待を満たしてくれるのか（裏切られるのか）を判断することが困難なので，ソーシャル・キャピタルに必要不可欠な要素である信頼や互酬性の規範の生成が非常に難しい．

　つまり，インターネット上のコミュニケーションは，情報の共有，意見の収集，解決策の議論には向いているが，信頼と互酬性の規範を醸成することには，不向きである．したがって，インターネット上のコミュニケーションを通じて信頼と互酬性の規範を作り出すためには，それを補う対面的なコミュニケーションが必要であり，パットナムによれば，ソーシャル・キャピタルは，効果的なインターネット上のコミュニケーションの前提条件なのであり，それがもたらす結果ではないのである（Putnum 2000：176-177＝2006：211-213）．

　3つ目の問題として，インターネット上のコミュニケーションを通じて形成されるコミュニティは，共通の関心や問題意識を持つ人々から構成されているために，教育水準，趣味，信念などにおいても同質的な人々のみのつながりになりやすいし，また，そこでの非常に狭い範囲の関心に基づく，マニアックとも言えるテーマについてのやり取りは，参加者の関心をさらに狭めて行き，考えの似た仲間だけに閉ざされた「タコツボ」のようなコミュニティとなって行き，関心や考え方が異なる人々との断絶をもたらす．パットナムは，こうした現象を「サイバーバルカン化」（旧ユーゴスラビア崩壊後のバルカン半島の小国間の分裂化のようなサイバー空間内のコミュニティ間の分裂）と呼んでいるが，「タコツボ化」とも言うべきこのようなインターネット上の動きは，異質な社会的な立場の人

たちをつなぐ「架橋型ソーシャル・キャピタル」の形成を妨げ，社会を分裂させ，人々が互いに無関心・不寛容になる可能性をもたらす（Putnum 2000：177-179＝2006：213-215）．

　4つ目の問題は，インターネットが，1990年代以降，営利を目的とした商業的利用が中心となって普及してきたため，市民活動や地域社会への参加につながる能動的な社会的コミュニケーション手段よりも，対面的なつながりを締め出してしまう，テレビ視聴のような受動的でプライベートな娯楽手段になりつつあるという問題である（Putnum 2000：179＝2006：215-216）．

　以上のように，パットナムは，インターネットがソーシャル・キャピタルに及ぼす影響の利点と問題点を検討しているが，彼の結論としては，インターネット上のコミュニケーションとそれによって形成されるコミュニティは，対面的なコミュニティにとって代わるのではなく，それを補完するものである．そして，今後取り組むべき最も重要な課題は，人々が，ソーシャル・キャピタルへ投資して，より多くの成果を得られるようにするために，つまり，ソーシャル・キャピタルを維持・増大させ，社会的問題を解決するために，新たな情報通信技術の研究開発や効果的な利用方法の考案を通じて，インターネットの持つ計り知れない可能性をどのように活用するかである（Putnum 2000：179-180＝2006：216-217）．

　このようなパットナムの問題提起は，まさしく，著者が「デジタル・ネットワーキング」について研究してきた問題関心と一致し，共感できるものであり，かつ，パットナムのインターネットとソーシャル・キャピタルに関する知見は，デジタル・ネットワーキングとソーシャル・キャピタルとの相乗的循環増殖過程を考察する際に，大いに手本とすべきものである．

　パットナムのインターネットとソーシャル・キャピタルに関する考察よりも，インターネットによるソーシャル・キャピタルへの影響の利点を積極的に取り上げて考察しているのが，ナン・リン（Nan Lin）である．

　そこで，パットナムの知見を補うために，リンの"Theory of Social Structure and Action"(2001)（『ソーシャル・キャピタル──社会構造と行為の理論──』(2008年)）を議論の手がかりにしてみたい．

　リンは，ソーシャル・キャピタルを「目的達成を目指す行為において，入手され，活用される，特定の社会構造に埋め込まれた諸資源」（Lin 2001：40＝2008：52）として，すなわち，個人が特定の目的を達成する際に利用可能な資

源（私的財）として考えているという点で，（ソーシャル・キャピタルを公共財として考える）パットナムとは，立場を異にしている．

　このような立場の違いはあるが，リンは，以下のように，インターネットによるソーシャル・キャピタルへの影響の利点に重点をおいて考察している（Lin 2001：212-239＝2008：268-304）．

　リンは，インターネット上の社会的ネットワークを「サイバーネットワーク」と命名し，電子メールやニュースグループなどを通じて個人及び複数の個人の集まりによって，または，資源の取引や関係の強化を含めた交換を目的とする公式的及び非公式的な（例えば，経済的，政治的，宗教的，メディア関連）組織によって構築されたものであると，定義している．その上で，リンは，サイバーネットワークは，1990年代初頭以降，全地球的なコミュニケーション回路になったと述べ，1970年代からのその展開を概観している（Lin 2001：212＝2008：268-267）．

　そして，リンは，サイバーネットワークの劇的な成長を概観した上で，ソーシャル・キャピタルの革命的な増加をサイバーネットワークが象徴していると指摘し，電子商取引を引き合いに出して，サイバーネットワークが，交換と集団形成のための回路も提供するという形で，情報だけでなく資源も運ぶという意味で，ソーシャル・キャピタルを提供していると主張している（Lin 2001：214-215＝2008：272-273）．

　さらに，リンは，ますます多くの個人がサイバーネットワークに参加するようになってきており，サイバーネットワークでの活動の大部分が，ソーシャル・キャピタルの創造と利用に関わっているという明白な証拠があると強く主張し，インターネットを駆使して展開された中国の「法輪功」運動の事例研究から，サイバーネットワークが，どのようにして，空間と時間を超えたソーシャル・キャピタルの利用を促進しているかを示し，また，全地球的な脈絡で社会運動が生成され維持される際のサイバーネットワークの有用性を証明しようとしている（Lin 2001：217-225＝2008：274-286）．

　この「法輪功」運動の事例研究によって，リンは，サイバーネットワークによって，「法輪功」運動を支える社会的ネットワークは，ソーシャル・キャピタル等の資源を活用するための革命的で強力な手段を創造し，中国の共産党独裁体制という極めて強制的で抑圧的な制度的環境においてさえも持続的で大規模な社会運動が作り出され，その運動の指導者が，サイバーネットワークを用いて参加者を募り，訓練し，保持し，動員してソーシャル・キャピタルを作り

出していることは明白であると主張している（Lin　2001：226＝2008：287）.

　リンによれば，サイバースペースの成長とサイバースペースにおける社会的・経済的・政治的ネットワークの生成は，ソーシャル・キャピタルの構築と発展における新しい時代を象徴している（Lin　2001：226-227＝2008：288）.

　また，彼は，インターネットとサイバーネットワークの隆盛は，ソーシャル・キャピタルの革命的な成長を象徴していると主張している（Lin　2001：237＝2008：301）.

　他方で，リンは，恐るべき速度とやり方で個人や集団や世界を変容させているサイバーネットワークによるソーシャル・キャピタルの革命的な成長が，社会間と個人間の資源の不平等な配分をさらに広げていることを指摘している.すなわち，より多くのより豊かな資源を手に入れる手段を持つ人々と，そのような機会と便宜から排除されている人々との間の格差が拡大している.また，グローバル化の進展において，サイバーネットワークは，発展途上にある多くの社会と社会の中で不利な立場にある多くの人々を排除する可能性があると指摘している（Lin　2001：238＝2008：302-303）.

　以上のように，パットナムとリンのソーシャル・キャピタルとインターネットに代表されるデジタル・メディアとの関連についての議論を概観し，デジタル・ネットワーキングとソーシャル・キャピタルの間の相乗的循環増殖過程を考察する際の基本的な視点を得ようとした.

　そこからわかることは，まず，インターネットなどのデジタル・メディアは，それを通じて文字を中心とした顔の見えないコミュニケーションが行われるため，情報の共有や交換という形で，ソーシャル・キャピタルの構成要素の1つである社会的ネットワークの形成・拡大には適しているが，他の構成要素としての信頼や互酬性の規範の形成は，対面的な接触やコミュニケーションを伴わないと非常に困難であることである.

　そして，デジタル・メディアが，プライベートな娯楽や商取引の手段，または，仲間内だけでのコミュニケーションや関係維持・強化の手段として用いられる場合は，社会や地域からの引きこもりや，仲間内だけに閉じた「タコツボ化」を助長し，社会におけるソーシャル・キャピタルの総量が減少したり，「結束型ソーシャル・キャピタル」のみを形成・増大させたりすることで，「架橋型ソーシャル・キャピタル」の形成・増大につながる可能性を乏しくすると考えられる.

　他方で，デジタル・メディアが社会的諸問題に取り組む多様な市民活動に活用される場合には，通常，参加者間の対面的な接触やコミュニケーションを伴うので，情報の共有・交換と活動を通じて，ソーシャル・キャピタルの構成要素である社会的ネットワークが形成されるだけでなく，信頼や互酬性の規範も形成されやすくなり，参加者間で活動グループという形で「結束型ソーシャル・キャピタル」が形成され，さらに，活動グループ間で，デジタル・メディアと活動を通じた連携という形で，「結束型ソーシャル・キャピタル」を飛び石としてつなぎながら「架橋型ソーシャル・キャピタル」が増大・増殖していくということが考えられる．

　ところで，インターネットの急速な普及に象徴される情報化の進展によって市民活動の中で次第にインターネットなどのデジタル・メディアが活用されるようになり，市民活動が新たな展開を見せるようになり，「ソーシャル・キャピタル論」において，デジタル・メディアとソーシャル・キャピタルとの関連性が新たな検討課題となっている．

　これについては，上記のように，パットナムとリンの議論をもとに考察したが，拙著『デジタル・ネットワーキングの展開』（2014年）の第1章において，日本おけるデジタル・メディアとソーシャル・キャピタルとの関連性を明らかにしようとする実証的研究を概観して，デジタル・ネットワーキングとソーシャル・キャピタルとの相乗的循環増殖過程を考察するための手がかりを得ようとした．

　まず，宮田加久子の事例研究を手がかりにして，デジタル・ネットワーキングが展開し社会を変革していくには，社会的課題について市民のオープンで多様な議論を許容し，実践活動への積極的参加を促すために必要な社会的連帯・自発的協力・相互信頼を醸成するソーシャル・キャピタルが不可欠であることを示した（宮田　2005a；宮田　2005b；干川　2014：21-25）．

　さらに，和崎宏による地域SNSに関する事例研究を手がかりにして，デジタル・ネットワーキングによってソーシャル・キャピタルが豊かになり，さらにソーシャル・キャピタルによってデジタル・ネットワーキングが促進されていく相乗的循環増殖過程が生まれることによって，いかに社会的課題の解決が可能となるのかを考察した（和崎　2010；干川　2014：25-29）．

　上記のようなパットナムから和崎まで先行研究の詳細な考察を行った上で，著者が諸事例を分析考察するための道具として考案した理論モデルが「デジタ

ル・ネットワーキング・モデル」(Digital Networking Model：略称　DNM) である.
そこで，次節では，DNMについて論じることにする.

3．「デジタル・ネットワーキング・モデル」の構築と提示

　パットナムのソーシャル・キャピタルについての学説によれば，ソーシャル・キャピタルの構成要素は，信頼と互酬性の規範及び社会的ネットワークである.

　ここで，デジタル・ネットワーキングが展開して行く際に必要不可欠なのは，それに参加する主体 (個人・団体・組織) の間の相互協力関係である. そこで，デジタル・ネットワーキングとの関連で，相互信頼と協力関係に焦点をおいて定義するならば，「ソーシャル・キャピタルとは，相互協力信頼関係である」といえるであろう.

　そして，パットナムの「公式的」対「非公式的」，「太い」対「細い」，「内部志向的」対「外部志向的」，「架橋型」対「結束型」というソーシャル・キャピタルの4分類と，「ハブ」，「コネクター」，「ブリッジ」，「リンク」，「ノード」を構成要素とする和崎のネットワークモデルを手がかりにして，デジタル・ネットワーキングの諸事例を分析するためにDNM 5 - 1 の「デジタル・ネットワーキング・モデル」(以下，「DNM」) を提示する.

　まず，DNM 5 - 1 の下側の凡例を左上から左下にかけて説明すると，「架橋型ソーシャル・キャピタル」を，●━●で示し，「結束型ソーシャル・キャピタル」を，◀━▶で示す.

　ここで，「相互協力信頼関係」であるソーシャル・キャピタルの形成を妨げる要因が「相互不信」であり，それを━⊗━によって示すことにする.

　そして，デジタル・ネットワーキングの参加主体間の関係を，社会的ネットワークを構成する「リンク」と呼ぶことにし，リンクは，特定の法制度や規則に基づいて権利―義務や地位・役割が明確に定められている職務関係や家族・親族関係などの「公式リンク」と，共通の問題関心や趣味・好み，相性などに基づいて形成され権利―義務や地位・役割が不明確な友人・知人や趣味やボランティアの仲間の関係である「非公式リンク」に分類し，前者を━━━で示し，後者を━・・━で示すことにする.

　次に，凡例の右上から説明すると，社会的ネットワークのリンクをつなぐキーパーソンとして，複数のリンクを結ぶ中心点 (結節点) の役割を果たす「ハブ」

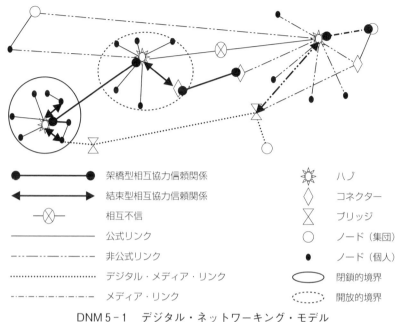

架橋型相互協力信頼関係

結束型相互協力信頼関係

相互不信

公式リンク

非公式リンク

デジタル・メディア・リンク

メディア・リンク

ハブ

コネクター

ブリッジ

ノード（集団）

ノード（個人）

閉鎖的境界

開放的境界

DNM 5-1　デジタル・ネットワーキング・モデル

（出典）　著者作成.

　を で示し，複数のリンクを接続する役割である「コネクター」を， で，情報の伝達役としてリンクの橋渡しをする「ブリッジ」を で示す．そして，リンクによって結ばれる主体としての「ノード」である集団・組織を○で，個人を●で示す.

　最後に，凡例の一番下側の記号については，ハブを中心にしたリンクとノードから構成される社会集団や社会組織が外部に対して閉鎖的か開放的か，パットナムの4分類の用語では，内部志向的か外部志向的かを示すために，社会集団や社会組織の境界について，閉鎖的な境界を で，開放的な境界を で表現している.

　また，インターネットなどのデジタル・メディアを媒介にして形成される「デジタル・メディア・リンク」を で，電話・FAXなどの既存のメディアを媒介にして形成される「メディア・リンク」を で表現している.

　上記の凡例にしたがって，社会的ネットワーク一般をモデル的に表現したの

が，DNM 5 - 1 の上の図である．

　この「デジタル・ネットワーキング・モデル」を用いて，「第 2 部　災害とデジタル・ネットワーキング」第 6 章と第 7 章では，阪神・淡路大震災（1995年）から東日本大震災（2011年）を経て熊本地震（2016年）とそれ以降の大規模災害の各事例における主要な人々や集団・組織の間の社会的ネットワークの構造を描き出しながら，著者が実践活動と研究を通じて関わった，大規模災害におけるデジタル・ネットワーキングの諸事例の実態と課題を明らかにした上で，デジタル・ネットワーキングによる社会的課題解決の可能性と課題を考察する．

　さらに，第 8 章では，デジタル・ネットワーキングによる「復元力に富んだ社会」（resilient Society）構築に向けての方策を展望する．

第 2 部

災害とデジタル・ネットワーキング

第6章

阪神・淡路大震災と東日本大震災におけるデジタル・ネットワーキングの展開

　第6章では，1．阪神・淡路大震災における「情報ボランティア」の活動と2．東日本大震災におけるICTを活用した支援活動について，この2つの震災におけるデジタル・ネットワーキングの関係構造を描出しながら実態と課題を明らかにする．

1．阪神・淡路大震災における情報ボランティアの実態と課題

　情報ボランティアの活動の始まりは，1995年1月17日に発生した阪神・淡路大震災の時に遡ることができる．

　この震災では，全国各地から被災地に100万人を超えるボランティアが集まり，これが人々のボランティア活動への関心を高める契機となった．そのことから，1995年は「ボランティア元年」と呼ばれたが，情報ボランティアの活動もこの震災を契機にして始まったので，1995年は情報ボランティアという「もう一つのボランティア元年」でもある（干川　1996：207）．

　旧郵政省『平成11年度版　通信白書』によれば，1995年1月の阪神・淡路大震災は，パソコン通信やインターネットの情報提供メディアとしての地位を確立させるとともに，情報ネットワークを活用した新しいタイプのボランティア活動，すなわち，「情報ボランティア」を誕生させる契機となった．

　これは，パソコン通信やインターネットが持つ特性，すなわち，情報量や情報発信時間に制約がない，情報の蓄積が可能，双方向性を有する，ごく一部のニーズにも応えることが可能，といったメディア特性が認識されたためである．

　パソコン通信のニフティサーブ（NIFTY-Serve）が，震災発生当日（1995年1月17日）の午後1時に開設した「地震情報コーナー」は，翌日午後6時までに，総アクセス件数約101万件，総アクセス時間数270万分に達した．また，復旧活動の本格化に伴い，26日には，ボランティア情報や救援物資の流通円滑化を目的とする「震災ボランティアフォーラム」が開設され，多数のボランティア団体を結ぶ役割を果たす場を提供した（図6-1）．

```
        地震情報（メインメニュー）              （サブメニュー）
 1. ご案内
 2. 亡くなった方々の名簿
 3. 地震避難者所在情報
 4. 地震関連ニュース ─────────── 1. 地震関連ニュース
                                  2. 神戸新聞災害地情報
 5. 震災ボランティアフォーラム ─────── 1. フォーラム運営からのメッセージ
                                  3. 欲しいもの＆いりませんか？（物資）
                                  5. 欲しいもの＆いりませんか？（労力etc.）
                                  6. ボランティアＱ＆Ａ
                                  7. いりませんか？（団体から）
                                  8. ボランティア体験記
                                  9. いりませんか？（個人から）
                                 10. 生活・復興情報ポスト
                                 11. Nifty他フォーラムからの
                                 12. データ通信可能場所情報
                                 13. "Inter Volunteer"「活動相互連絡室」
                                 14. 社会的弱者継続救援連絡室
                                 15. 現場レポート＆アドバイス
                                 16. 各種リスト＆CSV登録室
                                 17. 今後のボランティア活動意見交換室
                                 18. ヒアリング：フォーラム運営陣への意見
 6. インターＶネット ──────────── 3. Inter Vnetからのお知らせ
                                  4. 非営利組織情報
                                  5. 接続技術情報
                                  6. 企業の支援活動
                                  7. その他の情報
                                  8. 英語による情報
                                  9. 行政機関／業界団体からのお知らせ
                                 10. 被災地／被害者：生活情報
                                 11. 被災地／被害者：知りたい／欲しい
                                 12. 被災地／被害者：現地からの声
                                 13. ボランティア：します
 7. 掲示板（被害・交通情報）1・2・3・4   14. ボランティア：募集
 8. 掲示板（援助・ボランティア）1・2・3   15. 復興にむけて
 9. 掲示板（教えてください・安否関連）──── 1. 2. 3. 教えてください1. 2. 3.
                                  4. 安否関連─神戸市（東灘区）
                                  5. 安否関連─神戸市（灘区）
                                  6. 安否関連─神戸市（中央区）
                                  7. 安否関連─神戸市（兵庫区）
                                  8. 安否関連─神戸市（長田区）
                                  9. 安否関連─神戸市（須磨区）
                                 10. 安否関連─西宮
                                 11. 安否関連─芦屋市
10. 入試日程変更情報                  12. 安否関連─その他の地区
11. 公的機関からのお知らせ──────── 1. 政府などからのお知らせ
                                  2. 兵庫県からのお知らせ
                                  3. 神戸市からのお知らせ
```

図6-1　NIFTY-Serve「地震情報コーナー」のメニュー構造

（出典）川上善郎　1996「第6章　災害と情報　第3節　通信ネットワーク」朝日新聞社編『阪神・淡路大震災誌』朝日新聞社.

　他方で，1995年3月には商用パソコン通信3社(ニフティサーブ，PC-VAN及びピープル) のネットワークを，インターネットにより接続し，情報共有化を図る試みである「インターVネット」創設された．

　これにより，**図6-2**のように，各ネットワークの掲示板又はインターネット上のニュースグループに書き込まれた情報が，インターネットを経由して自動的にパソコン通信ネットワーク及びインターネット上を流通することになり，別々に機能していた複数のネットワークの相互乗り入れが可能になった．同年4月までに，ASAHIネット，アスキーネット，日経MIXが「インターVネット」に参加し，ボランティア団体，企業，行政，マスコミ等を結ぶ情報ボランティアネットワークとしての役割を果たした (郵政省　1999).

　阪神・淡路大震災では，災害関連情報を社会に広める活動を行ったボランティアが「情報ボランティア」と呼ばれるようになった．より正確には，「物資輸送や避難所運営などの被災者の直接的救援ではなく，むしろ救援活動の裏方として情報の収集や流通を図るボランティア」が情報ボランティアと位置づけら

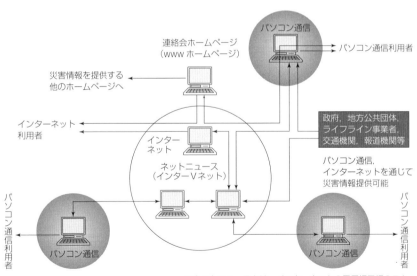

図6-2　インターVネットの概念図

（出典）　兵庫ニューメディア推進協議会 1995『災害時における情報通信のあり方に関する研究』兵庫ニューメ
　　ディア推進協議会（Web版：https://www.hnmpc.gr.jp/books/books01　2013年9月4日閲覧）.

れる.

　情報ボランティアは,図6-3のように,次の3つのグループから構成され,これらが総合的に結び付くことによって活動が一層有意義なものとなる.

　第一に,「情報サービスを行うグループ」があり,これは,被災情報の収集,広報やボランティアの募集等を担当する人々で,情報通信に関する特別な技術は必要としない.

　第二に,「通信サービスを行うグループ」があり,これは,インターネット上のホームページの作成等に携わる人々で,情報通信システムを使いこなす技術を持っていることが必要とされる.

　第三に,「通信インフラを担当するグループ」があり,これは,ネットワーク通信やネットワーク機器に強い人々で,基盤技術そのものに対する専門性を持っていることが求められる.

　災害発生時には,一刻を争って正確な情報が求められる.こうした活動のすべてを誰でも行い得るというわけではない(大月 他 1998:137).

　しかし,救援活動を円滑にし,現場に駆け付けるボランティアの熱意を大切に活かしていくために,ICTを活用した情報ボランティアの活動は極めて重要になっている,と旧経済企画庁『平成12年　国民生活白書』において災害時に

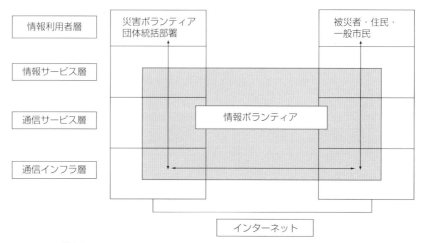

図6-3 「情報流通の階層モデル」による災害時の情報流通における情報ボランティアの位置づけ

(出典) 大月一弘・水野義之・干川剛史・石山文彦 1998『情報ボランティア』NECクリエイティブ.

おける情報ボランティアの重要性が指摘されている（経済企画庁　2000：36）.

　ところで，阪神・淡路大震災の被災地内における大学や情報ボランティアによるデジタル・ネットワーキングの構造を示せば，DNM 6 - 1 のようになる.

　すなわち，情報ボランティアの被災地内の連絡協議会であるIVN（インターボランティアネットワーク）の代表者は，神戸電子専門学校から活動拠点と事務局要員を提供されることによって，神戸電子専門学校と公式の結束型相互協力信

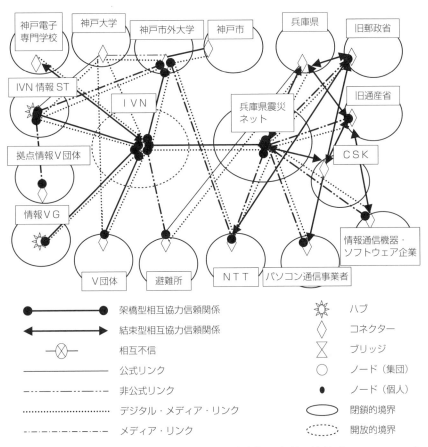

DNM 6 - 1　　阪神・淡路大震災における被災地内部の大学・情報ボランティアによるデジタル・ネットワーキングの構造

（出典）　著者作成.

頼関係デジタル・メディア・リンク（パソコン通信及びquake-vg ML等）によって結ばれている.

　他方で, IVNの構成メンバーであるIVN情報サービスチーム, 情報VG, パソコン通信が可能なボランティア団体, 神戸市外国語大学情報ボランティアチームとは, 公式の架橋型相互協力信頼関係とデジタル・メディア・リンク（パソコン通信およびquake-vg ML等）で結ばれている. 神戸市外国語大学情報ボランティアチームの中心的メンバーであるNTTのコンピューター通信技術者のボランティアグループ「Nプロ（NTTプロジェクト）」を介して, 神戸市外国語大学とNTTは, 非公式の架橋型相互協力信頼関係デジタル・メディア・リンク（パソコン通信及びquake-vg ML等）によって結ばれている. また, 神戸市外国語大学の図書館職員の柴氏は, 神戸市の職員であり, 柴氏を介して, 神戸市の情報担当部者とIVN, IVN情報サポートチーム, 神戸大学, NTTは, 非公式の架橋型相互協力信頼関係デジタル・メディア・リンク（パソコン通信及びquake-vg ML等）によって結ばれている.

　また, 神戸大学等の学生から構成されるIVN情報サービスチームが, 拠点情報ボランティア団体と情報支援活動を通して非公式の架橋型相互協力信頼関係で結ばれていることで, 拠点情報ボランティア団体及び神戸大学とIVNは, 間接的に結ばれている.

　そして, 兵庫県震災ネットとIVNは, 兵庫県・旧郵政省・旧通産省等が共同して実施している避難所―市区町村災害対策本部間のパソコン通信網の設置・運営事業「兵庫県震災ネット」で連携しており, 公式の架橋型相互協力信頼関係とデジタル・メディア・リンク（パソコン通信等）で結ばれている.

　その一方で, 兵庫県震災ネットは, 事務局を担当する「CSK震災復旧支援プロジェクトチーム」を介して, コンピューターシステムの開発企業であるSCKと公式の結束型相互協力信頼関係とデジタル・メディア・リンク（パソコン通信等）で結ばれている.

　また, 旧郵政省・旧通産省の要請で, 「兵庫県震災ネット」にパソコンや周辺機器, ソフトウェア, 通信回線やアカウントを提供している情報通信機器・ソフトウェア企業, NTT, パソコン通信事業者（NIFTY-Serve, NEC, IBM）は, 旧郵政省・旧通産省と公式の結束型相互協力信頼関係で結ばれており, また, 兵庫県と旧郵政省・旧通産省も公式の結束型相互協力信頼関係で結ばれている.

　ここまで, 阪神・淡路大震災における主な情報ボランティアの活動を紹介し,

デジタル・ネットワーキング・モデルによって，情報ボランティアを中心とした デジタル・ネットワーキングの構造を描き出したが，情報ボランティアによる情報支援活動から明らかになった課題を次に論じることにする．

　ところで，なぜ，災害時に情報ボランティアの活動が必要となるのか．まず，災害時において，被災地の自治体や政府機関などの行政機関からインターネットなどを通じて発信される情報は，行政機関内での確認作業や決済に時間がかかるため，正確であるが速報性に欠ける場合が多い．その一方で，被災地内外で個々人が発信するインターネット情報は，迅速に発信されるが正確さや広域性や網羅性に欠ける．また，マスメディアが伝える情報は，正確で速報性にすぐれているが，必ずしもそのすべてが，被災者やその親族・知人，救援関係者にとって必要なものではないし，災害そのものに話題性が無くなってしまうと被災者や支援者にとって必要な情報が発信されなくなるという欠点がある．

　そこで，情報流通のすき間を埋める活動，すなわち，行政情報を含めた様々なインターネット情報やマスメディアの情報を収集し，編集・加工し，伝達する情報ボランティアの活動が必要となるのである．

　しかしながら，果たして，阪神・淡路大震災でコンピューター・ネットワークは役に立ったのであろうか．

　震災の被災地に取材に訪れたテレビや新聞の記者たちは，コンピューターの画面を食い入るように眺めながら驚嘆した．そこには，市民やボランティアから発信された生々しい日記，現場の被災状況，避難所からの物資の配送要求など，記者たちの知らない様々な情報が次々と映し出されていた．

　彼らにとってみれば，コンピューター・ネットワークは本当に活躍して見えたのである（神戸大学〈震災研究会〉1995：1–56）．

　たしかに，コンピューター・ネットワーク上には，安否情報，交通機関の情報，避難所の場所，銭湯の営業状況，炊き出しや映画上映会の告知等々，被災者やボランティアたちが日々必要とするきめ細かなローカルな情報が，情報ボランティアや公的機関などから寄せられ続けた（金子他　1996：164）．

　しかし，ネットワーク上の情報は，外から内を知るためのものであって，被災地内部の人に向けた被災者にとって本当に役に立つものは少なかった（金子他　1996：177）．

　つまり，コンピューター・ネットワークは，被災地外の人に状況を伝えるという点に関しては，一定の効果を発揮したが，被災者を支援するための活動に

は，思ったほどの効果をあげることができなかったのである.

　その原因をあげるならば，まず，コンピューター通信を用いる側の問題がある．つまり，被災者への支援活動は試行錯誤の連続であり，体制が確立するまで時間がかかってしまった．例えば，神戸大学の学生たちは，活動開始から実際の情報ファイルの作成まで三週間を要し，もっとも効果があがったと思われる時期を逃してしまった．また，著者の淡路島での活動も同様である.

　次に，震災当時の被災地における情報通信基盤とその運用方法や人員の問題がある．すなわち，コンピューター通信の技術的基盤の不足は決定的であり，避難所はおろか，兵庫県庁や神戸市役所ですら，インターネットに接続する機器はなかった．政府が兵庫県対策本部を通じて避難所にパソコン通信機器を配備したのは，2月末であった.

　また，政府から避難所に配備されたパソコンは，配備ならびに機器仕様は企業にまかせ，機器のサポートはボランティアに任せきっており，利用方法や利用体制を十分に検討していたとは言いがたかった.

　その上，パソコンやコンピューター・ネットワークを使いこなす人材が決定的に不足していた.

　このことは，阪神・淡路大震災当時のパソコン通信とインターネットを合わせた利用者が約300万人にしか過ぎず，また，1995年4月17日付の朝日新聞（大阪本社発行13版第1面の「ボランティア調査の概要」及び，第3面の「質問と回答」）によれば，阪神・淡路大震災当時，ボランティア参加者のうち2.4％（17人/709人）がパソコン通信から現地情報を入手したにしか過ぎないことからも，人材不足は明らかであろう（朝日新聞　1995.4.7：1,3）.

　ところで，阪神・淡路大震災で救援活動にコンピューター通信が役に立ったかどうかについては，震災当時情報ボランティアとして活動した人々の間でも意見が食い違っている．他方で，被災した当事者ないし被災地に近い人たちの間では，コンピューターやネットワークは，結局，被災者自身にとってはたいして役に立たなかったという意見が多いのである（金子他　1996：175）.

　つまり，詳細は上で論じた通りであるが，震災当時は，情報ボランティアを中心にして大学，企業，行政，ボランティア団体などの限られた活動主体の間で，主にパソコン通信ネットワーク（それらをメーリングリストやネットニュースで相互媒介する形でインターネット）を利用して被災者支援のためのデジタル・ネットワーキングが展開されていただけであることがわかる.

　このことから，阪神・淡路大震災のような大規模災害時には，市民やボランティアの協力なくしては効果的な情報流通ができないことは明らかである．

　災害時に流れる情報の種類及びその利用目的は，様々であり，どのような種類の情報を何の目的で，どこからどこに流すかを十分に検討する必要がある．それだけではなく，それぞれの情報の重要性などもその時々の時間経過や状況に応じて判断して行く必要もある．

　例えば，災害時に避難所から発信される情報には，以下のような情報がある．

① 物資の過不足状況などに関する避難所運営情報
② 傷病者に関する情報などの緊急医療情報
③ 安否情報など避難者個人が特定個人を対象に発信する情報
④ 避難所周辺の状況など被災地外へ向けた広報的情報
⑤ 避難所周辺の生活情報などの被災地内住民へ向けた情報
⑥ ボランティア間で交換される情報

　これらの情報を収集し伝達する際に，情報の受け手がどのような情報を欲しているのかを的確につかむことが重要である．というのは，この震災の時には，受け手の欲する情報の種類が時々刻々と変化したが，遠隔地からの支援者にはニーズの変化が伝わらなかったからである．

　ところで，コンピューター・ネットワークを使って情報を流通させることの利点と問題点は，以下のとおりである．

　まず，利点としては，

① 随時（オンデマンドで）情報の検索・選択ができる．
② 個人が情報を発信できる．
③ 特定多数及び不特定多数の間で情報がやり取りできる（同報性）
④ 情報の蓄積・再配送ができる．
⑤ 局地的な情報サービスができる．
⑥ 情報の加工と編集が容易である．

他方で，問題点としては，

① システムを操作できる人間が限られている
② デジタル化に手間がかかる

③ 誤入力などによる情報の正確度の低下
④ 内容の信憑性，信頼性に関する保証が難しい

以上のことがあげられる．

火事や建物の倒壊など人の生死に関わる情報や，食料や物資に関する情報など，極めて重要な情報は，実際の救援活動と連携しないことには何の成果ももたらさない．例えば，食料や物資に関する情報システムは，物資配給システムのサブシステムとして組み込まれ，実際に物資を取り扱う人々と密接に連携して機能する必要がある．

ところで，著者を含めて，ICTを活用して支援活動を試みたボランティアや行政関係者の多くは，日頃からICTのもつ機能性や有効性を体験していた．したがって，被災者を支援したいという気持ちに加えて，ICTそのものをもっと世の中で役立てたいという気持ちが強かったといえる（大月他　1998：5）．

阪神・淡路大震災では，ICTを利用した支援活動は，全く新しい試みであったため，試行錯誤の連続であった．そして，ICTを用いて情報流通を試みようとする人々が徐々に集まって，にわか団体をつくりながら活動をしている．主な情報ボランティアのグループは，すべて震災時の活動の中から現れてきたものである．

地震発生翌日には神戸市外国語大学から被害状況を伝える画像情報が，2日後には神戸大学から教職員や学生の安否に関する文字情報が，それぞれインターネットを利用して発信された．これらの活動は，教職員の臨機応変な機転によるものであった．これらの情報は，当時インターネットを利用できる環境にあった被災地外部や国外の人々に震災の被害の凄まじさを伝え，大学関係者の安否を知らせるのに大いに役立ったのであるが，その利用者は非常に限られていた．

それに対して，当時から比較的利用者の多かった大手商用パソコン通信ネットワークを利用した情報ボランティアグループ「情報VG」による活動は，被災地外部のパソコン通信ネットワークの利用者にとっては役立ったといえる．しかし，彼らがせっかく苦労して集めた情報も「何のために，どこの誰に向けて」伝えるのかが明確でなかったため，また，情報VGが活動していた地域が被害の大きかった神戸市灘区や長田区という特定の地域に限定されていたため，神戸市全域の避難所の状況や救援物資の需給状況が把握できず，神戸市外

国語大学や神戸市西体育館に設置された神戸市内の救援物資集積所での救援物資の需給調整作業にはほとんど役に立たなかったと言われている.

　つまり，どちらの活動も，被災地外部への情報伝達には役立ったが，被災地内部に対しては無力であったといえる（大月他　1998：43-46）.

　その他の情報ボランティアの多くは，震災発生後2週間から1カ月半後に活動を開始している.すでにこの時期には，発生直後の混乱状態は脱しており，救援物資の需給体制も整えられていた.地区ごとにボランティアの活動拠点ができあがり，そこでは電話やFAXや紙メディアなどを利用して地域内部の需給が調整されるようになっていたため，わざわざ，パソコン通信ネットワークを通じて救援物資関連の情報をやりとりする必要はなかった.

　この時期に必要とされる情報も被災者の長期的な避難生活に役立つ生活情報や行政情報（近所で開いている銭湯の情報，仮設住宅の募集情報など）であり，これらの情報は，情報VGや「ニュース！」編集グループ，VAGなどの情報ボランティアグループが共同して収集し，パソコン通信ネットワーク上に地域別，種類別に掲載していた.

　しかし，パソコン通信ネットワーク上の生活・行政情報は，試行錯誤のすえに見やすく利用しやすいフォーマットが作り上げられ，掲載されていたが，必要な情報を検索して取り出すのが困難だったため，どれだけ現地で利用されたのかは，定かではない（大月他　1998：46）.

　このように阪神・淡路大震災当時の情報ボランティアの活動は，試行錯誤の連続であり，体制が確立するまで時間がかかってしまい，また，情報通信基盤の不足も決定的であり，さらに，情報ボランティアの情報リテラシー（状況を適切に把握して情報の受発信を行う能力）の不足も問題あり，結局，その活動は期待したほどの効果があげられず，著者も含めた情報ボランティアの多くは，その苦労に応じた満足感というよりは，むしろ欲求不満が残ったと言った方がよいかもしれない（大月他　1998：5）.

　このような阪神・淡路大震災での情報ボランティアの活動経験を踏まえたうえで，今後，情報ボランティアが災害時に効果的に活動するためには，震災，風水害，火山災害，油流出災害などの各種災害ごとの時間経過，情報ボランティアの活動地域に応じて，「誰が，どのような形で，誰に伝えるのか」などを明確にした上で，効果的な方策を考案する必要があるということが明らかとなった（大月他　1998：46-47）.

2．東日本大震災におけるデジタル・ネットワーキングの実態と課題

　総務省『情報通信白書』の平成23・24年版等の文献を手がかりにして，2011年3月11日に発生した「平成23年東日本大震災」において展開されたデジタル・ネットワーキングの実態を概観する．

　『平成23年版　情報通信白書』によれば，東日本大震災においては，通信インフラに対する被害も甚大であったため，発災直後は，情報伝達の空白地域が広範囲で発生したが，このような中で，「情報空白域」を最小化しようとする取り組みが行われた．また，今回の震災においては，被害が広域的かつ甚大であったこともあり，マスメディアでは限界のある，きめ細やかな情報を送ることが可能なツイッターやSNSなどのソーシャル・メディアなどの新たなメディアも用いられた．さらに，インターネットなどを活用して，震災直後から様々な情報発信が行われるとともに，ボランティアなどの後方支援を行う取り組みも行われた（総務省　2011：14）．

　総務省『情報通信白書　平成24年版』に掲載された「災害時における情報通信の在り方に関する調査」の「属性別質問集計結果」によれば，被災地におけるインターネットの活用状況に関しては，最も活用が多かった団体・個人はNPO・ボランティアの84.0％であった．活用の場面として，NPO・ボランティアでは，ボランティアの募集や被災地の情報発信などの活用方法がなされていた（総務省　2012：264：株式会社三菱総合研究所　2012：40）．

　さらに，SNS・ツイッター（現X）等についても，NPO・ボランティアによって物資に関する情報収集や支援要請の場面で活用されていた．また，インターネット活用における課題としては，NPO・ボランティアではインターネット上の誤情報・デマ情報によって活動に支障を来した例もあった（株式会社三菱総合研究所　2012：41）．

　以上のように，東日本大震災において，ICTを積極的に情報の受発信や被災者支援に最も活用しているのは，被災地のNPO・ボランティアであることがわかる．

　したがって，被災地において，NPO・ボランティアが，ICTを活用して，自治体と連携しながら，また，必要に応じて，共同募金会や日本赤十字などの助成・支援団体，企業，大学，農協・漁協・商工会などの経済団体，専門家と関

わりながら，避難所や仮設住宅の被災者リーダーを支援しつつ，活動を展開すること，すなわち，「災害デジタル・ネットワーキング（災害時におけるインターネット等のデジタル・メディアを活用した支援活動）」を実践することによって，被災地の復興が効果的に達成されると期待できるであろう．

　そこで，次に，著者が，東日本大震災の発生前から発生直後を経て現在まで関わっている事例に基づいて，NPO・ボランティアや非営利組織を中心とするICTを活用した被災地の情報支援活動と復興支援活動の実態と課題について考察する．

　平成23（2011）年3月23日付の「独立行政法人　防災科学技術研究所」（以下，「防災科研」）のプレス発表資料「『ALL311：東日本大震災協働情報プラットフォーム』Webサイトの開設と各種情報の協働発信～研究成果の社会還元の一環として～」の「1．趣旨」によれば，防災科研は，「平成23年3月11日に発生した東日本大震災（東北地方太平洋沖地震等）において，被災地の災害対応や復旧・復興に役立つ信頼できる情報を，全国の様々な機関や個人の方々と協働して集約・作成・発信する『ALL311：東日本大震災協働情報プラットフォーム』を開設」し，防災科研が「開発した『e コミュニティ・プラットフォーム』を活用し，各種地図・地理空間情報の配信や利用，地震動や土砂災害等の災害情報，震災疎開・避難の受け入れ活動支援等を行」い，「今後，国，自治体，民間事業者，NPO，学術団体，個人など多くの方々の参加・協力」を得て，「社会全体が協働して被災地及び被災地を受け入れている地域や団体の情報支援に継続的に取り組んで」ゆくという支援事業を展開することになった（独立行政法人防災科学技術研究所　2011a）．

　そして，著者は，この趣旨に賛同し，防災科研が募集している「ALL311」の「災害情報ボランティア」に応募して，2011年4月6日～10日，16・17日，5月1・2日の三回にわたり，宮城県内の災害ボランティアセンター（以下「VC」）の支援活動に参加した．

　著者は，防災科研の情報支援チームの災害情報ボランティアの一員として，宮城県自治会館2階に「宮城県社会福祉協議会」が開設・運営していた「宮城県災害ボランティアセンター」を主な拠点として，宮城県内の山元町・亘理町・利府町・東松島市・石巻市・女川町・南三陸町・気仙沼市の各VCを情報支援チームの運営スタッフや災害情報ボランティアと一緒に回り，各VCの事務局スタッフの話を聞いて状況を把握しながら，防災科研の情報支援チームとして支援可

能なメニューを提示し，各VCの要望にしたがって，地図情報の提供や情報通信環境の整備，「eコミプラットフォーム」及び「eコミマップ」の利用指導を中心とした支援活動に参加した．

　この活動を通じて，著者の経験に基づいて明らかになったのは，各VCによって活動環境や状況が大きく異なっているため，それに応じて，防災科研の情報支援チームは，各VCの事務局スタッフときめ細かく意思疎通を図りながら要望を把握し，適時・的確に支援活動を展開して行くことが必要であるということである．

　また，防災科研の「ALL311」の災害情報ボランティアとして応募し活動に参加している様々な職業や経歴をもつ人たちに対しては，彼ら／彼女らの参加動機や目的意識，専門的知識・技術を把握しながら，防災科研の情報支援チームの運営スタッフが活動に必要な的確な指示・助言を与えることが不可欠である．

　これらのことが可能になるためには，運営スタッフが，関係者と相互に意思疎通を行いつつ，各VCを回りながら，阪神・淡路大震災以来の災害時に情報支援活動を積み重ねてきた経験者からも助言を受けながら，経験を積んでいくことが求められることが明らかになった．

　他方で，著者は，長年活動を共にしてきた災害ボランティア仲間のM氏と一緒に，2011年5月上旬より，「気仙沼市社会福祉協議会本吉支所」が設置・運営する「気仙沼市災害ボランティアセンター本吉支所」（以下，「本吉VC」）に対する情報支援及び運営支援を行ってきた．

　具体的には，「本吉VC」に対して，「防災科研」や「シャンティ国際ボランティア会」（以下，「SVA」）と連携して，著者は，主にホームページの開設・運用などの情報支援を，M氏は，主にボランティア・コーディネーション等の運営支援を行ってきた．

　同年5月から気仙沼市本吉地区に建設・設置された応急仮設住宅では，同月中旬より被災者の入居が始まり，入居者に対する生活支援が必要な段階となった．

　そこで，阪神・淡路大震災で約4年間にわたって応急仮設住宅入居者の生活支援を行った実績を持つM氏と，阪神・淡路大震災以来の大規模災害で情報支援活動を行ってきた著者が，その活動経験に基づいて，「応急仮設住宅生活支援Webデータベースシステム」（以下，「DBシステム」）を活用して関係機関や支

援団体と情報共有・連携しながら，気仙沼市本吉地区の応急仮設住宅の入居者に対する生活支援活動を応急仮設住宅解消まで実施することになった．

　なお，M氏の阪神・淡路大震災での応急仮設住宅入居者に対する生活支援の経験によれば，今回の震災での応急仮設住宅支援活動は，5年以上の長期にわたる可能性が高いということである．

　そこで，著者とM氏は，長期にわたる活動に必要な資金を調達するために，「特定非営利活動法人　基盤地図情報活用研究会」（以下，「研究会」）のメンバーとして，中央共同募金会の赤い羽根「災害ボランティア・NPO活動サポート募金」に応募し，平成23年度末（2012年3月末）までの活動資金として150万円の助成を受けることができるようになった．

　また，M氏が，気仙沼市本吉地区に活動拠点の確保と関係団体との調整を行って，応急仮設住宅支援活動の準備態勢を整え，同年10月より，支援活動を開始し，実験用サーバに設置され試験運用中の「DBシステム」にM氏が入力を行いながら，著者と「研究会」の技術スタッフとが連携して，活動を展開する予定であった．

　このような計画に基づいて，「研究会」の現地駐在員としてM氏が，現地に常駐し，また，著者が「研究会」のコーディネーターとして，必要に応じて現地に入り，2011年12月から2012年3月末まで「本吉VC」の運営支援を行った．

　それと並行して，M氏も，著者と同じ期間の間，情報紙を編集・作成し，本吉地区内の応急仮設住宅14カ所を定期的に巡回して配布しながら，生活支援を必要とする入居者の生活状況を把握した．

　このような情報紙配布・巡回活動から得た情報を入力し，関係機関や団体と情報共有を行うためにDBシステムを研究会の技術開発チームが構築し，情報の入力態勢を整えた．

　また，M氏は，気仙沼市社会福祉協議会やSVA等の気仙沼市内で活動する支援団体で構成される「仮設住宅支援連絡会議」に定期的に出席し，これらの団体との情報共有・連携態勢づくりを行った．

　また，M氏が，情報紙を配布しながら本吉地区内の応急仮設住宅を定期的に巡回することで，入居者との信頼関係が形成され，生活支援を必要とする入居者の生活状況を把握することができた．

　さらに，M氏が，仮設住宅支援連絡会議に定期的に出席することで，気仙沼市社会福祉協議会等の関係機関やSVA等の支援団体との情報共有・連携態勢

づくりを行うことができた.

　しかし，DBシステムによる上記の関係機関・団体との情報共有については，M氏が，本吉VCの運営支援の合間に，本吉地区の自治会連合会や気仙沼市本吉総合支所との信頼関係と協力関係を築きながら応急仮設住宅の巡回態勢を整えるのに多くの時間を費やさなければならなかったため，応急仮設住宅の巡回開始が遅れ，DBシステムを「研究会」の技術開発チームが構築し，情報の入力態勢を整える段階にとどまった.

　このような結果となったため，平成24（2014）年以降の中央共同募金会の赤い羽根「災害ボランティア・NPO活動サポート募金」からの「研究会」への継続的な助成は得られず，気仙沼市本吉地区でのDBを活用した応急仮設住宅生活支援活動は，中断されることとなった.

　その一方で，著者は，東日本大震災の被災地支援の一環として，南三陸町「福興市」等の支援活動への参加を通じて，現地の水産加工業者や支援者に対して，2011年1月19日に噴火した霧島連山新燃岳の火山灰と三陸の魚介類を使用した灰干しづくりを提案している.

　そこで，次に，霧島連山新燃岳火山災害から東日本大震災に至る灰干しづくりを中心とした支援活動の経緯を示し，著者が震災前から関わってきた「ぼうさい朝市ネットワーク」から南三陸町「福興市」を経て「南三陸復興まちづくり機構」へと至る復興支援活動の流れをとらえた上で，ICTを活用したデジタル・ネットワーキングによる被災地復興の可能性と課題を考察する.

　そこで，まず，「内閣府地域活性化本部会合」の平成20（2008）・21（2009）年度「地方の元気再生事業」の三宅島復興を目的としてはじまり，霧島連山新燃岳火山災害と東日本大震災によって新たな展開を見せている「灰干しプロジェクト」と南三陸町「福興市」を経て「南三陸復興まちづくり機構」へと至るデジタル・ネットワーキングの経緯を示すことにする.

　拙著『デジタル・ネットワーキングの展開』（2014年）の第5章で論じたように，2000年6月下旬に発生した「平成12（2000）年三宅島火山災害」では，災害発生直後から，著者は，継続して支援活動に関わってきたが，2005年2月からの三宅島への住民の帰島を契機にして，仲間たちと一緒に，魚介類と火山灰を活用した「灰干しづくり」を中心とした三宅島の「地域再生」に取り組むことになった（干川　2014：85-96）.

　さらに，著者は，その成果に基づいて，2011年1月19日に発生した「平成23

(2011) 年霧島連山新燃岳火山災害」では，現地で地域づくりや被災地支援活動に取り組んでいるNPOに，灰干しづくりを提案した．このことがきっかけとなって，このNPOが率先して肉類を食材とした灰干しづくりに取り組み，成果をあげている．

そこで，霧島連山新燃岳火山災害での灰干しプロジェクトの新たな展開をたどり，南三陸町を中心とする東日本大震災の被災地での灰干しプロジェクトの今後のあり方を展望する．

その取り組みは，宮崎県内の新聞・テレビで何度も取り上げられ，宮崎県を中心とする九州南部では，日に日に灰干しに対する人々の関心が高まり，鹿児島県では高原町の事例を模倣して桜島の火山灰を使用して鶏肉や魚で灰干しを製造・販売する業者も出現し，著者に業者から直接電話で，灰干しに関する問い合わせも来るようにまでなっている．

その一方で，著者は，南三陸町を中心とする東日本大震災の被災地でも，新燃岳の火山灰と三陸の魚介類を使用した灰干しづくりを提案してきた．

2011年4月29・30日から2013年5月まで，毎月末に南三陸町で開催されている「福興（復興）市」で（2013年6月からは，不定期開催），同年9月25日に，著者が，物品販売の手伝いを毎回している「酒田市中通り商店会」の協力を得て，三宅島と高原町で作られた灰干しを試験販売することになった．

三宅島の灰干しは，灰干しプロジェクトのメンバーである村会議員で漁師のA氏が，自ら漁船で獲った魚等と三宅島の火山灰を使って製造し，三宅島漁協の鮮魚販売所「いきいいお魚センター」に卸しているもので，特に，サメの灰干しは，三宅島の人たちの間でおいしいと評判になっている．

他方で，高原町の灰干しは，上記のように，たかはるハートムが，地元の精肉店の協力を得て現地の食材（鶏・豚・シカ・イノシシ）と新燃岳の火山灰を使って製造している．

ところで，南三陸町では，水産加工業者が，灰干しプロジェクトのメンバーとして，サケとホタテで三宅島の火山灰を使った灰干しの試作をしていた．

ところが，2011年3月11日に発生した東日本大震災による津波で，それらの水産加工業者の店舗や工場ごと灰干しの試作で使用していた火山灰も道具も流された．

その後，水産加工・販売業の「株式会社ヤマウチ」社長の山内正文氏が実行委員長となり，2011年4月29・30日から毎月最終日曜日に「南三陸　福興市」

が開催されている．「福興市公式サイト」の「福興市とは」によれば，「南三陸町の地元商店街と町が手を取り合って再び幸せを取り戻すため」の「祈りを込めて『福が興る市』と命名して復興のシンボルとなる市」であり，「この『福興市』は単に一商店街だけの為のものではなく，行政機関である町と地元企業の方々，地元小中学校の子供たち，母親など家族の方々，町外から応援する市町村，NPO，ボランティアの方々が一丸となって手をつなぎあい，創り上げているイベント」が「福興市」である（復興市公式サイト　2011）．

　『日本経済新聞』2011 年 4 月30 日付けの記事によれば，「大きな津波被害が出た宮城県南三陸町で29日，地元や全国の商店街が名産品を販売する『福興市』が開かれた．地元商店街が町民の元気を取り戻そうと企画したイベント．約 5 千人の町民が配られた商品券を使い，できたての食べ物を手に久々の活気を楽しんだ」，「イベントは地元商店街が，全国でつながりのあった自治体の商店会と協力して実施．避難所となっている同町の志津川中学校を使い，岡山産の牛肉，福井産のこんにゃくなど約30店が出店した．ただ南三陸町からの出店は，高台にあった弁当屋，野菜販売店など 4 店のみ．実行委員長の山内正文さん(62)は，『まともに商売できる店がほとんどない．参加者を募るのは難しかった』と話す．商店会加盟業者約560のうち，約 8 割の460事業者で事務所や工場が全半壊した」と報じられた（日本経済新聞　2011. 4 . 30：30）．

　このように，第 1 回目の福興市は，大きな困難の中から出発したが，『朝日新聞』2011 年 8 月 5 日付けの「ひと」欄に掲載された記事によると，福興市が開催されるきっかけと同年 7 月末の第 4 回福興市までの様子は，以下のようであった．

　南三陸町で福興市を開く藤村望洋氏（67）によると，「『闇市をやろう』．宮城県南三陸町の避難所に，知り合いの商店主らを訪ねた．4 月のことだ．店も家も失い，うちひしがれた商店主らは『残ったのは借金だけ』『自己破産しかない』．それを聞いて，日が暮れて真っ暗な体育館で叫んだ．『あなたたちが頑張る以外，町は復興しない』『闇市』は，全国の商店街が特産品を南三陸町に持ち寄り，テントで売る『福興市』．7 月末に 4 回目を開くまで回を重ねてきた．かまぼこやウニ飯などの食料品，衣類や陶器などの生活雑貨……．初回に出店した大半は県外だったが，今や約60店の半分が地元の店に．誘われるように来場者も増え，1 日で 1 万人を超える」にまでなった（朝日新聞　2011. 8 . 5：2）．

　ちなみに，福興市公式サイトによれば，同年 8 月28日に開催された第 5 回福

興市の来場者は2万人弱となり，出店数は65で，そのうち地元の商店が約半分の32店を占めている（福興市公式サイト　2011）.

　福興市が開催されるに至る活動基盤となったのは，藤村氏が内閣府の平成20・21年度「地方の元気再生事業」の「『大阪蔵屋敷ネットワーク』による北前船ルート地域活性化ビジネスモデル構築」事業の一環として企画・実施した「ぼうさい朝市」である.

　内閣府の地方の元気再生事業を契機にして全国20カ所を結ぶ「ぼうさい朝市ネットワーク」が構築されていったが，それが，東日本大震災発生直後に，南三陸町に対する支援活動として，以下のように展開して行く.

　「3月11日，東日本を襲った大地震・津波災害．ぼうさい朝市ネットワークの1つのまち，宮城県南三陸町も壊滅的な被害を受けた．すぐに藤村氏は，ネットワークの中で南三陸町に最も近いまち，山形県酒田市に向かう．ここを拠点に全国の仲間にメールで支援を呼びかけた．ぼうさい朝市の参加者を中心にして，供給体制が立ち上がり，救援物資や義援金が続々と集まった．南三陸町に第1便の救援物資が届けられたのは，3月18日．トラックで片道6時間かかった．その後も酒田からのピストン輸送は続いている」．「被災側が求める物資は日々変わっていく．現地のニーズを迅速かつ的確に把握するのに，ぼうさい朝市で築いてきた普段からの顔の見える関係，信頼関係が活きた．最初の要望は，水や燃料，炊き出し用の大きなガスコンロ，プロパンボンベなど．日が経つにつれてストーブ，灯油，食料，消毒剤，下着などへと変わっていった」（旅行新聞社　2011．5．21：1）.

　その一方で，ぼうさい朝市ネットワークの構成団体の「特定非営利活動法人かさおか島づくり海社」のメンバーの守屋基範氏は，「平成23年東北地方太平洋沖地震」発生の翌日の2011年3月12日に「『ぼうさい朝市』のコーディネーター・藤村望洋さんに連絡し，朝市でつながる宮城県南三陸町への支援の話」をまとめ，「震災の復興支援は，『ぼうさい朝市』と『空き家活用』という2つの柱を中心に『笠岡希望プロジェクト』として動き出した」（農文協　2011：10）.

　「3月24日，南三陸町へ救援物資を積んで4名の支援隊が派遣された」．「笠岡市から南三陸町までは車で17時間，片道1300kmの道のり．午後2時に笠岡を出発して，4人で運転を交代しながら夜通し車を走らせ続けた．給油事情が悪いため途中でこまめに給油して，翌日朝7時ごろ現地に到着した．移動も含め

現地での滞在は3日間. 避難所を回って被災者の話を聞いたり, 食料や衣類などの物資の仕分け, 風呂用の薪割りを手伝った」.「これまで『笠岡希望プロジェクト』で3回, 南三陸町へ支援隊が派遣され」た.「笠岡諸島では現在, 宮城県気仙沼市から被災家族1世帯. 原発の影響で東京から被災された家族2世帯を受け入れている」(農文協 2011:10).

そして,「南三陸町で4月29・30日,『福興市』が開かれた.『小さな店の商店主たちがやる気にならないとまちは復興しない. 応援する気持ちを具体的に見せたい』と, ぼうさい朝市ネットワークが企画した. とはいえ地元の商店は, 津波に店も工場も流され, 売る商品は何もない. 全国から届けられた特産品などを, 南三陸町の商店の看板をテントに掲げ, 全国の商店街から駆けつけた仲間たちが協力して販売した.『店が立ち直ったときは, 今度は自分の商品を全国のネットワークの商店街で売ってもらえばいい』」(旅行新聞社 2011.5.21:1).

そして, 今後の南三陸町の復興まちづくりについて, 藤村氏は, 以下のように述べている.「避難所には, 家族のきずな, 地域のコミュニティが見事に復活している. 阪神大震災でもいわれた『災害ユートピア』. こうした状況が持続するうちに早く, 町全体をどう立ち直らせるか, 住民の基本的合意を取っておいたほうがいい. 遅くなるほど, 利害調整が難しくなる」と力説する(旅行新聞社 2011.5.21:1).

以上のように, 藤村氏を中心に「ぼうさい朝市ネットワーク」を基盤にして南三陸町の「福興市」が展開してきたが, この展開を可能にしたのは, ぼうさい朝市ネットワークのメーリングリスト「kitamae ML」の中でのメールのやり取りであった.

そして, このメーリングリストで行われたメールのやり取りを通じて,「ぼうさい朝市ネットワーク」から南三陸町「福興市」へ, そして,「一般社団法人 南三陸福興まちづくり機構」へと南三陸町の産業復興を中心とした被災地復興活動が展開していったのである.

以上のような東日本大震災における著者を中心としたデジタル・ネットワーキングの構造を示せば, DNM6-2のようになる.

すなわち, 著者は, 東日本大震災発生した直後は, 支援活動に必要な交通手段や宿泊場所, 物資やガソリンが確保できなかったため, 被災地に入ることができず, また, 震災被災地の中長期的な復興支援につながる活動を展開するために, 霧島連山新燃岳の火山災害被災地の高原町に行き, 阪神・淡路大震災以

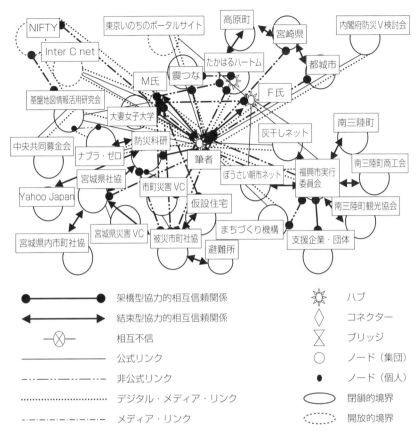

DNM 6-2　東日本大震災における筆者を中心とした被災地支援デジタル・ネットワーキングの構造

（出典）著者作成.

来の被災地支援活動を通じて非公式の架橋型相互協力信頼関係にあった「震災がつなぐ全国ネット」（略称，「震つな」）を通して接点を持つことができた「特定非営利活動（NPO）法人　たかはるハートム」と，灰干しづくりの支援を行うという形で，非公式の架橋型相互協力信頼関係とデジタル・メディア・リンクで結ばれることになった．

　なお，「たかはるハートム」は，高原町まちづくり推進課の職員が理事長を兼任するという形で，高原町と非公式の結束型相互協力信頼関係にある．

　また，著者は，新燃岳の火山灰の有効活用について情報提供するという形での支援を通じて，非公式の架橋型相互協力信頼関係でとデジタル・メディア・リンク結ばれることになった宮崎県工業支援課から依頼を受けて，都城市での灰干しづくりに関する講習会と講演会の講師・助言者としての協力という形で，都城市工業振興課と非公式の架橋型相互協力信頼関係とデジタル・メディア・リンクで結ばれることになった．

　東日本大震災の被災地での支援活動において，著者は，佐用町の支援活動で連携したことを通じて非公式の架橋型相互協力信頼関係にあった防災科研が公募していた災害情報ボランティア活動に参加するという形で，防災科研と公式の架橋型相互協力信頼関係とデジタル・メディア・リンクで結ばれることになった．そして，著者は，災害情報ボランティア活動への参加によって，防災科研を媒介にして，支援先の宮城県及び宮城県内の被災市町（山元町・亘理町・利府町・東松島市・石巻市・女川町・南三陸町・気仙沼市）の災害ボランティアセンターとそれを設置・運営する社協と非公式の架橋型相互協力信頼関係で結ばれることになった．

　特に，気仙沼市本吉地区の災害ボランティアセンターと気仙沼市社協及び宮城県社協とは，M氏と連携して展開した災害ボランティアセンター及び仮設住宅に対する支援活動で，著者は，非公式の架橋型相互協力信頼関係とデジタル・メディア・リンクで結ばれることになった．

　この支援活動を展開するにあたっては，岩手・宮城内陸地震において栗原市ボランティアセンターの支援活動を通じて形成された著者と宮城県社協及び宮城県内の市町社協との間の非公式の架橋型相互協力信頼関係とデジタル・メディア・リンクに支えられ，活動を迅速かつ円滑に展開することができた．

　なお，防災科研は，災害情報ボランティア活動に必要な資金寄付を受けると言う形で，「ヤフー株式会社」と公式の結束型相互協力信頼関係とデジタル・メディア・リンクで結ばれ，また，「ナブラ・ゼロ」とは，震災発生以前から委託事業を通じて公式の結束型相互協力信頼関係とデジタル・メディア・リンクで結ばれ，さらに，宮城県社協とも震災発生前から，宮城県沖地震を想定した情報支援システムの研究開発や実証実験を通じて，公式の結束型相互協力信頼関係とデジタル・メディア・リンクで結ばれており，こうした関係が，震災発生直後の迅速な連携行動を可能にしたといえるであろう．

　ところで，防災科研等の諸機関・団体と連携して宮城県災害ボランティアセ

ンターを設置・運営していた宮城県社協は，災害ボランティアセンターを設置・運営しがれき撤去作業や避難所や仮設住宅の支援活動を行った被災地の社協の支援を宮城県内の被災地外社協と連携して展開するという形で，それらの間に公式の結束型相互協力信頼関係が形成された．

そして，著者は，気仙沼市本吉地区の仮設住宅支援活動に必要な活動資金を確保するために，「特定非営利活動法人　基盤地図情報活用研究会」のメンバーとして，「中央共同募金会」の活動助成制度に応募し，採択され，助成を受けるという形で，「研究会」を介して，「中央共同募金会」と著者は，公式リンクとデジタル・メディア・リンクで結ばれていた．

また，仮設住宅支援活動の活動資金は，震災発生直後に著者及び「研究会」に対する支援を表明した「ニフティ株式会社」より，現地で活動するM氏が被災地の状況等に関して毎週執筆・提出する社内報の原稿料という形で，半年にわたって提供され，活動に大いに役立った．このような形で，「研究会」を介して，M氏と著者は，非公式の架橋型相互協力信頼関係とデジタル・メディア・リンクで結ばれていた．

他方で，著者は，震災発生前から「灰干しネットワーク」を通じて参加することで，「ぼうさい朝市ネットワーク」と非公式の架橋型相互協力信頼関係とデジタル・メディア・リンク（kitame ML）で結ばれていたが，その代表者の藤村氏が被災地支援活動として展開している「南三陸町福興市」にも参加し，「福興市」の実行委員会とは，非公式の架橋型相互協力信頼関係にある．

なお，福興市実行委員会は，共催という形で，南三陸町，南三陸町商工会，南三陸町環境協会等の団体と公式の結束型相互協力信頼関係にある．また，支援企業・団体とは，公式の架橋型相互協力信頼関係にある．そして，「南三陸福興まちづくり機構」と福興市実行委員会とは，主要メンバーは重複するが別の団体であるという形で，非公式の架橋型相互協力信頼関係にある．

そして，著者は，南三陸町の中長期的な支援のために設立された「南三陸福興まちづくり機構」とは，賛助会員としてプロジェクトに参加するという形で，公式リンクとデジタル・メディア・リンクで結ばれている．

このような被災地内外での支援活動を展開する際に，著者は，学識者委員として所属する「内閣府防災ボランティア活動検討会」，一般会員として所属する「東京いのちのポータルサイト」，阪神・淡路大震災をきっかけとして中心メンバーとして所属する「Inter C net」それぞれと公式リンクとデジタル・メ

ディア・リンクで結ばれているが，これらのつながりを通じて，被災地内外における被災地・被災者支援活動に関する信頼性の高い情報を迅速に入手することができた．

　以上，デジタル・ネットワーク・モデルによって，著者を中心とした視点から，東日本大震災におけるデジタル・ネットワーキングの構造を描き出しながら，その実態と課題を明らかにした．

第7章

熊本地震とそれ以降の大規模災害におけるデジタル・ネットワーキングの展開

この章では，著者が情報通信事業者及び総務省や被災自治体・社会福祉協議会・NPO等の諸機関・諸団体と連携して展開した，1．熊本地震，2．西日本豪雨災害，3．北海道胆振東部地震とそれ以降の災害におけるデジタル・ネットワーキングの展開を概観し，関係構造を描き出しながらその実態と課題を明らかにする．

1．熊本地震におけるデジタル・ネットワーキングの展開

2016年4月14日に発生した「平成28年熊本地震」において，著者が被災地内外で様々な人々や団体の協力の下に展開した「デジタル・ネットワーキング」（インターネット等のデジタル・メディアを活用した連携活動）の実態と課題について明らかにする．

そこで，まず1-1 熊本地震の概要と1-2 情報通信及び災害ボランティアによる支援活動の状況について把握した上で，1-3 著者がKDDI株式会社の協力を得て実施した，熊本県内の災害ボランティアセンターに対するWi-Fiルーターや携帯電話・タブレット端末の貸与等の通信インフラ提供支援活動の位置付けとその実態について論じる．

次に，1-4 総務省から「臨時災害放送局」の許可を得て住民向けに放送を行っている熊本県内の被災自治体の1つである御船町に対して，「国立研究開発法人　防災科学技術研究所」の研究員の協力を得ながら進めた放送のインターネット配信の支援についてその経過を示す．

そして，最後に，1-5 著者が「ソーシャル・キャピタル論」と「社会ネットワーク論」にもとに独自に構築した「デジタル・ネットワーキング・モデル（DNM）」を用いて，これらの支援活動を対象にして分析・考察を行い，復興に向けての今後の課題を明らかにする．

1-1 「平成28年熊本地震」の概要

　内閣府の平成28（2016）年「熊本県熊本地方を震源とする地震に係る被害状況等について」（第31報）（平成28年6月16日17時15分現在　非常災害対策本部）によれば，同年4月14日と16日に発生した2回の地震の概要や被害については以下の通りである（内閣府　2016a）.

1-1-1 地震の概要

（1）4月14日21時26分に発生した地震

　ア　発生日時
　　・平成28年4月14日21：26頃

　イ　震源地（震源の深さ）及び地震の規模
　　・場所：熊本県熊本地方（北緯32度44.5分，東経130度48.5分），深さ約11km（暫定値）
　　・規模：マグニチュード6.5（暫定値）

　ウ　各地の震度（震度5弱以上）

　　　震度7　　　熊本県熊本（益城町宮園）
　　　震度6弱　　熊本東区佐土原，熊本西区春日，熊本南区城南町，熊本南区富合町，玉名市天水町，宇城市松橋町，宇城市不知火町，宇城市小川町，宇城市豊野町，西原村小森
　　　震度5強　　玉名市横島町，熊本中央区大江，熊本北区植木町，菊池市旭志，宇土市浦田町，合志市竹迫，熊本美里町永富，熊本美里町馬場，大津町大津，菊陽町久保田，御船町御船，山都町下馬尾，氷川町島地
　　　震度5弱　　熊本県阿蘇，熊本県天草・芦北，宮崎県北部山沿い

　エ　津波
　　・この地震による津波のおそれはなし.

（2）4月16日1時25分に発生した地震

　ア　発生日時
　　・平成28年4月16日1時25分頃

　イ　震源地（震源の深さ）及び地震の規模
　　・場所：熊本県熊本地方（北緯32度45.2分，東経130度45.7分），深さ約12km（暫定値）

　　・規模：マグニチュード7.3（暫定値）

ウ　各地の震度（震度 5 弱以上）

震度 7 　　熊本県：益城町，西原村

震度 6 強　熊本県：南阿蘇村，熊本市中央区，熊本市東区，熊本市西区，
　　　　　　　　　　菊池市，宇城市，合志市，大津町，宇土市，嘉島町

震度 6 弱　熊本県：阿蘇市，熊本市南区，熊本市北区，八代市，玉名市，
　　　　　　　　　　菊陽町，御船町，美里町，山都町，氷川町，和水町，
　　　　　　　　　　上天草市，天草市

　　　　　　大分県：別府市，由布市

震度 5 強　福岡県：久留米市，柳川市，大川市，みやま市

　　　　　　佐賀県：佐賀市，上峰町，神埼市　　長崎県：南島原市

　　　　　　熊本県：南小国町，小国町，産山村，高森町，山鹿市，玉東町，
　　　　　　　　　　長洲町，甲佐町（「佐」が欠落：気象庁発表資料に基づき著
　　　　　　　　　　者が補足），芦北町

　　　　　　大分県：豊後大野市，日田市，竹田市，九重町

　　　　　　宮崎県：椎葉村，高千穂町，美郷町

震度 5 弱　愛媛県：八幡浜市

　　　　　　福岡県：福岡市南区，遠賀町，八女市，筑後市，小郡市，大木町，
　　　　　　　　　　広川町，筑前町

　　　　　　佐賀県：白石町，みやき町，小城市

　　　　　　長崎県：諫早市，島原市，雲仙市

　　　　　　熊本県：荒尾市，南関町，人吉市，あさぎり町，山江村，水俣市，
　　　　　　　　　　津奈木町

　　　　　　大分県：大分市，臼杵市，津久見市，佐伯市，玖珠町

　　　　　　宮崎県：延岡市　　鹿児島県：長島町

エ　津波

　　・津波注意報発表　　4 月16日 1 時27分

　　・津波注意報解除　　4 月16日 2 時14分

　ここで，上記の記録から 2 つの地震を比較すると，マグニチュード6.5の 4
月14日発生の地震とマグニチュード7.3の 4 月16日発生の地震とでは，深さは
同程度であるが，後者の地震では，地震の規模（エネルギー）が大きいために，

震度5弱以上の地域が広範囲に及んでいるのがわかる.

1-1-2　人的・物的被害の状況
表7-1と表7-2の通りである.

表7-1　平成26年熊本地震による人的被害（内閣府　防災情報のページ平成28
　　　　（2016）年「熊本県熊本地方を震源とする地震に係る被害状況等について」
　　　　3頁）

（人）

場　所	死亡	重傷	軽傷
福岡県	0	1	17
佐賀県	0	4	9
熊本県	49	335	1,263
大分県	0	4	24
宮崎県	0	3	5
合計	49	347	1,318

（注）1　このほか，震災後における災害による負傷の悪化又は身体的負担による疾病により死亡したと思われる
　　　　　死者数（正式には市町村に設置される審査会を経て決定）20人（熊本県）.
　　　2　このほか，程度分類未確定な負傷者が140人（熊本県）.

表7-2　平成26年熊本地震による建物被害

都道府県名	住宅被害			非住家被害		火災
	全壊	半壊	一部破損	公共建物	その他	
	棟	棟	棟	棟	棟	件
山口県			3			
福岡県		1	230		1	
佐賀県			1		2	
長崎県			1			
熊本県	7,693	22,982	109,892	243	1,212	16
大分県	3	109	3,281		23	
宮崎県		2	20			
合　計	7,696	23,094	113,428	243	1,238	16

（注）このほか，分類未確定分の住家被害数2,726棟.
（出典）内閣府平成28（2016）年「熊本県熊本地方を震源とする地震に係る被害状況
　　　　等について」3頁.

1-2　情報通信及び災害ボランティアによる支援活動の状況

1-2-1　情報通信の状況

　4月14日に発生した1回目の地震（前震）による情報通信の被害については，内閣府の「熊本県熊本地方を震源とする地震に係る被害状況等について」（第1報）（平成28年4月15日10時00分現在　非常災害対策本部）によれば，固定電話については被害が無く，携帯電話等については，停波等の被害が出ていた（内閣府2016b）．

　ところで，NTTドコモが，内閣府の防災情報のページ「熊本県熊本地方を震源とする地震に係る被害状況等について」（4月27日（水曜）20時時点）に基づいて作成した，携帯電話会社3社の「停波基地局数」（図7-1）によれば，NTTドコモとの停波基地局数は，4月17日9：00の時点でそれぞれ82局と69局が最大であり，B社は，4月16日9：50の時点の199局が最大であることがわかる（NTTドコモ　2016a：9）．

1-2-2　災害ボランティアによる支援活動の状況

　「熊本県災害ボランティアセンター特設サイト」によれば，熊本県内の地震発生後に県内の市町村社会福祉協議会が開設・運営している各「災害ボランティアセンター」で4月19日から6月25日の約2カ月間に活動したボランティアの延べ人数は，**表7-3**のように，9万1,492人である（熊本県社会福祉協議会2016a）．

　ちなみに，全国社会福祉協議会「全社協　被災地支援・災害ボランティア情報」の「災害ボランティアセンターで受け付けたボランティア活動者数の推移（仮集計）」によれば，東日本大震災における岩手・宮城・福島3県内の災害ボ

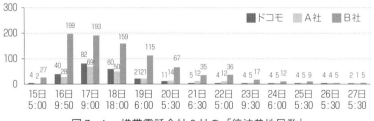

図7-1　携帯電話会社3社の「停波基地局数」

（出典）　NTTドコモ「報道発表資料」「平成28年熊本地震からの復旧状況について〈2016年4月28日〉」「参考」．

表7-3 熊本地震の各災害ボランティアセンターにおけるボランティ
ア参加人数推移

各災害ボランティアセンター	2016/ 4 /19	2016/ 4 /20	2016/ 6 /25	総計（人）
熊本市				33,158
八代市				580
菊池市	0	0		776
宇土市	164	313	11	2,763
宇城市				3,739
阿蘇市				814
合志市	11	32		1,041
大津町				2,727
美里町				193
菊陽町				1,761
南阿蘇村		143	4	4,533
西原村			31	8,684
御船町			47	4,184
嘉島町				1,818
益城町				23,815
甲佐町				753
山都町				153
総計	175	488	93	91,492

（出典）「熊本県災害ボランティアセンター特設サイト」より著者作成.

ランティアセンターで受け付けたボランティアの延べ人数は，2011年3月〜
2016年5月末までの約5年3カ月間において149万2,400人である（全国社会福祉
協議会 2016）.

　また，阪神・淡路大震災においては，1995年1月17日〜1996年1月20日まで
の約1年間に被災地で活動したボランティアの延べ人数は，137万7,000人であ
る（兵庫県 2016）.

　ここで，3つの地震災害での災害ボランティア数を比較すると，熊本地震で
は，2カ月以上経った時点で，ボランティアの活動者の延べ人数が9万人を超
えたが，東日本大震災では，地震発生後2カ月の時点で，すでに累計でボラン
ティアの活動人数が19万5,000人を超えている.

　他方で，阪神・淡路大震災では，地震発生2カ月の時点でボランティアの活動人数が10万人となっており，熊本地震の場合とほぼ同じペースの推移となっている．

　ところで，熊本県内の各市町村の災害ボランティアセンターは，ホームページまたは，FBやツイッター（現X）を通じて情報発信を行っている（熊本県社会福祉協議会　2016b）．

　他方で，国内の携帯電話事業者（NTTドコモ・KDDI・ソフトバンク等）から構成される「無線LANビジネス推進連絡会」は，熊本地震の前震発生翌日の2016年4月15日から5月31日にかけて，被災者支援のために連絡会に加入する各携帯電話事業者は，被災地の熊本県内で公衆無線LANサービスの無料開放を行った（無線LANビジネス推進連絡会　2016a）．

　同連絡会の『大規模災害発生時における公衆無線LANの無料開放に関するガイドライン　いのちをつなぐ00000JAPAN　第3.0版』（平成28年3月1日）によれば，「東日本大震災においては，事業者による独自の取組として，公衆無線LANサービスを自社のユーザに限定することなく無料開放した事例が見られた．大規模災害発生時にどのような取組を行うかは各事業者の自主的な判断によるが，携帯電話がつながりにくい状況においては，このように公衆無線LANサービスを無料開放し最大限に活用することは，大規模災害に対応した措置として極めて有効なものである」（無線LANビジネス推進連絡会　2016b）．

　ところで，東日本大震災では，NTT東日本が，避難者からのインターネットを利用し情報収集したいという要望を受け，各PCメーカー及びISP（インターネット・サービス・プロバイダー）の協力を得て，避難所に無料インターネット接続コーナーを整備し，2011年3月24日現在で，113カ所の避難所に光ファイバー回線もしくはADSLを利用したブロードバンド回線及びPCを設置し，避難者が無償で利用できるようになった．利用者からは，「家族の安否確認や公共交通機関の情報収集ができてよかった」，「福祉に関する情報を調べることができた」，「子供がインターネットゲームを楽しめてよかった」といった声を得た．また，Wi-Fi環境のある場所では，スマートフォンやタブレット型端末，ゲーム機等を接続して利用される事例も広がった（東日本電信電話株式会社（NTT東日本）　2011）．

　こうした事例を踏まえて平成25年6月に総務省から公表された「無線LANビジネスガイドライン」（平成25年6月25日総務省総合通信基盤局）の提言では，「無

線LANビジネス推進連絡会」が検討すべき事項が，以下のように示されている（総務省総合通信基盤局　2013）.

（1）大規模災害発生時における，国内外からの多数の救援者に関する以下の事項
　　・被災地で利用可能な無料の公衆無線LANサービスに関する有効な情報提供方法
　　・救援者が見つけやすい，推奨される災害用の統一SSIDの使用等
（2）被災者等へのより有効な情報提供の観点から，大規模災害発生時に公衆無線LANサービスを無料開放する際に，端末が接続された時に最初に表示することが推奨される画面
（3）災害時における避難所としての役割も期待されている学校や公民館等の公的施設について，災害時を想定した無線LAN整備の在り方，具体的な利用手順の整理，それらを扱える人材の確保・育成等の方策

　これを受けて，同連絡会は，上記のガイドラインを策定し，それに基づいて熊本地震では，熊本県内を中心に公衆無線LANの無料開放が行われ，2016年7月現在でも避難所や災害ボランティアセンターなどの支援拠点で携帯電話事業者各社による公衆無線LANの無料提供が行われている（NTTドコモ　2016b；KDDI　2016；ソフトバンク2016）.

　そこで，こうした携帯電話事業者の取り組みを踏まえて，著者は，地震発生の数日後に，災害関連シンポジウムを通じて知り合ったKDDIの復興支援室（東日本大震災の被災地支援のために仙台市内に設置・運営されている）の関係者を訪ね，熊本県内の災害ボランティアセンターへの公衆無線LANの無償提供を提案し，了承が得られた.

　これにより，KDDIは，熊本県内の災害ボランティアセンターへ公衆無線LANの無償提供という形で支援を行うことになった．そして，著者は，各災害ボランティアセンターでどのように公衆無線LANが活用されているかに関して実態調査を行いながら，KDDIへの要望があれば，同社の復興支援室に取り次ぐという形で支援活動を展開することになった.

1-3　災害ボランティアセンターに対するWi-Fiルーター貸与等の情報基盤提供活動

　著者は，2016年4月14日（木）夜に発生した1回目の地震（前震）直後に被

災地での支援活動のための現地調査の準備を始め，翌日15日に日本災害情報学会の会員として十数年前から面識があり熊本市内で弁護士をされているK氏に電話で連絡をとり，16日から18日に被災地に現地調査に行くので災害対策と法律の専門家としていろいろとアドバイスをいただきたいというお願いをして準備を整えた．

そして，16日に日付が変わって間もなく2回目の地震（本震）が発生したことによって，熊本空港が使用できなくなったため，著者は，鹿児島空港経由でレンタカーを運転して16日の22時頃に熊本市内の宿泊先のホテルに到着した．

それからの活動状況については，災害支援関連のいくつかのメーリングリストに著者が投稿したメールに以下のように記されている．

みなさん，干川です．昨日の夜，熊本から帰宅しました．

16日〜18日まで，熊本に行き，支援活動の準備のための現地調査を行いました．

私の知り合いの熊本市内で弁護士事務所を営まれているKさんにお会いして，現地の状況についてお聞きし，支援活動のためのアドバイスをいただく目的で熊本市内に行きました．

16日（土）の15時に羽田空港から鹿児島空港に到着し，レンタカーを借りて，水や食料，紙皿・紙コップ，割りばし，ラップ，ブルーシート，土嚢袋などの支援物資を鹿児島空港周辺のドラッグストアやホームセンターで購入してレンタカーに積んで運び，17日（日）にKさんのご自宅に届けて，ブロック塀の上側半分が崩れて通りから家屋の中が見えるので，ブルーシートを庭の植木にロープで括り付けて見えないようする作業を午前中に行いました．

昼食をKさん宅で御馳走になり，その後，水前寺公園に行って地震の影響で水脈が変わって池の水位が下がっている状況を見てから，熊本県庁の災害対策本部を訪ねました．

それから，益城町に行って被害状況を見ながらデジカメで撮影しました．

18日（月）の午前中は，熊本県や大分県内の情報通信の被害状況を把握し，支援できることがあるかどうかを知るために，熊本駅近くの合同庁舎内にある九州総合通信局の情報通信振興課に行って話を伺ってきましたが，まだ，状況調査中であるため，どのような支援が必要であるかが分かりませんでしたが，何かあれば，連絡を取り合うということになりました．

それから，レンタカーで鹿児島空港に行き，帰宅しました．

　なお，鹿児島空港から熊本市内まで150kmの距離がありますが，八代市から水俣市にかけて「南九州西回り高速道路（無料区間）」を通ると 4 時間くらいで行くことができます．ただし，熊本市内から八代市の間は渋滞していました．

　以上が，著者の 4 月16日〜18日にかけての活動状況の概要である．

　そして，著者は，4 月29日〜 5 月 9 日の第 2 回目の現地調査の準備として熊本地震における支援活動の状況把握を行う中で，「無線LANビジネス推進連絡会」に加入する各携帯電話事業者が，被災地の熊本県内で公衆無線LANサービスの無料開放を行っていることを知った．

　そして，著者は，熊本の被災地で開設・運営される災害ボランティアセンターに対する情報通信面での支援活動として，携帯電話事業者の協力による無線LANサービスの提供を思いついた．

　そこで，2016年 3 月 4 日に岩手県立大学で開催された災害時の情報通信利活用に関するシンポジウムを契機にして知り合いになったKDDIの復興支援室のA氏にWi-Fi等の情報通信基盤の提供を通じての熊本地震での災害ボランティアセンターに対する支援をメールで提案し，4 月22日に仙台市内にある同社の復興支援室を訪ねて，被災地の状況と具体的な計画を説明しながら，協力をお願いした．

　そして，著者からの提案が了承され，KDDIは，熊本県内の災害ボランティアセンターに対してWi-Fiルーター（写真 7 - 1 ）と充電装置（写真 7 - 2 ），携帯電話（写真 7 - 3 ）やタブレット端末（写真 7 - 4 ）の提供という形での支援を行うことになった．

　そして，著者は，4 月29日から熊本県内の各災害ボランティアセンターをレンタカーで回り，Wi-Fi等の情報通信基盤の活用状況に関して実態調査を行いながら，必要に応じて，KDDIへの要望を同社の復興支援室に取り次ぐという形で支援活動を行った．

　著者がレンタカーを運転して回ったのは，以下の県と各市町村の災害ボランティアセンター16カ所である．

　熊本県・熊本市・嘉島町（ 4 /30），御船町（社会福祉協議会・一般社団法人「つながり」）・RQ九州・南阿蘇村（5/1），宇土市・宇城市・甲佐町・山都町（5/2），合志市・大津町・西原村・益城町（5/4），菊池市・菊陽町（5/7）．

　これらの災害ボランティアセンターで唯一Wi-Fiルーターを使用していな

写真7-1　KDDIよりRQ九州に貸与されたWi-Fiルー
　　　　　ター

Speed Wi-Fi NEXT WiMAX 2＋W01
仕様：通信速度（受信）4G LTEエリア：最大75Mbps WiMAX 2＋対応
　　　エリア：最大110Mbps（CAオフ時）最大220Mbps（CAオン時）
　　　通信速度（送信）WiMAX 2＋対応エリア：最大10Mbps 4G LTE
　　　エリア：最大25Mbps
2016年6月18日，著者撮影.

写真7-2　KDDIより南阿蘇村災害ボランティアセン
　　　　　ターに貸与された充電装置

2016年5月1日，著者撮影.

写真7-3　KDDIより菊陽町災害ボランティアセンター
　　　　　に貸与された携帯電話

2016年5月7日．著者撮影．

写真7-4　KDDIより菊陽町災害ボランティアセンター
　　　　　に貸与されたタブレット端末

2016年5月7日．著者撮影．

かったのは菊池市である．また，御船町については，御船町社会福祉協議会と東日本大震災・常総市豪雨水害で活動実績のある一般社団法人「つながり」それぞれが設置・運営する災害ボランティアセンターがあるが，両者の間では毎日連絡を取り合い連携して活動を行っており，社会福祉協議会を通じて「つながり」にKDDIからWi-Fiルーターが貸与されている．

　そして，「RQ九州について」(http://kyushu.rq-center.jp/aboutus) によれば，「RQ九州」(本部：熊本県美里町，代表：山口久臣)は，2016年4月14日夜に発生した熊本地震の救援のために，4月16日から炊き出しや支援物資配布の被災地支援に動き出した「NPO法人五ヶ瀬自然学校」(本部：宮崎県五ヶ瀬町，代表：杉田英治)を中心に，九州各地の自然学校が「一般社団法人RQ災害教育センター」(本部：東京荒川区，代表：佐々木豊志) の支援を得て4月23日に設立された民間のボランティアセンターである．

　RQ九州については，著者が信用保証を行う形で，KDDIからWi-Fiルーターと携帯電話が貸与されている．

　上記の災害ボランティアセンターの中で，最もWi-Fiルーターを活用しているのは，西原村災害ボランティアセンターであり，Wi-Fiルーターを通じて本部とボランティア受付場所，3カ所のサテライトの間の連絡と情報共有を行っている．また，菊陽町の災害ボランティアセンターは，KDDIから貸与されたタブレット端末6台を被災した家屋の瓦礫の撤去や片付けをするボランティアに持たせて，画面に表示される地図を利用してボランティアの現場への案内を行っている．

　その他の災害ボランティアセンターでは，Wi-Fiルーターは事務局スタッフや一般ボランティアの情報収集・発信手段として活用されている．

1-4　被災自治体に対する臨時災害放送局のインターネット配信支援活動

　著者は，総務省から2012年に「地域情報化アドバイザー」を委嘱され，富山県や宮城県，東北総合通信局からの依頼による講演会を行い，また，2015年度は，宮城県情報政策課からの依頼で，「ICT地域マネージャー」として東日本大震災の津波被災自治体における防災情報通信システム構築のための研究会のアドバイスを行ってきた (総務省　2016)．

　前述の4月29日～5月9日の2回目の現地調査において，著者は，熊本県内の災害ボランティアセンターにおけるWi-Fiルーターやタブレット端末，携帯

電話の活用状況と課題を把握することができたので，5月21日〜23日の3回目の現地調査では，新たな課題として熊本県内の被災自治体（熊本市・益城町・甲佐町・御船町）の臨時災害放送局の実態把握と放送のインターネット配信支援を行うことになった．

　九州総合通信局のWebサイトの「平成28年熊本地震関連情報」によれば（総務省九州総合通信局　2016a），2016年4月18日に熊本市内のコミュニティ放送局である「株式会社熊本シティエフエム」から機材及び人的支援を受けて，熊本市の臨時災害放送局「くまもとさいがいエフエム」が開設され，その後，同月30日に閉局した（株式会社熊本シティエフエム　2016）．

　また，同月の23日に甲佐町，25日に御船町，27日に益城町でそれぞれ臨時災害放送局（「こうささいがいエフエム」・「みふねさいがいエフエム」・「ましきさいがいエフエム」）が開設された（総務省九州総合通信局　2016b）．

　そこで，著者は，臨時災害放送局の担当部署の甲佐町の「くらし安全推進室」と御船町「企画財政課」の担当者に電話で連絡し，2016年5月21日に甲佐町役場に，同月23日に御船町役場に行き，それぞれの臨時災害放送局の運営状況を聞いた上で，放送のインターネット配信の提案をした．

　その結果，御船町からインターネット配信を行いたいという申し出があったので，益城町の臨時災害放送局のインターネット配信を行った実績のある「独立研究法人　防災科学技術研究所」の研究員のM氏に連絡し，翌週の5月30日にM氏が直接御船町役場に行って，担当者に具体的な方法の説明を行った．

　そして，M氏の尽力で，同年7月5日より御船町の臨時災害放送局の放送をスマートフォンからインターネットで聞くことができるようになった（御船町2016）．

　ところで，御船町が臨時災害放送局のインターネット配信で利用しているシステムは，益城町が利用しているのと同じシステムであり（益城町　2016），M氏の仲介で「株式会社スマートエンジニアリング」が提供する「FM＋＋（エフエムプラぷら）」というアプリケーションをスマートフォンにダウンロードして使用するシステムである（株式会社スマートエンジニアリング　2016）（写真7-5・6）．

　このシステムを利用して臨時災害放送局の放送をインターネット配信することによって，臨時災害放送局の電波が届かない町内の山間部や町外の地域でも，また，全国・全世界からも，スマートフォンやタブレット端末から放送を聞く

写真 7 - 5　スマートフォンTOP画面上の益城町災害
　　　　　　FM（左）と御船町災害FMのアイコン

2016年 7 月25日．著者撮影．

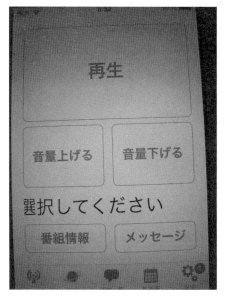

写真 7 - 6　スマートフォン上の「FM＋＋（エフエムプ
　　　　　　ラぷら）」の操作画面

2016年 7 月25日．著者撮影．

ことができるようになる.

　なお，著者は，2016年6月6日と20日にも，事前に連絡して御船町役場を訪ね，臨時災害放送局の担当者に，アプリケーションのインストールがいらずパソコンでもスマートフォンでもタブレット端末でも利用でき東日本大震災の臨時災害放送局がインターネット配信を行っていて，また，M氏が仲介可能な「サイマルラジオ」の紹介を行った.

　また，東日本大震災のいくつかの被災自治体（気仙沼市や山元町など）の臨時災害放送局が行っているように，御船町が住民参加型で臨時災害放送局の運営を行う場合に協力を得ることが可能な地域情報化アドバイザーとしてK氏を紹介した.

1-5 「デジタル・ネットワーキング・モデル（DNM）」による分析・考察と今後の課題

　1-3で論じた災害ボランティアセンターに対するWi-Fiルーター貸与等の情報基盤提供活動と1-4で論じた被災自治体に対する臨時災害放送局のインターネット配信支援活動を対象にして，「デジタル・ネットワーキング・モデル（DNM）」（DNM7-1）を用いて，分析・考察を行い，復興に向けての今後の課題を明らかにしたい.

　まず，4月14日の地震発生翌日15日に電話で連絡をとり災害対策と法律の専門家としてアドバイスをお願いしたK氏と著者は，日本災害情報学会の会員として公式リンクでつながり，必要に応じて携帯電話のショートメールで連絡を取り合うという形でデジタル・メディア・リンクによって結ばれている. また，K氏は，弁護士として熊本県弁護士会と公式リンクで結ばれており，弁護士会を通じて被災地の外国人を含む被災者のために法曹として支援に取り組んでいる.

　そして，著者が岩手県立大学で開催されたシンポジウムを契機にして知り合いになり，Wi-Fi等の情報通信基盤の提供をお願いしたA氏は，社員としてKDDIと公式リンクで結ばれており，また，研究プロジェクト等を通じて岩手県立大学名誉教授のSB氏と静岡県立大学教授のY氏それぞれと架橋型相互協力信頼関係でつながっている.

　他方で，著者とSB氏とY氏とは，研究プロジェクト等を契機にして，日本災害情報学会の会員や基盤地図情報活用研究会の役員として公式リンクでつなが

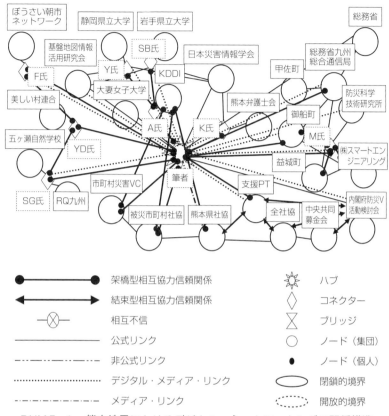

DNM 7-1　熊本地震におけるデジタル・ネットワーキングの関係構造

（出典）著者作成.

　　ると共に，長年にわたって災害支援に取り組んできた研究者・支援者同士とし
て架橋型相互協力信頼関係でつながっている．

　このようなつながりの中で，著者は，熊本県社協に電話で連絡をとり，
KDDIからのWi-Fi等の通信環境の提供を申し出，被災市町村社協にも提供を
受けるように依頼することによって，また，被災市町村の社協が設置・運営す
る各地の災害ボランセンターを巡回しWi-Fiの使用状況とKDDIへの要望を聞
き，KDDIのA氏に随時連絡するという形で，熊本県社協及び被災市町村の社
協と災害ボランティアセンターと架橋型相互協力信頼関係でつながることに

なった.

　そして, A氏を中心にしてKDDIは, 企業の社会貢献活動 (CSR) として総力を挙げ, 災害ボランティアセンターにWi-Fi等を設置し不具合に随時対応することを通じて, 熊本県社協及び被災市町村の社協と災害ボランティアセンターと架橋型相互協力信頼関係で結ばれている.

　ところで, 熊本地震直後から被災者の支援活動に取り組んでいるRQ九州の副代表で「NPO法人五ヶ瀬自然学校」代表のSG氏は, 宮崎県五ヶ瀬町の地域活性化活動で長年にわたり助言・協力を受けてきた「日本で最も美しい村連合」事務局関係者のYD氏と架橋型相互協力信頼関係にある. 他方で, 著者と「ぼうさい朝市ネットワーク」代表のF氏は三宅島火山災害を契機として長年わたって被災地復興支援活動に一緒に取り組むことを通じて架橋型相互協力信頼関係で結ばれている. また, F氏とYD氏は, 長年にわたる地域活性化活動等を通じて架橋型相互協力信頼関係で結ばれている. そして, 著者とYD氏も, F氏が仲介となって架橋型相互協力信頼関係でつながっている.

　熊本地震発生前では, このような形で, SG氏と著者は, YD氏を介して潜在的なつながりの中にあったが, 直接的な面識はなく, お互いの存在を知らなかった.

　しかし, 著者は, 熊本地震発生直後からSG氏が五ヶ瀬町を拠点として被災者の支援活動を開始したという情報をF氏から「ぼうさい朝市ネットワーク」のメーリングリストを通じて知り, その活動を支援するためにRQ九州へのKDDIからのWi-Fiルーター等の貸与をSG氏に直接現地で会って申し出たことを契機として, SG氏と架橋型相互協力信頼関係でつながることになった.

　2回目の現地調査 (4月29日～5月9日) において, 著者は, 熊本県内の災害ボランティアセンターにおけるWi-Fiルーターやタブレット端末, 携帯電話の活用状況と課題を把握することができたので, 3回目の現地調査 (5月21日～23日) 以降, 新たな課題として熊本県内の被災自治体 (甲佐町・御船町) の臨時災害放送局の放送のインターネット配信支援を行うことになった.

　そこで, 著者は, 甲佐町と御船町の臨時災害放送局の担当者に電話で連絡した上で, それぞれの役場に行き, 放送のインターネット配信の提案をした結果, 御船町からインターネット配信を行いたいという申し出があったので,「独立研究法人　防災科学技術研究所」の研究員のM氏に連絡し, M氏の尽力で, 同年7月5日より御船町の臨時災害放送局の放送をスマートフォンから聞くこと

ができるようになった.

　このような経緯で，著者と御船町の担当者及びM氏との間は，架橋型相互協力信頼関係でつながることになった.

　なお，甲佐町・御船町・益城町は，それぞれの町長が総務省九州総合通信局に臨時災害放送局開設許可の申請をして免許を授与され，機材一式の貸与を受けるという形で公式リンクによって結ばれている.　また，益城町と御船町は，M氏の仲介によって「株式会社スマートエンジニアリング」から何らかの取り決めに基づいてシステムの提供を受けるという形で公式リンクによって結ばれている.　そして，M氏と株式会社スマートエンジニアリングは，研究プロジェクト等の何らかの契機によって，架橋型相互協力信頼関係でつながっていると推測される.

　上記の支援活動を実施する際に，著者は，総務省から委嘱された「地域情報化アドバイザー」の自主的活動として，九州総合通信局の地域情報振興課と随時メールや電話で連絡を取り合いながら，また，直接対面で意見交換を行うことを通じて，総務省本省とは公式リンクで，九州総合通信局とは架橋型相互協力信頼関係でつながっている.

　その一方で，著者は，2004年に内閣府が設置した「防災ボランティア活動検討会」の委員であり，検討会の委員として代表者を出している主要な災害ボランティア団体や全国社会福祉協議会（全社協）・「災害ボランティア活動支援プロジェクト会議」（支援PT）・中央共同募金会等からの熊本地震の支援活動に関する情報をメーリングリストから得るという形で，間接的にデジタル・メディア・リンクを通じてそれらの団体と必要に応じて連携している.

　そして，著者のこれまでの経験から，検討会と全国社会福祉協議会（全社協）・「災害ボランティア活動支援プロジェクト会議」（支援PT）・中央共同募金会と熊本県社協との間には，部外者が立ち入ることの困難な結束型相互協力信頼関係で結ばれているように見える.

2．西日本豪雨災害におけるデジタル・ネットワーキングの展開

2−1　西日本豪雨災害の概要と被害状況及び携帯電話事業者による支援状況

　内閣府の「平成30年7月豪雨による被害状況等について」によれば，2018年6月28日から7月8日にかけての総雨量は，四国地方で1800ミリ，東海地方で

1200ミリを超えるなど，7月の月降水量平年値の2から4倍となったところも
あった．その結果，死者221人（消防庁情報：8月21日13：00現在）という人的被害
が発生した（内閣府　2018a：1-3）．

　この豪雨災害に対して，7月17日内閣府においてJVOAD（全国災害ボランティ
ア支援団体ネットワーク），全国社会福祉協議会等とともに，NPOやボランティア
による活動について，広域的な情報共有や活動調整を行うため，「全国情報共
有会議」が立ち上げられ，第1回会合が開催された（内閣府　2018a：104）．

　全国社会福祉協議会の「2018/08/31平成30年7月豪雨（第45報）」に掲載され
ている「ボランティアの活動状況（8月30日まで）」によれば，発災時から8月
30日（木）までに，全国で20万6,600人を超えるボランティアが活動している（全
国社会福祉協議会　2018）．

　他方で，携帯電話事業者3社（NTTドコモ，KDDI，ソフトバンク）は，避難所
等支援として，公衆無線LANサービス（「00000JAPAN」（ファイブゼロ・ジャパン））
の利用環境整備を行い，岡山県，広島県，愛媛県の全域で，最大約2万1,000
のアクセスポイントを無料開放した（8/2終了．避難所等に開設した公衆無線LAN
サービスは継続）（内閣府　2018a：127）．

　携帯電話事業者各社の実績として，NTTドコモは，避難所支援として，マ
ルチ・チャージャー（充電装置）101台・Wi-Fi93台，行政機関等への携帯電話等
貸出として，携帯電話1,626台・衛星携帯電話83台・データ端末等379台の無償
貸与を行っている．また，KDDIは，避難所及び災害ボランティアセンターへ
の支援として，充電BOX（充電装置）74台・Wi-Fi62台，行政機関等への携帯電
話等貸出として，携帯電話624台・・衛星携帯電話39台・データ端末等87台・充
電器352台の無償貸与を行っている．そして，ソフトバンクは，マルチ充電
BOX（充電装置）113台・Wi-Fi33台・PHS23台・携帯電話8台，行政機関等へ
の携帯電話等貸出として，携帯電話471台・衛星携帯電話185台・データ端末等
394台の無償貸与を行っている．さらに，8月13日（月）以降，その他の関係
事業者（NECネッツエスアイ，ドリーム・トレイン・インターネット（DTI），ニフティ，
LINEモバイル等）により，岡山県，愛媛県の15県市町に携帯電話SIM（データ通信）
付きタブレット端末200台が順次配付された（内閣府　2018a：127-136）．

　以上のように，西日本豪雨災害において，政府と災害ボランティアの全国組
織が連携して「全国情報共有会議」を立ち上げて被災地の災害ボランティアセン
ターを中心としたボランティアの支援体制が整えられ，また，携帯電話事業

者等は，各種の情報通信機器類を無償貸与することで避難所と災害ボランティアセンターの支援を行っている．

2-2　西日本豪雨災害における著者による情報通信支援活動の概要

　著者は，「平成30年西日本豪雨災害」では，総務省の地域情報化アドバイザー（平成30年現在の委嘱者：168個人・団体）（総務省　2018）のうちの１人のメンバーの自主的な支援活動として，総務省の中国・四国総合通信局と連携し，岡山県・広島県・愛媛県内の被災地の自治体（倉敷市・呉市・宇和島市・西予市・大洲市・愛媛県）及び社会福祉協議会（広島県社協・愛媛県社協・呉市社協・西予市社協）への情報通信機器（Wi-Fiルーター・携帯電話・タブレット端末　等）の無償貸与のコーディネート（７月13～16日・21～23日）を実施した．

　そして８月に入ってからは，総務省中国・四国総合通信局と愛媛県・倉敷市・呉市・西予市・大洲市の各災害対策本部と宇和島市教育委員会及び「ネット健康問題啓発者養成全国連絡協議会」（以下，ネット協議会）とその構成団体と連携して（ネット健康問題啓発者養成全国連絡協議会　2018），避難所（倉敷市二万小学校・岡田小学校・園小学校・宇和島市吉田公民館・西予市野村小学校・大洲市総合福祉センター）の小中高生の避難者のインターネット依存防止のための実態把握と啓発活動（８月３～６日）を行った．

　さらに，９月７～８日にかけて，愛媛県内の愛媛県情報政策課と松山市・宇和島市・西予市の各災害対策本部で罹災証明書の発行方法と使用システムについて聞き取り調査を行い，現状と今後の課題について把握した．

　そこで明らかになったのは，松山市と宇和島市と西予市は，「地方公共団体情報システム機構」の「被災者支援システム全国サポートセンター」（「西宮市情報センター」に運営委託）が全国の基礎自治体（市区町村）向けに開発・改良し導入・運用支援をしている「被災者支援システム」（図7-2）を数年前に導入したが，西日本豪雨災害では，西予市のみが「西宮市情報センター」の支援を受けながらこのシステムを罹災証明書発行等に使用している．松山市はExcelと紙を使用して，また，宇和島市は，熊本県内のIT企業「株式会社RKKコンピューターサービス」が独自に開発したシステムを使用して罹災証明書の発行を行っている．

　他方で，愛媛県危機管理課は，西日本豪雨災害を契機にして，熊本地震等で被災市町村が罹災証明を発行した実績のあるNTT東日本の「被災者生活再建

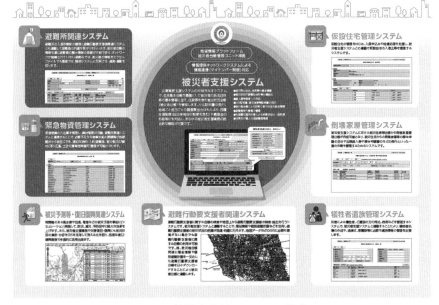

図7-2　被災者支援システムの構成図

（出典）　地方公共団体情報システム機構（J-LIS）被災者支援システム全国サポートセンター「被災者支援システム」リーフレット　裏面.

支援システム」（図7-3）を愛媛県下の市町村に対して導入を推奨している.

　そこで, 著者は, 罹災証明書発行を含めた基礎自治体による被災者支援を効果的に行うのに適したシステムの実態と課題を明らかにするために, （「被災者支援システム全国サポートセンター」を受託運営する）兵庫県西宮市内の「西宮市情報センター」を9月14日に訪問し, このシステムの機能や利用実績等についてセンター長のY氏から3時間にわたって説明を受け意見交換を行った.

　それによれば,「被災者支援システム」は, Y氏が, 阪神・淡路大震災直後に, 西宮市の情報システム課の職員として罹災証明書発行やガレキ撤去作業等の被災者支援を効率よく行う目的で開発・構築したシステムであり, 今日までに, 拡張・改良が重ねられ, 全国の200近い基礎自治体が導入している.

　例えば, 2018年8月に発生した台風21号で被害を受けた大阪府泉大津市もこのシステムを導入しているが, 罹災証明書発行の際に, 他のシステムと連携させてこのシステムを使用しようとしたがうまく連携できず作動しなかった.

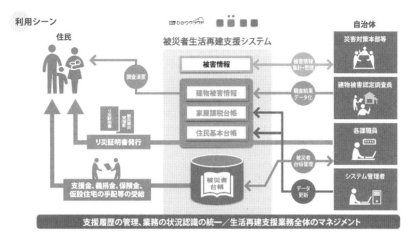

本システムで支援する機能

1　応急対応機能（防災設備管理・被害状況管理）

平時には、物資情報や避難所情報を地図上に登録し、可視化・集計をすることで、発災前の物資や避難所の準備に利用できます。また、災害発生後、住家被害、人的被害、ライフライン被害等を登録、集計し、また避難所管理、不足物資等を登録、集計することで、自治体内内での被災情報についての情報共有が可能となります。

2　建物被害認定機能

紙による調査では、り災証明を行うにあたって必要な建物被害認定調査票を出力します。フローチャート化した建物被害調査票により、建物の全壊や半壊等の被害状況を公正に判断でき、専門知識の無い自治体職員でも建物被害認定を実施できます。モバイルによる調査では、建物被害認定調査アプリを使い、フローチャート化した流れで、調査結果や被災された家屋等の画像を登録できます。

3　り災証明書発行機能

建物の被害状況と、住民基本台帳に基づく住民情報、家屋課税台帳に基づく家屋情報を地図上で結合することにより、迅速なり災証明書発行が実施できます。自治体職員が窓口で、被災者の方と、1つのシステムを参照しながら、合意形成をすることができ、「隣の建物の被害状況に基づき、誤ったり災証明書を発行してしまう」ことや「建物の所有者ではない方にり災証明書を発行してしまう」等のミスを防ぐことができます。

4　被災者台帳管理機能

仮設住宅の手配状況や、支援金の給付、税や公共料金の減免等、り災証明書の内容に応じて庁内横断的に実施する被災者支援の状況をデータベース化し、管理することができます。支援が行き届いていない被災者やり災証明書の申請を行っていない被災者を把握し、自治体からアプローチを行うことが可能となります。

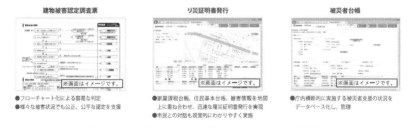

- ●フローチャート化による容易な判定
- ●様々な被害状況でも公正、公平な認定を支援

- ●家屋課税台帳、住民基本台帳、被害情報を地図上に重ね合わせ、迅速なり災証明書発行を実現
- ●市民との対話も視覚的にわかりやすく実施

- ●庁内横断的に実施する被災者支援の状況をデータベース化し、管理

図7−3　被災者生活再建支援システムの概要

（出典）　NTT東日本「被災者生活再建支援システム　パンフレット」2023年9月現在（https://business.ntt-east.co.jp/service/saiken/pdf/saiken.pdf　2023年10月19日閲覧）.

　そこで，泉大津市は，「西宮市情報センター」へ支援を要請し「被災者支援システム全国サポートセンター」担当のスタッフを現地に派遣してもらうことで対応にあたり，その日のうちに「被災者支援システム」を利用した罹災証明書の発行ができるようになった．

　この事例のように，「被災者支援システム全国サポートセンター」は，基礎自治体からの要請があれば，このシステムの導入から設定・保守管理・改良まで迅速かつ確実に支援業務を行うことができる．

　また，そのための費用は，スタッフの派遣費を含めて，総務省の外部団体の「地方公共団体情報システム機構」から支出されるため，基礎自治体の金銭負担は不要である．

　このように，「被災者支援システム」は，導入から保守管理・改良に至るまで「被災者支援システム全国サポートセンター」の手厚い支援を原則無料で受けられるので，財源に乏しく防災担当職員の専門知識や対応経験が貧弱な場合が多い大多数の基礎自治体が，被災者の支援を行うのに適切なシステムであるといえるであろう．

2-3　「デジタル・ネットワーキング・モデル（DNM)」による西日本豪雨災害における著者を中心とした情報通信支援活動の実態把握

　「デジタル・ネットワーキング・モデル」を用いて，西日本豪雨災害の被災地における自治体に対する著者の情報通信支援活動を対象にして，実態を描き出すとDNM 7-2のようになる．

　まず，著者は，総務省の地域情報化アドバイザーとしての自主的な支援活動を行う足掛かりとして，西日本豪雨災害の被災地を所管する中国総合通信局と四国総合通信局に電話で連絡し，被災自治体への対応状況について聞き取りをした上で，被害の大きかった岡山県倉敷市，広島県呉市，愛媛県の宇和島市・西予市・大洲市に行き，各市の災害対策本部と災害ボランティアセンターに対する情報通信機器（Wi-Fiルーター・携帯電話・タブレット端末　等）の無償貸与のコーディネートを行うための協力を依頼した．

　ここで，総務省と著者とは，総務省から地域情報化アドバイザーの委嘱を受けているということから公式リンクで結ばれている．また，中国総合通信局と著者とは，電話で連絡した上で，岡山県庁と広島県庁で連絡要員（リエゾンオフィサー）として被災自治体の支援のために派遣されている担当者と会い意見交換をするということを通じてメディアリンクと非公式リンクで結ばれている．

　しかし，四国総合通信局とは，愛媛県庁で連絡要員の担当者と会うことができず，電話連絡のみなので，著者とは，メディアリンクでのみ結ばれるという結果になった．他方で，愛媛県庁の災害対策本部で四国総合通信局の連絡要員

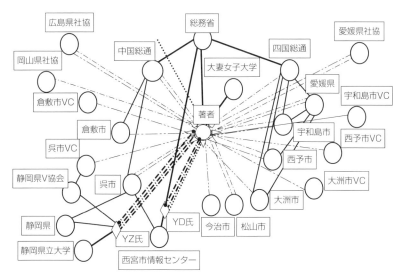

DNM7‑2　西日本豪雨災害におけるデジタル・ネットワーキングの関係構造

（出典）著者作成.

と一緒に情報システム班に配属されていた愛媛県の情報政策課と危機管理課の担当者と意見交換することができたので，著者と情報政策課の担当者は，必要に応じて電話連絡を行っているので，メディアリンクと非公式リンクで結ばれている．また，危機管理課の担当者とは，愛媛県県庁の災害対策本部で意見交換をするだけなので，非公式リンクでのみ結ばれている．

　また，著者が，中国・四国総合通信局を通じて貸与された情報通信機器類や罹災証明発行等について意見交換を行うために訪問した，倉敷市・呉市・宇和島市・西予市・大洲市・松山市・今治市とは，非公式リンクで結ばれており，呉市・松山市・西予市・宇和島市については，必要に応じて電話連絡をしたので，メディアリンクでも結ばれている．

　他方で，被災地の社会福祉協議会（以下，社協）が設置・運営する災害ボランティアセンターの後方支援を行う岡山県社協と愛媛県社協とは，電話連絡のみだったので，著者とはメディアリンクでのみ結ばれているが，広島県社協については，電話連絡をした上で事務所を訪問し担当者と意見交換を行ったので，著者とメディアリンクと非公式リンクで結ばれている．

　また，倉敷市・呉市・宇和島市・西予市・大洲市の各社協の災害ボランティ

アセンターについては，著者は直接訪問し意見交換を行ったので，非公式リンクで結ばれている．

　なお，避難所に避難している小中高生のインターネット依存防止のために協力をお願いした「ネット協議会」の代表者と，呼びかけに応じた協議会の加入メンバーとはメールによる連絡のみなので，著者とは，デジタル・メディア・リンクでのみ結ばれている．

　ところで，罹災証明書発行を行うことのできる「被災者支援システム」に関しては，「西宮市情報センター」は，西予市と呉市の要請に基づいて支援を行っているので，両市と西宮情報センターは，それぞれ公式リンクで結ばれている．また，地域情報化アドバイザーであるセンター長のY氏と著者は，必要に応じて電話やメールで連絡を取り合い被災自治体支援のための連携活動を行っているので，デジタル・メディア・リンクとメディアリンク及び非公式の架橋型相互協力信頼関係で結ばれている．

　また，大妻女子大学とは著者は，雇用契約に基づいて公式リンクで結ばれている．

3．北海道胆振東部地震とそれ以降の災害における　　デジタル・ネットワーキングの展開

3−1　北海道胆振東部地震の概要と被害状況

　内閣府の「平成30年北海道胆振東部地震に係る被害状況等について」（平成30年10月5日18時00分現在）によれば，2018年9月6日発生した地震による「平成30年北海道胆振東部地震」の概要や被害については以下の通りである（内閣府2018b）．

1　地震の概要（気象庁情報：10月5日17：00現在）
（1）発生日時
　　・平成30年9月6日03：07
（2）震源及び規模（暫定値）
　　・震源地：胆振地方中東部（北緯42.7度，東経142.0度）
　　・規模：マグニチュード6.7（暫定値）
　　・震源の深さ：37km（暫定値）
（3）各地の震度（震度6弱以上）

　　　・震度 7　厚真町
　　　・震度 6 強　安平町、むかわ町
　　　・震度 6 弱　札幌市東区，千歳市、日高町、平取町

2　人的被害の状況（消防庁情報：10月 5 日18：00現在）
　（ 1 ）人的被害
　　　・死者41人（札幌市 1 人，苫小牧市 2 人，厚真町36人，むかわ町 1 人，新ひだか
　　　　町 1 人）
　（ 2 ）建物被害
　ア）住家被害
　　　・全壊394棟（札幌市57棟，江別市 1 棟，千歳市 1 棟，北広島市14棟，厚真
　　　　　町192棟，安平町107棟，むかわ町22棟）
　　　・半壊1,016棟（由仁町 2 棟，札幌市255棟，江別市10棟，北広島市 9 棟，厚
　　　　　真町278棟，安平町366棟，むかわ町49棟，日高町45棟，平取町
　　　　　2 棟）

以上が，北海胆振東部地震の概要と被害状況の概略である．

3 - 2　北海道胆振東部地震における著者による情報通信支援活動の概要

　著者は，「西宮市情報センター」を訪問しＹ氏からの実演を交えた説明で「被
災者支援システム」が実際にどのように災害対応に使えるのかが具体的にわ
かったので，このシステムをこの地震の被災地の自治体が導入・運用するのを
支援するための足掛かりを得るために，9 月18日に総務省の北海道総合通信局
（以下，北海道総通）の災害対策室に電話連絡をし，被災自治体で罹災証明書発行
をどのように行っているのかを聞いたが，北海道総通では把握していないので，
北海道庁の災害対策本部に問い合わせてもらうことになった．翌19日に北海道
総通から著者に電話連絡があり，北海道庁の危機対策課の担当者の連絡先を知
らせてもらえたので，すぐにその担当者に電話連絡し，9 月21日の午前中に北
海道庁の災害対策本部を訪問し，被災自治体の罹災証明書発行の状況について
の聞き取りと「被災者支援システム」についての意見交換を行うことになった．
　そして，著者は，21日の午前中に北海道庁を訪問し，被災自治体の罹災証明
書発行の状況については，安平町に災害対応の応援のために派遣された新潟県

の職員が，情報システムを利用した罹災証明書発行の準備を始めていることがわかった．

　そこで，著者は「被災者支援システム」についての意見交換を終えてから，状況を把握するためにレンタカーで安平町役場行き，新潟県の応援職員から話を聞き，罹災証明書発行のための調査が完了してからNTT東日本の「被災者生活再建支援システム」を使用するということがわかった．また，厚真町とむかわ町でも同じシステムを使用して罹災証明書の発行を行うための調査が行われているということもわかった．

　その後，札幌市の危機管理対策課に電話連絡をして罹災証明書発行の方法について聞き取りをした結果，罹災証明書の発行にはNECが開発し2010年に導入した「災害対応支援システム」を利用しており，このシステムは，罹災証明書の発行だけでなく，災害発生時の職員の参集，避難所や支援物資の管理も行うことができるが，避難所にいる避難者の人数の入力ができるだけで名簿作成はできず，また，支援物資の管理機能は使用したことがないということであった．

　そして，罹災証明書発行業務を担当している同市の税制課に電話で聞いたところ，9月21日時点で，すでに，「災害対応支援システム」を用いて発行依頼のあった2,800件のうち約1,500件の罹災証明書を発行済みであるということであった．

　その後，著者は，同日の夕方に北海道総通を訪問し，地域情報化アドバイザーを管轄する情報通信振興課の担当者に被災自治体の罹災証明書発行の現状を伝えた上で「被災者支援システム」についての意見交換を行い，今後発生が予測されている「千島海溝巨大地震」等の大規模災害への対策のために北海道総通と北海道庁が連携して北海道内の基礎自治体このシステムの導入を推奨するのが望ましいのではないかということになった．

　その日の夜に，「西宮市情報センター」のY氏に電話で北海道での被災自治体の罹災証明書発行の現状を伝え「被災者支援システム」の基礎自治体への導入の可能性について話し合った際に，Y氏が懇意にしている北海道庁の情報政策課のS氏がいることが判明したが，翌日と次の日は土曜日と日曜日なので北海道庁は閉庁しており，S氏に連絡して情報政策課を訪問することは困難なので，次の機会にS氏を訪ねて「被災者支援システム」の基礎自治体への導入について意見交換を行うことにした．

　翌22日は，午前中から昼にかけてレンタカーで厚真町役場とむかわ町役場を訪問し，罹災証明書の発行状況について聞き取りをし「被災者支援システム」のパンフレットを用いてこのシステムの概要についての説明を行った.

　その後，千歳市内の宿泊場所にレンタカーを置いて，電車で札幌に行き札幌市役所の危機管理対策課に「被災者支援システム」のパンフレット等の資料を持参し，不在であった担当者に渡してもらえるようにお願いし，後日，電話で担当者にこのシステムの概要を説明した.

　10月3日に再び北海道庁に行き，情報政策課を訪問し，S氏や情報システムの担当者等と「被災者支援システム」について意見交換を行った結果，北海道内の基礎自治体を対象にして年1回開催される「ICT-BCP（情報通信に関する危機管理・事業継続）研修会」の際にこのシステムを紹介し，導入を検討したい基礎自治体があれば，「西宮市情報センター」のY氏を地域情報化アドバイザーとして招いて講演会・講習会を行うことを含めて導入を推奨したいということになった.

　その後すぐに，北海道庁の災害対策本部で危機対策課の情報システム担当者に電話連絡した上で面談し，「被災者支援システム」について意見交換を行う中で情報政策課の方針を伝えたところ，「千島海溝巨大地震」等の大規模災害に備えるために，危機対策課と情報政策課が連携して，北海道内の基礎自治体（179市町村）にこのシステムの導入を推奨することを検討したいということになった.

　以上が，著者の北海道胆振東部地震での著者の現地調査及び情報通信支援活動の概略である.

3-3　「デジタル・ネットワーキング・モデル（DNM）」による北海道胆振東部地震における著者を中心とした情報通信支援活動の実態把握

　「デジタル・ネットワーキング・モデル」を用いて，北海道胆振東部地震の被災地における自治体に対する情報通信支援活動を対象にして，実態を描き出すとDNM 7-3のようになる.

　まず，著者は，総務省の地域情報化アドバイザーとしての自主的な支援活動を行う足掛かりとして，北海道胆振東部地震の被災地を所管する北海道総合通信局に電話で連絡し，被災自治体への対応状況について聞き取りをした上で，被害地の安平町・厚真町・むかわ町に行きそれぞれの災害対策本部を訪問し，

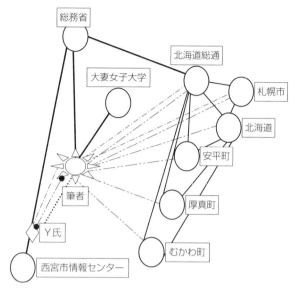

DNM7-3　北海道胆振東部地震におけるデジタル・
ネットワーキングの関係構造

（出典）著者作成.

また，札幌市の危機管理対策課と税制課については電話連絡のみであるが，罹
災証明書発行の方法について聞き取りをした.

　ここで，総務省と著者とは，総務省から地域情報化アドバイザーの委嘱を受
けているということから公式リンクで結ばれている．また，北海道総合通信局
とは，電話で連絡した上で担当者と会い意見交換をするということを通じて著
者とはメディアリンクと非公式リンクで結ばれている.

　北海道総合通信局からは北海道庁の危機対策課の担当者を紹介してもらい，
電話連絡をした上で災害対策本部において担当者と意見交換することができた
ので，著者と危機対策課の担当者は，メディアリンクと非公式リンクで結ばれ
ている.

　そして，「西宮市情報センター」のY氏から紹介された北海道庁の情報政策
課のS氏とは，電話連絡をした上で災害対策本部において担当者と意見交換す
ることができたので，著者と情報政策課のS氏と情報システムの担当者は，メ
ディアリンクと非公式リンクで結ばれている.

　他方で，被害地の安平町・厚真町・むかわ町それぞれの災害対策本部については，著者は直接訪問し罹災証明書の発行等についての聞き取りと意見交換を行ったので，非公式リンクで結ばれている．また，札幌市の危機管理対策課と税制課については，それぞれの担当者との聞き取りや意見交換は電話連絡のみなので，メディアリンクだけで結ばれている．

　なお，地域情報化アドバイザーであるセンター長のY氏と著者は，必要に応じて電話やメールで連絡を取り合い被災自治体支援のための連携活動を行っているので，デジタル・メディア・リンクとメディアリンク及び非公式の架橋型相互協力信頼関係で結ばれている．また，大妻女子大学とは著者は，雇用契約に基づいて公式リンクで結ばれている．

　著者による上記の情報通信支援活動の成果としては，熊本地震では，KDDIの協力により，被災地の社会福祉協議会が設置・運営する災害ボランティアセンターに対してWi-Fiルーターや携帯電話・タブレット端末等の情報通信機器の無償貸与による支援ができたこと，また，こうした支援活動を通して西日本豪雨以降の大規模災害ではKDDIと全国社会福祉協議会及びその関係団体が直接連携して被災地の災害ボランティアセンターに情報通信機器の無償貸与を行うことができるようになったことである．

　他方で，西日本豪雨以降，著者は，総務省の地域情報化アドバイザーという立場で，被災地域の総合通信局と連携して，被災自治体だけでなく災害ボランティアセンターにも情報通信機器の無償貸与ができるようになった（干川 2020：35-50）．

　さらに，「西宮市情報センター」と連携して被災自治体への「被災者支援システム」の導入・運用の支援ができるようになった．

　今後の大規模災害でも，著者は，こうした支援活動の実績を踏まえて，地域情報化アドバイザーの自主的な支援活動として被災地の総合通信局及び「西宮市情報センター」と連携しながら，被災自治体に対して情報通信機器の無償貸与と「被災者支援システム」の導入・運用の支援を続けて行く予定である．

　さらに，今後の課題として，以下のような構想に基づいて「西宮市情報センター」と連携して「被災者支援システム」の持続可能な運用体制の構築を目的とした研究プロジェクトを情報通信工学の専門家等の協力の下に進めて行きたいと考えている．

3 - 4 　「被災者支援システム」の持続可能な運用体制構築に向けて

　著者は，阪神・淡路大震災（1995年）において被災者支援活動に対する情報通信技術を活用した支援を行う「情報ボランティア」として淡路島の災害ボランティアセンターを拠点に活動を展開した．その後，阪神・淡路大震災における情報通信技術を活用した支援活動の実態を詳細に検証して得られた教訓は，いかに便利で使い勝手のよい情報通信手段であっても，日常的に人々が使いこなしていなければ，また，人々の間に「顔の見える信頼関係」がなければ，災害発生時に，この情報通信手段を被災者支援に役立てようとしようとしても，うまく行かないということである（干川　2014：65）．

　ところで，阪神・淡路大震災における被災者支援（罹災証明書発行・避難所管理・支援金給付等）を契機として，西宮市の情報システム課職員と情報通信関連企業によって継続的に開発・構築・改良され，現在，「住民基本台帳ネットワークシステム（住基ネット）」とマイナンバーを所管する「全国地方自治体情報システム機構（J-LIS）」が基礎自治体に対して無償提供している「被災者支援システム」は，2020年度において全国の286の基礎自治体に導入されている（『朝日新聞』2022年 3 月11日：11）．

　また，『毎日新聞』2022年 3 月 5 日宮城版の「東日本大震災11年：被災証明，進まぬネット化　導入自治体，全国で 5 割　／宮城」によれば，災害時に住民の被災状況や支援手続きをインターネット上で一元的に管理できるシステムを導入した自治体は，2020年度に全国で 5 割にとどまることが総務省の調査で明らかになった（毎日新聞　2022年 3 月 5 日：25）．

　総務省によると，全国1,741の市区町村で，2020年度時点でシステムを導入済みなのは894団体．うち364団体は，国と地方自治体が共同運営する「地方公共団体情報システム機構」（J-LIS）が無償で提供する「被災者支援システム」を採用している．他は民間企業などが有料で提供している（毎日新聞　2022年 3 月 5 日：25）．

　「被災者支援システム」は，1995年の阪神・淡路大震災で被害が出た兵庫県西宮市が開発，2009年に総務省が改良版を全国の自治体に無償配布した．東日本大震災の教訓を反映し，2014年度からJ-LISが提供している（毎日新聞　2022年 3 月 5 日：25）．

　近年は，手厚いサービスを売りに民間のシステムがシェアを拡大．ただ規格や仕様が違うシステムが乱立すれば，災害時に他自治体の応援職員が扱えず被

災者の証明書交付が遅れる懸念もある（毎日新聞　2022年3月5日：25）．

　内閣府の担当者は「現場の運用を考えると，システムの標準化が望ましい」と話す．機構のシステムの普及を目指し，証明書のオンライン申請やコンビニ交付が簡単にできる改良版の有料提供を22年度中に始める（毎日新聞　2022年3月5日：25）．

　公的機関が無償提供する「被災者支援システム」の導入が伸び悩む一方で，NTT東日本が2012年に製品化した「被災者生活再建支援システム」は，2021年度までに244市区町村が導入した．建物被害の調査から被災者の生活再建資金給付まで，災害時にサポートのスタッフを派遣して自治体の災害業務を包括的に支援する．また，平時の自治体職員への研修や訓練も充実させ，21年末までに1万人超が受講し，罹災証明書の迅速な発行など災害対応の向上につながっている（毎日新聞　2022年3月5日：25）．

　新潟大学教授の田村圭子氏（危機管理）は，自治体の災害対応業務のデジタル化が進まないのは，「何をシステム化するか」や業務フローの整理ができていないため，多くの自治体が，災害発生から復興の流れに対応した体制となっておらず，事前準備を行う部署が明確ではない．生活再建期では，どの自治体からもアクセスできる全国統一のシステムが理想であるが，現時点では，国や民間のシステムが複数ある．過渡期として，役割分担を明確にし，互いに連携する必要があると述べている（毎日新聞　2022年3月5日：25）．

　ところで，NTT東日本の「被災者生活再建支援システム」については，災害時には，被災自治体に無償提供され，サポートチームによって導入から運用にわたって手厚い支援が受けられるが，熊本地震や北海道胆振東部地震の被災自治体の関係者によれば，継続的に使用するためにシステムを更新する等の際には，自治体の人口規模に応じて数百万円から数億円の費用が発生するため，このシステムを導入した自治体がその費用を賄えず継続的な利用が困難となる場合があり，東京都や政令指定都市等のように財政力に余裕のある自治体向けのシステムであるといえるであろう．それ以外の財政力に乏しい自治体については，国からの財政的支援が不可欠となる．

　他方で，「被災者支援システム」は，導入とその後の継続的な使用及びサポートセンターからの支援は無償であるので，財源に乏しく防災担当職員の専門知識や対応経験が貧弱な場合が多い大多数の基礎自治体が，被災者の支援を行うのに適切なシステムである．

　しかし，GISや他のシステムと連動させるなどのカスタマイズを行って使用する際には，そのために必要な機器やアプリケーション及び作業等に必要な費用が発生する．また，研修や訓練の定期的実施，前任者から後任者への引継ぎが確実に行われないと，このシステムを導入した自治体での継続的な利用が困難となる．

　このような要因があるために，著者が，2018年に発生した「西日本豪雨水害」において，2019年に発生した山形県沖地震・鹿児島豪雨・台風19号でも，J-LISの「被災者支援システム全国サポートセンター」と連携して，被災地（岡山県・広島県・愛媛県・新潟県・山形県・長野県）の基礎自治体にこのシステムの導入支援を行った際に，発災前に「被災者支援システム」の導入を済ませていた基礎自治体（松山市・西予市・宇和市・酒田市・千曲市・中野市）であっても，このシステムが罹災証明書発行等の被災者支援に活用されていないことが判明した．

　そこで，著者は，「なぜ，基礎自治体は，このシステムを被災者支援のために活用することができないのか」という疑問をいだき，同サポートセンターでシステム操作講習を受けたり，先進的に活用している基礎自治体（狭山市・常総市）で担当者の聞き取り調査を実施したりして，「被災者支援システム」の操作の難易度，開発・普及過程，基礎自治体での運用体制の実態と課題を明らかにしようとしてきた．そして，これまでの研究から情報通信システムが基礎自治体で被災者支援のために持続的に運用されるには，以下の要件が必要となることが明らかになった（干川　2014：177）．

　1）情報通信回線・機器．2）アプリケーション・システム．3）情報資源（コンテンツ・リソース）．4）ソーシャル・キャピタル（相互協力信頼関係）．5）保守管理・運営体制の構築と人材確保・育成及び資金調達．

　この5つの要件の中の「5）保守管理・運営体制の構築」がされて，情報通信システムが基礎自治体で被災者支援のために持続的に運用されるためには，基礎自治体の各部門間の平常時から災害発生前後までの時間的推移に応じた役割分担と連携が必要になる．

　そこで，各部門間の時間的推移に応じた役割分担と連携を明確化するために「被災者支援システムの継続的活用のための検討マトリクス」（図7-4）を用いて研究対象となる基礎自治体の各部門の担当者の具体的な業務内容を記載して実態把握と課題の明確化及び解決策の検討・考察を行う必要がある．

基礎自治体のICTを活用した防災・災害対応における時間的推移と部門・業務内容				

基礎自治体（市区町村）

時間的推移区分	事前対応期（平常時）	災害対応準備期	救急・救命期（発災〜3日）	災害対応・復旧期（3日〜3ヵ月）	復興・地域再生期（3ヵ月〜）
部門	業務内容				
	防災・災害対応活動全般				
危機管理	地域防災計画策定・実施，防災訓練，啓発	警戒本部設置，予報・予測情報収集，要支援者避難，危険個所の巡回，災害対応機器の点検・準備	災対設置，情報収集，緊急対応	応援団体受援，被災インフラ復旧	応援団体受援，復興計画策定・実施
	人材確保・育成				
危機管理	災害対応情報通信担当者講習会・訓練の企画・運営及び情報通信支援人員派遣・受援計画の策定	庁内各部門の災害対応情報担当者参集，防災関係団体及び他自治体からの情報通信支援派遣要請準備	庁内他部門及び防災関係団体及び他自治体からの情報通信支援人員の派遣要請・受援・運用	庁内他部門及び防災関係団体からの情報通信支援人員の受援・運用	情報通信支援人員派遣・受援の実態調査，検証及び情報通信支援人員派遣・受援計画の改訂
	防災情報システム整備の企画・立案				
災害情報対策の企画・立案	地域情報化計画・防災情報システム整備の計画策定	防災情報システムの点検・整備・作動確認	計画に基づく防災情報システムによる災害対応	計画に基づく災害情報システムによる災害対応・復興	計画に基づく災害情報システムによる災害対応・復興の実態調査・検証及び計画の改訂
	システム（ソフトウェア）開発・構築				
情報システム基盤の整備	防災情報システム（ソフトウェア）の開発・構築	防災情報システム（ソフトウェア）作動確認	防災情報システム（ソフトウェア）作動監視・改修	防災情報システム（ソフトウェア）作動監視・改修	防災情報システム（ソフトウェア）の改良・再構築
	システム（ソフトウェア）保守・管理				
情報システム基盤の維持管理	防災情報システム（ソフトウェア）保守・管理	防災情報システム（ソフトウェア）点検・整備・作動準備	防災情報システム（ソフトウェア）点検・補修	防災情報システム（ソフトウェア）点検・補修	防災情報システム（ソフトウェア）の保守・管理方法の改善
	システム（ハードウェア）開発・構築				
情報システム基盤の整備	防災情報システム（ハードウェア）の開発・構築	防災情報システム（ハードウェア）作動確認	防災情報システム（ハードウェア）作動監視・改修	防災情報システム（ハードウェア）作動監視・改修	防災情報システム（ハードウェア）の改良・再構築
	システム（ハードウェア）保守・管理				
情報システム基盤の維持管理	防災情報システム（ハードウェア）保守・管理	防災情報システム（ハードウェア）点検・整備・作動準備	防災情報システム（ハードウェア）点検・補修	防災情報システム（ハードウェア）点検・補修	防災情報システム（ハードウェア）の保守・管理方法の改善
	通信インフラ開発・構築				
情報システム基盤の整備	情報通信インフラ開発・構築	情報通信インフラ作動確認	情報通信インフラ作動監視・改修	情報通信インフラ作動監視・改修	情報通信インフラの改良・再構築
	通信インフラ保守・管理				
情報システム基盤の維持管理	情報通信インフラ保守・管理	情報通信インフラ点検・整備	情報通信インフラ点検・補修	情報通信インフラ点検・補修	情報通信インフラの保守・管理方法の改善
	各種証明書・罹災証明書等取り扱い				
住民サービス					
	市町村税の取り扱い・被害認定調査				
税務					
	災害時要援護者避難支援・災害援護（見舞金・弔慰金等）				
保健福祉					

図 7-4　被災者支援システムの継続的活用のための検討マトリクス

（出典）著者作成．

　また，基礎自治体の組織内部の各部門間及び被災者支援に関連する他の基礎自治体や機関・団体との間で時間的推移に応じて役割分担と連携が円滑に行われるために，「4）ソーシャル・キャピタル（相互協力信頼関係）」が形成されることが不可欠である．

　そのための方法を探るために研究対象となる基礎自治体内部の各部門間及び他の基礎自治体・関係機関・団体との間での相互協力関係の有無や性質に焦点を置いて関係構造を可視化し実態把握と課題の明確化及び解決策の検討・考察を行う必要がある．

　さらに，システムの操作・運用と基礎自治体内の部門間・外部の関係機関・団体との連絡調整に必要な人員の研修・訓練といった人材確保・育成の有無・実施方法・工夫という観点から実態把握と課題の明確化及び解決策の検討・考察を行うことも必要となる．

　以上が，「被災者支援システム」の持続可能な運用体制構築に向けての課題である．

　この章では，著者が情報通信事業者及び総務省や被災自治体・社会福祉協議会・NPO等の諸機関・諸団体と連携して展開した，1節では熊本地震，2節では西日本豪雨災害，3節では北海道胆振東部地震等のそれぞれの大規模災害におけるデジタル・ネットワーキングの展開を概観し，関係構造を描き出しながらその実態を明らかにし，さらに，被災地の基礎自治体が被災者支援のために活用すべき「被災者支援システム」の持続可能な運用体制構築に向けての課題を示した．

第8章

「レジリエント社会」の構築へ向けて

　まず，1．阪神・淡路大震災から現在（2018年発生の北海道胆振東部地震及び2019
〜2021年までの各地の大規模水害）までの著者を中心としたデジタル・ネットワー
キングの展開を概観して関係構造を描き出しながら，その実態と課題を明らか
にする．

　そして，2．著者が独自に考案した「ネットワーク公共圏モデル」を用いて
今後の大規模災害に耐え，人々の命を守り，安全・安心をもたらしうる「レジ
リエント（復元力に富んだ）社会（resilient Society）」構築の方策を模索する．

1．阪神・淡路大震災から現在までの著者をめぐる
　デジタル・ネットワーキングの展開

　これまで論じて来たように，1995年1月17日に発生した「阪神・淡路大震災」
をきっかけとして，著者は，主に情報通信技術を活用した被災地の支援活動に
携わることになった．

　阪神・淡路大震災から2021年までに著者が支援者・研究者として関わった主
な災害を示せば，**表8−1**の通りである．

　まず，阪神・淡路大震災では，淡路島の災害ボランティアセンターからパソ
コン通信サービスNIFTY-Serveを通じて現地のボランティア活動の情報を発
信する「情報ボランティア」として活動を行った（金子・VCOM編集チーム
1996：241-260）．

　それ以降の災害での著者の情報通信技術を活用した支援活動を一般化すると
以下のような災害発生以降の3つの段階（「発災直後初動期」・「災害対応期」・「復旧・
復興期」）と活動内容になる（干川　2007：113-114）．

　まず，被災地での警察・消防・自衛隊を中心とした被災者救援・生存者救出
活動が行われる「発災直後初動期（災害発生〜3日）」においては，被災自治体（都
道府県・市区町村），政府機関，メディア（新聞社・放送局），ライフライン（情報通信・
電力・水道・ガス），交通機関（鉄道・道路）のWebサイト上の情報の収集，著者
が加入している災害関連ML（メーリングリスト）を通じて得られる情報を収集し，

表8-1 著者が関わった阪神・淡路大震災から
2021年までの主な災害

年	災　　　害
1995	阪神・淡路大震災
1997	日本海重油災害（ナホトカ号重油流出事故）
1998	栃木・福島水害，高知水害
1999	広島水害，トルコ大地震，台湾大地震
2000	有珠山火山災害，三宅島火山災害
2004	新潟県中越地震
2005	福岡県西方沖地震
2007	能登半島地震，新潟県中越沖地震
2008	岩手・宮城内陸地震
2009	静岡県駿河湾地震
2009	台風9号兵庫県佐用町水害
2010	台風9号静岡県小山町水害，奄美豪雨水害
2011	霧島連山新燃岳噴火災害，東日本大震災
2013	淡路島地震，三宅島近海地震，大島土砂災害
2014	台風12・11号，広島土砂災害，御岳山火山災害
2015	口永部島火山災害
2016	熊本地震，鳥取県中部地震，糸魚川大火
2017	九州北部豪雨水害，秋田県豪雨水害
2018	H30西日本水害，北海道胆振東部地震
2019	山形県沖の地震，鹿児島豪雨災害，台風19号豪雨災害
2020	令和2年7月豪雨災害，令和2年台風10号
2021	令和3年8月豪雨災害

45件（地震16・火山8・豪雨19・その他2）
（出典）著者作成.
（追記）2024年1月1日に発生した「令和6年能登半島地震」で同年
　　　　1月5日より支援活動展開中（2024年3月現在）

Webサイト上にリンク集を作成したり，災害関連MLへ情報の提供を行いながら，被災地での支援活動に備えて態勢を整えることが行われる.

　次に，被災地で都道府県・市区町村の社会福祉協議会を中心として災害ボランティアセンターが設置・運営され，被災地内外でボランティアや多様な団体が支援活動を展開する「災害対応期（3日〜3カ月）」においては,災害ボランティアセンターで情報通信機器や回線を設置して運用体制を構築し，Webサイトやメールを通じて情報収集・発信を行ったり（事例：阪神・淡路大震災，新潟県中越地震，新潟県中越沖地震，岩手・宮城内陸地震，東日本大震災），現地の人々が情報ボランティア活動を行っている場合は，情報通信機器・回線・システムの提供や

助言を行い，その活動を支援したり（事例：栃木・福島水害，高知水害，広島水害，有珠山火山災害，新潟県中越地震），現地の被害や支援活動について調査し，そこから得られた情報をWebサイト・災害関連ML・メールを通じて提供したり（事例：福岡県西方沖地震，能登半島地震，静岡県駿河湾地震，台風9号静岡県小山町水害，奄美豪雨水害，岩手・宮城内陸地震，東日本大震災，淡路島地震，三宅島近海地震，伊豆大島水害，令和6年能登半島地震），被災自治体や政府機関等のWebサイトの情報を集約した情報紙を作成し被災者や支援者に配付したりする活動（事例：三宅島火山災害）が行われる．

そして，避難所から応急仮設住宅への被災者の移転・入居が終了し，被災地の建造物の復旧作業が行われ，地域経済や生活の再建への取り組みが行われる「復旧・復興期（3カ月以降）」においては，被災地で様々な形で復興に取り組む住民や団体に対して，情報通信機器・回線・システムの開発・提供・設置・保守管理・改良や活用方法の助言を行い，復興を支援する活動（事例：三宅島火山災害，東日本大震災，令和6年能登半島地震）が行われる．

なお，上記の3つの各段階の期間は，地震災害を前提としており，水害の場合は，「災害対応期」は，約1カ月と短くなり，また，火山災害の場合は，半年から数年となる．

例えば，2000年6月26日に始まった三宅島火山災害では，災害対応期が，2005年2月1日の避難指示解除まで4年半以上にわたっており，著者は支援ボランティア団体「三宅島と多摩をむすぶ会」の代表・編集責任者として情報紙「アカコッコ――三宅・多摩だより――」の発行・配付を2000年9月から2005年2月まで続け，その後も，支援者個人として2013年11月に至るまでこの情報紙の発行を不定期ながら長期間続けていた．したがって，同災害では，復旧・復興期は4年半以降であり，この時期においても著者は，支援活動を継続していたということになる．

このような活動を通じて，著者は，阪神・淡路大震災以来，次の災害での迅速かつ効果的な支援者・支援団体との連携行動に備えて「顔の見える信頼関係」づくりに取り組み，東日本大震災及びそれ以降の大規模災害での支援活動へと至っている．

1-1 災害情報支援活動の問題点
災害デジタル・ネットワーキングにおける情報支援活動は，災害発生後の時

間経過にしたがって多岐にわたるが，その問題点として，以下のことを指摘することができる．

　まず，大規模な災害が発生するたびに，ボランティアを中心とするICTを活用した情報支援活動が自然発生的かつ試行錯誤的に行われ，その活動は昼夜を問わず1カ月以上の長期にわたって継続されることから，その参加者は，多大の時間と労力を費やすことを強いられ，また，健康や職業や家庭生活を犠牲にしてしまうことがしばしば生じる．

　このような事例が，個人のプライバシーへの配慮から具体的には述べられないが，2000年に発生した有珠山火山災害における有珠山ネットの活動に参加した人たちでも起っている．

　例えば，著者も有珠山ネットの一員として有珠山火山災害と同年6月に発生した三宅島火山災害の両方で情報支援活動に取り組む際に，昼間は大学の授業を中心に仕事をこなしながら，夜や休日に睡眠時間や休息時間を削りながら活動を行ううちに免疫力が落ちて風邪をひき，それにも負けまいと活動を無理に続けているうちに風邪をこじらせて肺炎になり2週間寝込んだ事がある．家族に多大な迷惑をかけてしまったが，夫婦関係が破綻するまでには至らなかったのが幸いであった．

　このようなことが起こりがちなために，次に発生した災害で再び情報支援活動にあたるメンバーはごく少数になってしまう．

　ちなみに，阪神・淡路大震災から東日本大震災までの18年間及びそれ以降に発生した大規模災害で継続的に情報支援活動を行ってきたのは著者を含めたごく少数の者だけである．

　また，災害は発生するごとに，その種類や性質，発生地域や規模など異なる様相を呈する．そして，この20数年間にパソコンの低価格高性能化やインターネットの低価格高速大容量化などICTの技術基盤が急速に変化するに伴い，図8-1及び図8-2のように，1995年の阪神・淡路大震災直後から平成14（2002）年末までの間にインターネット利用者が爆発的に増大し，災害時の情報発信者が，阪神・淡路大震災では，情報ボランティアや情報通信技術者・研究者，趣味的利用者だけであったのが，日本海重油災害（平成7（1997）年）以降では，行政機関，全国・地方の放送局・新聞社，ライフライン企業，災害現場のボランティアや一般市民，さらに，有珠山火山災害（平成12（2000）年）以降では，被災者自身などへと裾野が広がり，また，情報発信者の年齢・社会的立場・居

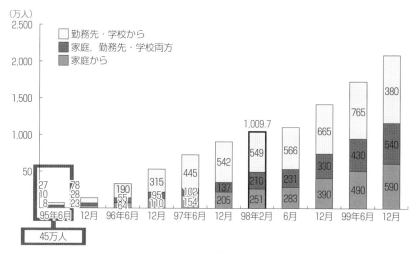

図8-1　日本国内のインターネット利用者推移（1995年-1999年）（再掲）

（出典）日本インターネット協会（1998）に著者加筆.
（注）1998年2月以降の数値は推計値.

平成15年までは前年比10%以上の伸び，その後，鈍化

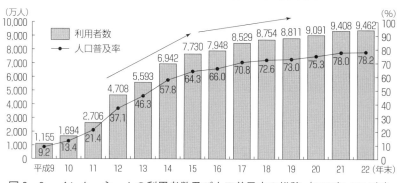

図8-2　インターネットの利用者数及び人口普及率の推移（1997年-2010年）

（出典）総務省（2011），33.

住地域も拡大し，災害が発生するごとに，情報支援活動もその主体が多様化し，試行錯誤が繰り返されている．その結果として，ノウハウが次の災害に引き継がれなくなってしまう.

　このことは，東日本大震災についてもあてはまり，上記の事例や著者が文献を通じて知り得た範囲の事例から推測しても，また，この震災が過去に例を見ない広域かつ複合的な超大規模災害であるためになおさら，情報通信技術を活用した支援活動は，過去の災害で得られたノウハウに基づかない試行錯誤を繰り返している場合がほとんどであると考えられる（西條　2012；本条・遊橋2013；情報支援プロボノ・プラットフォーム（iSPP）　2012；コンピュータテクノロジー編集部　2012）．

1-2　災害デジタル・ネットワーキングの展開

　ここで，著者が提唱する「災害デジタル・ネットワーキング」（災害時のインターネット等のデジタル・メディアを活用した支援活動）が，社会全体でデジタル・メディアの利用者の増加によって，その活動の範囲と性質が異なっていったことを指摘しておかなければならない．

　まず，阪神・淡路大震災では，災害デジタル・ネットワーキングは，被災地で支援活動を行う主体（個人・団体・組織）を対象にデジタル・メディアを活用して支援する活動，すなわち「情報支援活動」のみを示していた．なぜならば，被災地で支援活動を展開する主体は，デジタル・メディアを支援活動に活用する資源（人材・機材・資金・ノウハウ）を持っていなかったため，「プロップステーション」や「曹洞宗国際ボランティア会」などのきわめて少数の団体だけしかデジタル・メディアを活用できなかった（干川　2003：136-137）（金子・VCOM編集チーム　1996：30，153-155，174）．

　また，これらの団体が活用できたデジタル・メディアは，パソコン通信だけであり，現在のGUI（Graphical User Interface：コンピューターを操作する際に，情報の表示にアイコンやボタンなどのコンピューター・グラフィックスを多用し，マウスなどのポインティング・デバイスで操作するユーザーインターフェースのこと）とWebをベースとしたインターネットとは比べようのないほど使い勝手が悪かった．当時は，MS-DOSをベースとしたコマンド入力が必要で閉鎖性が強く，文字情報主体の情報発信力の弱いコンピューター通信システムであった．

　著者も，阪神・淡路大震災当時は，大手有料パソコン通信サービスの1つのNIFTY-Serveのみしか使用することができなかった．震災発生3カ月前の1994年10月にはインターネットのメールサービスの利用が可能となったため，震災当時は，メールとメーリングリストを通じてインターネット利用者や異な

るパソコン通信サービスの利用者との情報交換・共有が可能となり，被災地内外の情報ボランティアの間の連携が可能になった．それが，阪神・淡路大震災以降のデジタル・ネットワーキングを進展させる大きな要因となった．

　そして，1995年の阪神・淡路大震災の約半年後に，インターネット接続・操作が簡単にできるWindows95が搭載されたパソコンが発売され，インターネット接続サービス事業者の急激な増加と利用料の低価格化によって，日本で急速にインターネットが使いやすい社会的環境が整うことで，インターネットを活用しようという意欲をもつ様々な個人・団体・組織がいろいろな用途で日常的にインターネットを利用するようになった．

　そうした中で，1997年1月に日本海重油災害が発生し，重油漂着地で重油回収ボランティア活動をコーディネートする団体が，Webサイトを立ち上げ，それを通じて現地情報の発信やボランティアや支援金品の募集を行うことで，延べ人数約27万人の人々が重油回収ボランティアとして活動することとなった（干川　2003：139-163）．

　著者の現地調査では，現地の重油災害ボランティアセンターで活動したボランティアの約10％が，インターネットから情報を得て現地に来ていた（干川2003：142-143）．

　ちなみに，阪神・淡路大震災震災におけるボランティアの実態調査の記事が載っている1995年4月17日付の朝日新聞（大阪本社発行13版第1面の「ボランティア調査の概要」及び，第3面の「質問と回答」）によれば，1995年3月18日から23日にかけて実施した面接調査で神戸や淡路島の被災地で活動していたボランティアのうち709人から回答があり，そのうち17人が「パソコン通信で，ボランティアを募集している団体を探した」という調査結果が得られた（朝日新聞　1995.4.7：1，3）．

　つまり，震災当時のボランティアによるパソコン通信の利用率は，約2.4％ということになる．

　したがって，阪神・淡路大震災当時では，まだインターネットは大学や研究機関，情報関連企業を除いて一般に普及しておらず，一般の人々が容易に利用できるコンピューター通信手段がパソコン通信しかなかった．インターネットが一般の人々にも容易に利用できるようになっていた2年後の重油流出災害の場合とは単純には比較できないが，日本海重油災害でのインターネットの利用率が平均10％であったということは，阪神・淡路大震災と日本海重油災害とを

比較すると，現場に来たボランティアのコンピューター通信の利用率が約4倍に増えたということになる（干川　2003：142-144）．

　また，日本海重油災害から，ボランティア団体・個人だけでなく，行政機関，全国・地方の放送局・新聞社，ライフライン企業も，災害時の情報の受発信手段としてインターネットを活用するようになった．

　そして，2000年の有珠山火山災害からは，日頃からインターネットを自家生産農産物販売で活用していた元AP通信カメラマンの被災者自身が，インターネットを通じて画像を多用して，被災地の状況や意見表明，支援要請などを行い，被災地内外の様々な個人・団体・組織から支援を受けることが可能となった．

　さらに，2011年3月11日に発生した東日本大震災では，ツイッター（現X）やSNSや動画配信サービスなどのソーシャル・メディアと携帯電話やスマートフォンなどのモバイル・メディアを活用して，被災地内外の被災者・支援者の間で柔軟で多様な情報の交換と共有が行われ，広範囲で多様な支援活動が展開されるようになった．

　以上が，阪神・淡路大震災から東日本大震災に至る災害デジタル・ネットワーキングの展開であり，その過程は，デジタル・メディアの技術革新と普及に伴って，参加主体が拡大し多様化しつつ，活動そのものも柔軟かつ多様なものとなっていき，次第に，デジタル・メディアなしには活動それ自体が成り立たなくなっていったと言えるであろう．

1-3　デジタル・ネットワーキングとソーシャル・キャピタルの相乗的循環増殖過程

　このような災害デジタル・ネットワーキングの展開の中で，著者は，災害が発生するたびに，過去の災害で培った経験と知識を手がかりにし，その時点で支援活動に必要となる資源（情報・ヒト・モノ・カネ・便宜等）を確保し，状況に応じて活用するべく，行動方針・計画を策定し，デジタル・メディアを駆使して，「顔の見える信頼関係」（相互協力信頼関係）にある（と思われる）様々な立場の人々に協力を呼びかけ，巻き込み，必要に応じて新しい情報通信システムを開発・構築し，試行錯誤し，多くの失敗を繰り返し，越え難い壁に突き当たり，もがきながら活動を展開してきた．

　その過程を，著者を取り巻く主な団体・人物との間の関係を軸にして振り返ると，DNM8-1のように示され，災害の発生を契機とした，デジタル・ネッ

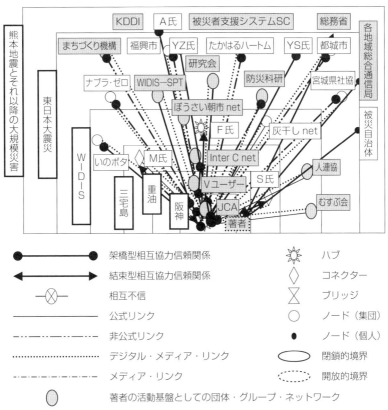

DNM 8-1　阪神・淡路大震災から現在へ至る筆者と主な団体・人物との関係を中心としたデジタル・ネットワーキングの展開

（出典）著者作成.

トワーキングと相互協力信頼関係（ソーシャル・キャピタル）の相乗的循環増殖過程が見られるのがわかる.

　すなわち，阪神・淡路大震災発生前において，著者は，実態調査と実践活動を通して「JCA：Japan Computer Access（市民コンピューターコミュニケーション研究会）」と，公式の架橋型相互協力信頼関係とデジタル・メディア・リンクで結ばれており，阪神・淡路大震災の発生を契機として，JCAとのつながりを足場にして，情報ボランティアを含めた諸団体と連携しながら，淡路島の災害ボランティアセンターを拠点とした情報支援活動である「淡路プロジェクト」を

展開することができた.

　そして著者は，阪神・淡路大震災での情報ボランティアの活動経験を検証しながら，将来起こるかもしれない大災害に備えるために結成された「インターＶネットユーザー協議会」(Vユーザー協議会) の中心メンバーとして，「提言」のとりまとめと「顔の見える信頼関係づくり」を目指しながら，「Vユーザー協議会」を足場に，諸団体と非公式の架橋型相互協力信頼関係とデジタル・メディア・リンクで結ばれることになった.

　日本海重油災害において，著者は，「Vユーザー協議会」が発展解消して結成された「Inter C net」の中心メンバーとして，三国町の重油災害VC（ボランティアセンター）のWebページの運営支援を目的に活動を始めたが，若狭湾VC，加賀VC，丹後Vネットの実態調査を通じて，これらを運営する諸団体と非公式の架橋型相互協力信頼関係とデジタル・メディア・リンクで結ばれることになった.　また，重油の漂着シミュレーションや処理方法などの専門的な情報のやり取りが中心に行われたoil MLやe-forum MLを通じて，著者は，環境科学や情報科学の専門家とデジタル・メディア・リンクで結ばれることになった.

　有珠山と三宅島の火山災害において，著者は，まず，有珠山ネットのメンバーとしてリンク集の作成・運営と現地でのイベントへの参加という形で，有珠山火山災害の被災地支援を行うことで，有珠山ネットのメンバーと非公式の架橋型相互協力信頼関係とデジタル・メディア・リンクで結ばれることになった.

　そして，三宅島の火山災害発生直後から，有珠山ネットが設置・運営した「三宅島災害対策メーリングリスト」を通じてやり取りされる情報によって三宅島島内の状況や支援者の動きなどを把握した上で，全島避難によって多摩ニュータウン地域に避難してきた三宅島住民に対しては，「三宅島と多摩をむすぶ会」の中心メンバーとして，東京都や気象庁などの行政機関がインターネットを通じて発信する情報などを集約して，情報紙「アカコッコ」を作成・配付する支援活動を避難指示解除まで約4年半続け，さらに，避難指示解除による三宅住民の帰島後は，「三宅島人連協」の代表として復興支援活動を行うことによって，三宅島の主な住民・行政機関・団体や支援者・支援団体・行政機関・専門家と非公式の架橋型相互協力信頼関係とデジタル・メディア・リンクで結ばれることになった.

　また，このような著者の活動は，Inter C net，日本災害情報学会，東京いのちのポータルサイト，かながわ情報ボランティアネット，静岡県災害情報支援

システム研究会などのメンバーから様々な形で支援を受けることを通じて，これらの諸団体やそのメンバーとは，公式及び非公式の架橋型相互協力信頼関係とデジタル・メディア・リンクで結ばれた．

　三宅島の支援活動と並行して，著者は，「大都市大震災軽減化特別プロジェクト」（『大大特』）の災害情報部門の研究プロジェクトチームの研究代表者として，また，この研究プロジェクトチームを法人化した「特定非営利活動法人基盤地図情報活用研究会」（以下，「研究会」）のメンバーとして情報科学の専門家・研究者の協力の下に「広域災害情報支援システム（WIDIS）」の研究開発と新潟県中越沖地震及び岩手・宮城内陸地震，佐用町水害で支援活動という形での実証実験を実施した．こうした研究・実践活動を通じて，著者は，「WIDIS研究プロジェクトチーム（WIDIS-SPT（Study Project Team））」及び「研究会」のメンバーが所属する大学・研究機関，支援対象の災害ボランティアセンターを設置・運営する社協，被災自治体，それを支援する地域SNSや諸団体，研究機関・行政機関と公式及び非公式の架橋型相互協力信頼関係とデジタル・メディア・リンクで結ばれた．

　他方で，著者のWIDISの研究開発及びそれを活用した支援活動は，Inter Cnet，日本災害情報学会，東京いのちのポータルサイト，静岡県災害情報支援システム研究会，国土地理院，内閣府防災ボランティア検討会などのメンバーから様々な形で支援を受けることを通じて，著者とこれらの諸団体・諸機関やそれらのメンバーとは，公式及び非公式の架橋型相互協力信頼関係とデジタル・メディア・リンクで結ばれていた．

　そして，東日本大震災の発生によって，著者は，最初に，「防災科研」の災害情報ボランティアとして宮城県内の被災地の災害ボランティアセンターの支援活動に参加し，それから，F氏と連携して「ぼうさい朝市ネットワーク」の非公式メンバー及び「灰干しネットワーク」の代表者として南三陸町の「福興市」に参加し，また，M氏と連携して，気仙沼市本吉地区の災害ボランティアセンターと仮設住宅の支援活動に参加し，同時に現地調査も続けた．

　さらに，熊本地震と西日本豪雨災害以降の大規模災害では，KDDIの支援によって被災地の災害ボランティアセンターや被災自治体に災害対応に使用する情報通信機器を提供する活動を行うとともに，被災自治体に対しては被災者への罹災証明書の発行等の多方面で活用可能な「被災者支援システム」の導入支援を「被災者生活支援システムサポートセンター」の代表者や研究仲間の大学

教員の支援の下に展開してきた.

　このような実践・調査研究活動を通じて，著者は，支援対象の被災地社協や NPO，連携して共に活動する支援者・支援団体・行政機関・研究機関と公式及び非公式の架橋型相互協力信頼関係とデジタル・メディア・リンクで結ばれた.

　他方で，著者の実践・調査研究活動は，Inter C net，東京いのちのポータルサイト及び内閣府防災ボランティア検討会などのメンバーから様々な形で支援を受けることを通じて，著者とこれらの諸団体・諸機関やそれらのメンバーとは，公式及び非公式の架橋型相互協力信頼関係とデジタル・メディア・リンクで結ばれていた.

　以上が，著者自身の視座から描き出した（他者の視座からは，異なる様相で描かれるであろう），阪神・淡路大震災から東日本大震災及びそれ以降の大規模災害までの著者を中心に展開されたデジタル・ネットワーキングにおける相互協力信頼関係の増殖過程，すなわち，デジタル・ネットワーキングと相互協力信頼関係＝ソーシャル・キャピタルの相乗的循環増殖過程である．これが，「復元力に富んだ社会」を構築する原動力であると著者は確信している.

　しかしながら，「復元力に富んだ社会」＝「レジリエント社会」を構築するためには，次節で論じる地球規模の「人類の存続に関わる問題」があり，この問題を乗り越えなければならない.

２．デジタル・ネットワーキングによる「レジリエント社会」の構築を目指して

2-1　巨大IT企業創始者・経営者の強欲によって進展したデジタル・メディアの普及と進化

　第3章で論じたように，巨大IT企業の経営責任者たちは，高い基礎学力と途方もない気力や体力といった天賦の才能と強運を持ち，「知的欲望」・「金銭欲」・「承認欲求」という欲望に突き動かされて努力を重ねて現在の強大な地位と巨万の富を得るに至った（朝日新聞　2023．9．7：13）.

　『朝日新聞』2023年4月30日「（ビッグテック　膨張する権力）過激な声増幅，揺れる民主主義」という記事に掲載されたソーシャルネットワーク（SNS）と巨大IT企業の動向を示した**図8-3**上部の図「ソーシャルネットワークの三つの特質」によれば，SNSにおいて対立や憎悪，過激な意見が増幅されるのは，①

フィルター・バブル，②エコーチェンバー，③マイクロターゲティングといっ
た，デジタル空間の特性があるとされる．

①〜③は，事業者がアルゴリズムを利用して利益を追求することと無関係で
はなく，これらによって事実ではない偽情報も拡散する（朝日新聞　2023. 4. 30：
1）．

例えば，アメリカのバイデン大統領がウクライナを電撃訪問した1週間後の
2023年2月27日にバイデン氏がウクライナに米軍を送るために「大統領の権限
として，選抜徴兵法を行使するよう提案を受けた．全米で抽選を行い，今年20
歳を迎える男女を選抜する」と演説するフェイク動画がツイッターに投稿され
た（朝日新聞　2023. 4. 30：2）．

対話型AI「チャットGPT」などの登場で，文章や画像を生成するAIが一般
の人でも簡単に使えるようになった．大きな恩恵が期待される半面，リスクも
高まる．「5秒分の誰かの音声データと1枚の写真さえあれば，簡単に人工的
な動画が作れる」．米新興企業ディープメディアのリジュル・グプタ最高経営
責任者（CEO）はそう話す．「大手SNS企業はフェイク動画の探知に苦労してい
る．見極める唯一の道として，まずはフェイク動画を作る能力にたけている必

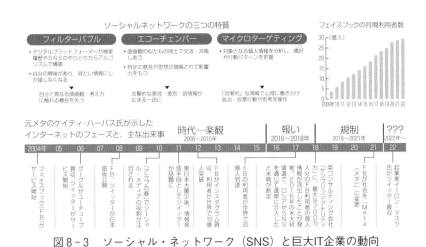

図8-3　ソーシャル・ネットワーク（SNS）と巨大IT企業の動向

（出典）『朝日新聞』2023年04月30日朝刊1総合2頁（ビッグテック　膨張する権力）過激な声増幅，
　　　揺れる民主主義の図「ソーシャルネットワークの三つの特質／フェイスブックの月間利用者数／
　　　元メタのケイティ・ハーバス氏が示したインターネットのフェーズと，主な出来事」から一部を
　　　抜粋．

要がある」．同社はネット上から数百万の動画を集めてAIを訓練し，フェイク動画かどうかを確率で算出するソフトを開発している（朝日新聞 2023.4.30：2）．

2024年は米大統領選のほか，インド，インドネシアなど多くの国で重要な選挙が予定されているが，米国のメタで2021年まで選挙対策部門を率いていたケイティ・ハーバス氏は，「いまの経済環境を考えると，大手SNSがどれだけのリソースを安全対策に投じていけるのか懸念している」と話す（朝日新聞 2023.4.30：2）．

このように，チャットGPTなどの生成AIを使って作成した動画などの偽情報がSNSに拡散するようになったが，巨大IT企業はコスト削減のために大幅に人員を減らしており，生成AIを利用して作成された偽情報の拡散を防ぐことが困難となっている．

「公共空間」であるSNSを運営する巨大IT企業（プラットフォーマー）はこれまで，利用者の投稿内容への責任を原則負うことなく，成長してきたが，偽情報の拡散の防止に関して社会的責任が増しており，欧米ではルールを変える議論が起こるようになってきたのである．

また，『毎日新聞』2022年12月20日（東京夕刊）の「国連：偽情報，SNS規制必要　国連事務総長，ヘイト拡散懸念」という記事によれば，国連のグテレス事務総長は，同年同月19日のニューヨークの国連本部での1年を振り返る記者会見で，ツイッター（現X）やメタ（旧フェイスブック）などのソーシャル・メディアで偽情報やヘイトスピーチが拡散する現状をめぐり，「何らかの形で（プラットフォームの運営側の）責任を明確にする規制が必要だ」という考えを示した（毎日新聞 2022.12.20：6）．

そして，グテレス氏は，運営側が法的な責任を負わないだけでなく，どの投稿を優先的に表示するかを決めるアルゴリズムが偽情報の拡散に影響しているという認識を示し，「私たちは（運営側が責任を問われない）ある種の法的な空白地帯に暮らしている」と強調した．また，白人至上主義などの主張の広がりにも懸念を示した（毎日新聞 2022.12.20：6）．

その上で，欧州連合（EU）が取り組んでいるような国際的な法整備の他に，政府や専門家，企業，市民社会の対話を通じてどのような規制が良いのかを決めることも重要だと訴えた（毎日新聞 2022.12.20：6）．

このように，国連でも，事務総長が率先して，アルゴリズムを含めた偽情報

の拡散の防止に対して巨大IT企業に社会的責任を負わせるために，政府・専門家・企業・市民の対話を通じた規制の必要性を明確に示している．

そこで，第3章で提案したように，巨大IT企業に社会的責任を負わせるための規制の実現を可能にするためには，官・政・学・民それぞれの良識と改革の志をもつ人々，すなわち良心的な研究者・専門家（学），革新的な政治家（政）・改革的な行政官（官），主体性・自発的に問題に取り組む市民（民）の間でAIのもたらす本質的な問題と課題について議論を通じて理解を深め，実効ある方策をつくりだしていくことである．そして，良心的なジャーナリストと連携しながらマス・メディアやインターネットを駆使して広く社会に訴えかけ，賛同者を増やしながらEUや国連の目指す取り組みを後押しする世論を形成していくことが必要となる．

すなわち，官・政・学・民それぞれの良識と改革の志をもつ人々が，生成AIを含めた社会的責任を巨大IT企業に負わせて規制することを目指す「デジタル・ネットワーキング」を展開し，人類の存亡に関わる諸問題を解決して人類社会の「持続可能な発展」に貢献することが必要なのである．

そこで，最後に，人類の存亡に関わる諸問題解決のためのデジタル・ネットワーキングを展望してみたい．

2-2　人類の存亡に関わる諸問題解決のためのデジタル・ネットワーキングの展望：APCの理念・目的への回帰とSDGsの達成へ

人類の存亡に関わる諸問題解決のためのデジタル・ネットワーキングを展望する際の手がかりとなるのが，1990年代に世界各地のNGOや国連と連携しながら地球規模で展開された「APC（Association for Progressive Communication）ネットワーク」の活動である．

APCネットワークの理念と目的は，自由・平等な人類社会の実現に向けてのコンピューター通信（デジタル・メディア）の公正・公平な研究開発・普及・運営であり，その活動は，平和・環境・人権・貧困・格差等の社会問題解決のためのNGOによるデジタル・メディア活用の支援が中心であった．

このAPCネットワークを中心とするデジタル・ネットワーキングの展開については，拙著『デジタル・ネットワーキングの展開』（2014年）の「第2章　市民活動におけるデジタル・ネットワーキングの展開」において詳細に論じられている（干川　2014：32-42）．

それによれば，1970年代からアメリカ合衆国のカリフォルニア州を中心とする地域でパソコン通信を活用したデジタル・ネットワーキングが開始され，主に北米地域と中南米地域で展開された（岡部 1986）．

そして，1992年のリオ・デ・ジャネイロでの「国連地球環境サミット」では，世界各地のNGOが，それらの間の情報通信連絡網としてインターネットを利用して構築されたAPCネットワークを駆使して，環境保全に関する市民独自の条約である「オルタナティブ条約」を作成した．また，それ以降の人権や女性などをテーマとした国連サミットでもAPCネットワークが，NGOによって活用されていた．

他方で，1990年代前半において上記のような海外のデジタル・ネットワーキングに呼応しAPCネットワークの国内拠点を構築するべくNGO・NPOの情報化支援に取り組もうとするJCAの活動が首都圏を中心に日本国内で展開された．

著者は，JCAの活動に参加しながら参与観察を行うとともにメンバー全員を対象にした詳細なアンケート調査を実施し，その活動の実態と組織構造を明らかにした上で，APCネットワークを中心に地球規模で展開されたデジタル・ネットワーキングの実態と課題を明らかにした．

APCのパンフレットによれば，APCネットワークは，「社会的変革のために活動するNGOと市民活動家のための世界最大のコンピューター・ネットワーク」，あるいは「環境の持続性，社会的経済的公正，普遍的人権，平和のために活動する団体，個人の間でネットワークと情報共有を改善するため低料金で高度なコンピューター通信を提供する世界的なパートーシップ」である．本部がブラジルのリオ・デ・ジャネイロにあり，サンフランシスコに北米事務局が置かれている（干川 2001：91）．

世界の約20の市民運動コンピューター・ネットワークが対等に結ばれ，どこの国から入っても，共通の膨大な情報にアクセスできる．各ネットワークが同じソフトを動かし，電子会議の内容などがインターネット，電話回線，衛星通信を通じて定期的に更新される仕組となっている（干川 2001：91）．

APCネットワークの起源は，1985年頃，イギリスの市民運動ネット「グリーンネット」とアメリカの「ピースネット」が連携したことがきっかけとなっている．1986年12月に，有名なロック・スターを集めて東京で資金集めのコンサートを行いこれがAPCネットワークの立ち上げ資金となった．それ以後，国連

開発プログラム（UNDP）のラテンアメリカでのNGOコンピューター普及活動などに協力する中でネットワークが拡大し，1989年までに 7 ネット体制ができた（干川　2001：91）.

　そして，1991年にアメリカを中心とする多国籍軍とイラクとの間で行われた「湾岸戦争」において，多国籍軍とイラク双方から加えられた情報操作と情報統制をかいくぐって，現地の情報がAPCネットワークを通じて世界中に流れ，世界規模の反戦運動が起こった（干川　2001：91）.

　このようにAPCネットワークを通じ世界規模で反戦運動が組織化されていく際に形成される国境を越えたネットワークが，「アドボカシー・ネットワーク（advocacy network）」である. このアドボカシー・ネットワークによって，国家Aが，国内のNGOの批判や要求に対して，それを妨害しようとする場合に，NGO同士がAPCネットワークのようなトランスナショナルなネットワークを利用して情報を伝え，国家BのNGOが自分たちの国家にプレッシャーをかけ，さらに必要な場合には第三者的な立場にある国際組織にもプレッシャーをかけることによって，国家Bと国際組織が国家Aに対してプレッシャーをかけることが可能となる. このアドボカシー・ネットワークを形成する主体としては，① 国際的・国内的な非政府組織とアドボカシー組織，② 地方の社会運動，③ 財団，④ メディア，⑤ 教会，労働組合，消費者団体，知識人，⑥ 地域的・国際的組織，⑦ 政府の中枢部分，議会があげられるが，その中で主要な役割を演じるのが ① のNGOである（山本　2000：128）.

　そして，湾岸戦争の翌年の1992年に開催された国連地球サミットでのNGO会議において，開催地のリオ・デ・ジャネイロと世界各地のNGOや市民の間でAPCネットワークを通じて議論が交わされ，環境保全に関する市民独自の条約として「NGO条約」（後に整理されて，「オルタナティブ条約」という名称に変わった）を作成する際に，会場に数十台のパソコンが設置され，そこから各国の参加者はインターネット経由で自分の国の団体へメッセージを送ったり，会議の報告や提案を電子会議室に送り込み，また，会場に足を運べなかった人たちは自国から電子会議に参加し，必要な情報を得ることができた（浜田　1998：71）.

　このようにリオ・デ・ジャネイロのNGO会議ではAPCネットワークが，世界各地のNGOや市民の意見を集約し議論する上で大きな役割を果たした.

　1992年の国連環境開発会議（地球サミット，リオ・デ・ジャネイロ）を契機にして，APCネットワークは，NGOの国連会議参加活動の活発化と並行して急成長し

た．地球サミット以後では，国連人権会議（1993年，ウィーン），国連人口開発会議（1994年，カイロ），社会開発世界サミット（1995年，コペンハーゲン），気候条約締結国気候会議（1995年，ベルリン），第４回世界女性会議（1995年，北京）などでネットワークを構築した（岡部　1996：352）．

そして，APCネットワークは，地球サミットや北京女性会議などの国連の国際会議をはじめとする，様々な国際会議で通信設備を提供してきた実績が認められ，1995年には国連経済社会理事会での協議資格を持つ国連登録NGO（カテゴリー１：国連の公式会議へのオブザーバー派遣，発言や意見書提出などの権利が与えられるNGO）となった．

APCネットワークは，1997年には21カ国の正式加盟国をもち，世界133カ国の４万にのぼる市民グループが利用する国際的な情報ネットワークとなった（安田　1997：59）．

JCA-NET事務局によるAPCの Web siteの日本語版（仮訳）ページ「APCについて（About APC）」（http://www.JCA.APC.org/JCA-net/APC/japanese/about.html 2001年10月25日閲覧）によれば，APCのメンバーネットワークは，様々な問題に取り組む人々やその人たちが必要としている情報源やコミュニケーション手段を結び付けるために以下のような幅広いサービス提供と支援活動を行っている．

1）インターネットへのアクセス
2）ユーザ，研修講師，ファシリテータの養成と支援
3）専門分野のニュースと情報提供サービス
4）コミュニケーション・コンサルティング
5）オンラインの共同作業のための戦略と方法論
6）ウェブサイトの展開
7）公的及び私的な作業場としてのメーリングリストと会議室
8）使いやすくカスタマイズされた情報ツールとしてのデータベースと検索エンジン

APCの最先端技術を用いたインターネット・サービスとアプリケーションは，５万を超える活動家や団体からなるグローバル・コミュニティのニーズに応じて設計され，支持を得ている．またインターネットのアクセスのない地域の人々のためにも適正技術を提供している．

そして，APCは，「国境のないコミュニティを築く」ことを目標に，以下の6つのプログラムによって，社会的に公正な地球規模のコミュニティのコミュニケーションを促進し，連携を強めることをめざしていた．

（1）戦略的利用

市民運動団体が電子的なキャンペーンを始め，効果的なオンライン会議を持ち，オンライン活動を促進させ，共同で文書化を行い，活動が現実化できるように支援する．

（2）情報，内容，ツールの開発

市民社会にとって必要な機能，政策提唱（アドボカシー），協力，情報発信，マネジメントといったニーズに合わせたインターネットのプロダクツ，リソース，ツールを開発する．

（3）ネットワークの開発

発展途上国などの情報的に貧しい者と豊かな者とのギャップを減少させること目指して，また，独裁や戦争によって分断された人々を結びつけることを目指して，NGOや活動家たちのニーズに応えられるように，既存あるいは新しく生まれてくるコミュニケーション・ネットワーク間の技術・管理能力を向上させる．

（4）コミュニケーションポリシーの意識化

NGOのための非営利で，生産的なオンライン・スペースを擁護し，促進するために，志を共にする団体とともに，協力して，通信政策や通信関連投資政策の中で情報と市民社会のニーズが反映されるように働きかける．

（5）女性のネットワーキング支援プログラム

女性プログラムが，電子コミュニケーションの企画，実施，利用における不平等を是正させるために1993年に始まり，世界中の女性と女性団体に情報共有，地域サポート，政策とアドボカシー，トレーニングと調査のためのユニークな機会を提供している．

（6）アフリカプログラム

　アフリカのAPCメンバーとパートナーは，地域で活動をし，APCのプログラム
をそれぞれの国内，あるいはアフリカ地域において展開している．その際に，ア
フリカ固有の情報の共有化と自立したネットワーキングの能力を強化することが
最優先課題となっている．

　これらのAPCのプログラムが展開される中で，毎日何万もの活動家及び団
体が，内部連絡用やロビー活動のためにAPCネットワークを利用していた．

　例えば，環境保護活動家は公開のメーリングリストを利用し，国連気候会議
のための戦略や介入計画を練っている．その際に，APCは現地で通信センター
を設置し，遠方から会議をモニターしたい人たちのために，オンラインでのロ
ビー活動やライブ報告のワークショップを開催しているといったことが，
APCネットワークを通じて行われていた．

　上記のようなAPCネットワークを中心とした世界各地のNGOと国連が連携
した地球規模のデジタル・ネットワーキングの取り組みは，官・政・学・民そ
れぞれの良識と改革の志をもつ人々が，生成AIを含めた社会的責任を巨大IT
企業に負わせて規制することを目指す「デジタル・ネットワーキング」を展開
するための手本として大いに役立つことがわかる．

　例えば，巨大IT企業のインフラやサービスに依存しない方策として，「世界
の約20の市民運動コンピューター・ネットワークが対等に結ばれ，どこの国か
ら入っても，共通の膨大な情報にアクセスできる．各ネットワークが同じソフ
トを動かし，電子会議の内容などがインターネット，電話回線，衛星通信を通
じて定期的に更新される仕組」つまり，巨大IT企業に依存しない「自立した
通信インフラ」を作ることは専門家や支援者と連携すれば可能である．

　また，APCが世界各地のNGOや国連への提供している幅広いサービスと支
援活動の中で，特に専門分野のニュースと情報提供サービス，使いやすくカス
タマイズされた情報ツールとしてのデータベースと検索エンジンは，NGOや
国連が巨大IT企業に依存せずに自律的に活動するために不可欠な情報を独自
に確実に得る上で極めて重要である．

　そして，これらのNPOと国連独自の「自立した通信インフラ」とデータベー
スと検索エンジンが組み込まれた「自立した情報提供サービス」を駆使して世
界各国の官・政・学・民それぞれの良識と改革の志をもつ人々が連携して世界
規模の「アドボカシー・ネットワーク」を構築・拡大して地道に粘り強く巨大

IT企業に対抗していくことで，生成AIを含めた社会的責任を巨大IT企業に負わせて規制し，人類の存亡に関わる諸問題を解決して人類社会の「持続可能な発展」に貢献することが可能となるのである．

そこで，このようなNGOと国連を中心とした官・政・学・民それぞれの良識と改革の志をもつ人々が連携したデジタル・ネットワーキングが展開され成果をあげることによって出来上がる社会の姿を，著者は，「ネットワーク公共圏モデル」に基づく「レジリエント（復元力に富んだ）社会」の構築に向けての構想として明示し，人類社会の「持続可能な発展（SDGs）」を展望した（干川2014：190-198）．

デジタル・ネットワーキングとは，著者の造語であるが，それは，「インターネット等のデジタル・メディアを活用して展開される市民活動（市民による非営利の自発的な対策立案・提示・行為調整・連帯形成・実践活動）」である．また，「市民」とは，他人の問題または社会全体に関わる問題を自分の問題として受け止め，自発的に取り組もうとする人々のことである．

著者独自の定義によれば，公共圏とは，「個々の社会的領域だけでは対処しきれない，環境，福祉，大災害のような社会全体に関わる大きな問題に対して，各社会的領域で職業活動や日常生活を営む人々が，共通の問題関心を持って，新しい発想のもとに，自発的に，それぞれの社会的領域から諸資源（ヒト・モノ・カネ・情報等）を調達しながら緊張関係を保ちつつ互いに連携し合って取り組んで行く社会的領域，いわば市民活動に支えられた社会的実験場としての領域である」（干川　2003：86）．

そして，公共圏が成立するためには，インターネットなどのコミュニケーション・メディアを通じて，ヒト・モノ・カネ・情報等の諸資源が社会的諸領域から供給され，それらの諸資源が市民活動で活用されることを通して，各種の市民活動を担う人々や諸組織・団体（市民やNPO・NGO）が連携しながら活動を展開し，それらの間で，また，各社会的領域の活動主体（企業，行政機関，ジャーナリスト，専門家，市民）との間で社会的ネットワークが張り巡らされることが必要である．

現代社会，すなわち今日の日本社会がどのような姿をしているかを，著者独自の観点である「ネットワーク公共圏モデル」から説明してみたい．

このモデルの前提となる考え方は次の通りである．今日の日本社会は，社会全体の存続や発展に不可欠な社会的機能を担う社会的諸領域に分化し，それら

の社会的領域の間で膨大な量の情報のやりとりや様々な社会的活動を通じて分業と協働が行われることで，社会全体が成り立っているという考え方である．

　このような考え方は，社会が成立するために必要な社会的機能に着目して社会の仕組みと構造を解明しようとする「社会システム論」の流れを汲むものであり，情報化が進展した現代社会の状況に適するように考案された説明図式である．

　ところで，著者が提唱する図8-4の「ネットワーク公共圏モデル」では，現代社会は，公共圏とそれを取り巻く10の社会的諸領域から成り立っている．

　ここで，「ネットワーク公共圏モデル」という図式は，現代社会のあるべき姿を示しつつ現実の社会構造を描き出すために用いられる道具としての理念型である．

　公共圏を取り巻く10の社会的諸領域について，時計回りに説明すると，1「市場経済圏」は，様々な種類の企業が，財やサービスの生産・流通を通じて，商品を消費者に供給しながら利潤の追求を行なう社会的領域である．次に，2「行政圏」は，政府や自治体などの行政機関が，企業や納税者個人から徴収した税をもとに社会基盤の整備や行政サービスを行う社会的領域である．また，3「司

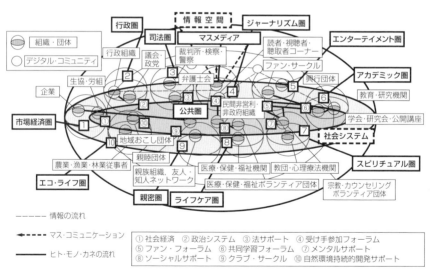

図 8-4　ネットワーク公共圏モデル

（出典）　著者作成．

法圏」は，法制度に基づいて，裁判所や検察・警察が，不正な行為の発生の抑止と紛争の処理を行う社会的領域である．

　他方で，4「ジャーナリズム圏」は，新聞・テレビ・ラジオなどの「マス・メディア」が，社会的諸領域から社会的に重要な情報を収集し，情報を伝達するとともに，ジャーナリストによる権力の監視を通じた社会の不正を告発が行われる社会的領域である．

　それに加えて，5「エンターテイメント圏」は，興行団体が提供するスポーツ・音楽・芸能・ゲーム・ギャンブルなどを通じて，人々が夢や熱狂，楽しみや癒しを得る社会的領域である．

　そして，6「アカデミック圏」は，教育・研究機関において，高度な専門知識・技術をもつ専門家を通じて，人々が社会生活に必要な知識や技術を学習する社会的領域であり，7「スピリチュアル圏」は，信仰やカウンセリングをつうじて，人々が病・老・死など人生の苦難に直面することで生じる苦悩を和らげ，心の平安を得る社会的領域である．8「ライフケア圏」は，医療・保健・社会福祉等の諸機関から提供されるサービスをつうじて，病者・障害者・社会的弱者が，生命の維持・健康の維持・増進，生活・生計の維持・改善を図る社会的領域であり，9「親密圏」は，家族・親族組織，友人・知人といった身内や仲間内の者の間だけで相互扶助や娯楽を行うことを通じて，生計を維持したり，やすらぎを得たりする社会的領域である．そして，10「エコ・ライフ圏」は，自然環境に働きかけて食料や原材料の生産活動（農業・漁業・林業）が行われる領域であり，この領域の主体は，農業・漁業・林業の従事者である．

　図8-4における公共圏とそれぞれの社会的諸領域とが重なりあう領域について説明すると，公共圏と市場経済圏が重なりあう領域が①「社会経済」であり，これは，市民が共同して安全・安心な商品やサービスを入手するために，生活協同組合やワーカーズコレクティブなどの営利を目的としない協同的経済組織が組織され運営される領域である．また，公共圏と行政圏が重なりあう領域である②「政治システム」は，公共圏において世論という形で表明される民意が，政党政治や選挙を通じて政策決定へと反映される領域である．また，③「法サポート」は，法的に不正な行為により人権が侵害されている人々を弁護士や人権擁護団体が協力し合って救済する領域である．

　そして，④「受け手（視聴者・聴取者・読者）参加フォーラム」は，公共圏とジャーナリズム圏が重なりあう領域であり，そこでは，読者や視聴者，聴取者という

マス・メディアの受け手が，様々なテーマについて電話・ＦＡＸ及びソーシャル・メディアを利用して投書・投稿・発言などで意見表明を行い，マス・メディアやソーシャル・メディアを通じて世論が形成されていく．

　それに加えて，公共圏とエンターテイメント圏が重なりあう領域が，⑤「ファン・フォーラム」であり，スポーツ・音楽・映画・芸能・ファッション・アトラクション・ゲーム・ギャンブルなどに関心をもつ人々（ファン）が，自分の好むアスリート・アーティスト・アクター・タレント・モデル，ファッション・アトラクション・ゲーム・ギャンブルについてイベントやソーシャル・メディアによって意見交換・交流が行われファン・サークルが形成され，群集行動が行われる．

　さらに，公共圏とアカデミック圏が重なりあう領域が，⑥「共同学習フォーラム」であり，ここでは，様々な専門分野に関心をもつ市民と専門家が，共通の関心事についての意見交換や議論をつうじて，相互理解・啓発や解決策の探究を行い，問題解決に取り組む．

　他方で，公共圏と「スピリチュアル圏」が重なり合う領域が，⑦「メンタルサポート」であり，支援者が宗教者やカウンセラーと協力し合あいながら，ボランティア団体を組織し，人生の苦悩に直面する人々が心の平安を得られるように支援する領域である．また，公共圏とライフケア圏が重なりあう領域が，⑧「ソーシャルサポート」であり，病者・障害者・社会的弱者の支援のために，市民が，医療・保健・福祉分野の民間非営利組織を組織し運営する領域である．

　そして，公共圏と親密圏が重なりあう領域が⑨「クラブ・サークル」であり，これは，共通の趣味や関心事をもつ人たちが意見や情報の交換を行い，親睦団体を結成して活動を展開する領域である．

　最後に，公共圏と「エコ・ライフ圏」が重なりあう領域が⑩「自然環境持続的開発サポート」であり，「地域おこし団体」が，農業・漁業・林業の従事者やその業界団体と連携しながら，自然の恵みを活かした産業を創出して地域経済の活性化に取り組んで行く領域である．

　そして，「ネットワーク公共圏モデル」の中心に位置する「公共圏」は，「個々の社会的領域だけでは対処しきれない，環境，福祉，大災害のような社会全体に関わる大きな問題に対して，各社会的領域で職業活動や日常生活を営む人々が，共通の問題関心を持って，新しい発想のもとに，自発的に，それぞれの社会的領域から諸資源（ヒト・モノ・カネ・情報等）を調達しながら緊張関係を保ち

つつ互いに連携し合って取り組んで行く社会的領域，いわば市民活動に支えられた社会的実験場としての領域である」(干川　2003：86)．

　そして，公共圏が成立するためには，インターネットや既存のコミュニケーション・メディア（電話・ＦＡＸ・紙媒体等）を通じて，ヒト・モノ・カネ・情報等の諸資源が社会的諸領域から供給され，それらの諸資源が市民活動で活用されることを通して，各種の市民活動を担う人々や諸組織・団体（市民やNPO・NGO）が連携しながら活動を展開し，それらの間で，また，各社会的領域の活動主体（企業，行政機関，マス・メディア，専門家，個々人）との間で社会的ネットワークが張り巡らされることが必要である．

　以上のように，「ネットワーク公共圏モデル」の観点から現代社会の構造を描き出した．

　しかしながら，デジタル・メディアの研究開発・普及・運営の現実は以下の通りである．

　巨大IT企業の経営者たちや独裁的国家元首が私利私欲を満たすためにIT市場を支配しようと競い合う中で，「アテンション・エコノミー」と「国家資本主義」による「デジタル監視社会」が構築されつつあるとともに，生成AIの出現によって人類は「存亡の危機」に直面することになった．

　ちなみに，巨大IT企業の「マイクロターゲティング」と「アテンション・エコノミー」による情報空間の分断と市場経済の独占的支配が，情報格差と経済格差を拡大して社会を分断し，公共圏を砂漠化する因果関係を示したのが，図8-5「巨大IT企業による情報空間の分断と市場経済の独占から生じる格差拡大・社会の分断・公共圏の砂漠化」である．

　この図によれば，「情報空間」では，巨大IT企業が「検索連動型広告」を中心に「マイクロターゲティング」を駆使して利用者に随時大量の「おすすめ情報」を提供し，利用者は自分が好む情報のみから構成される心地よい「フィルター・バブル」に包まれて行き，自分と異なる価値観や考え方に接する機会を失う．そして，SNSを通じて価値観の似た者同士で交流・共鳴し合い，特定の意見や思想が増幅し影響力を持つようになる「エコーチェンバー」によって，「アクティブ・マイノリティー」（少数の過激な発言者）が攻撃的で差別的な言動を行ったり，悪意をもって意図的に偽情報を広めることで，「サイレント・マジョリティー」（もの言わぬ多数者）が差別的な発言を黙認したり，偽情報を拡散したりすることで，「サイバー・カスケード」（情報空間の分裂）が起こることになる．

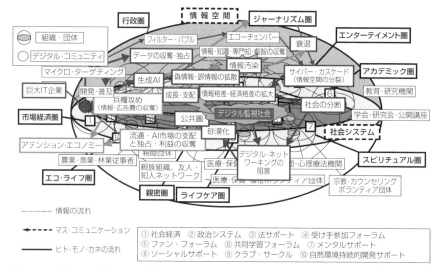

図8-5　巨大IT企業による情報空間の分断と市場経済の独占から生じる格差拡大・社会の分断・公共圏の砂漠化

(出典)　著者作成.

　他方で,「市場経済」では,巨大IT企業が「検索連動型広告」を中心に「マイクロターゲティング」を駆使して消費者に「おすすめ情報」を随時大量に提供することで,消費者は「おすすめ情報」に基づいてネットショッピングを行い,お好みの商品を安く早く手に入れることができる.

　そして,より多くの消費者が,ほしいものがあれば,巨大IT企業のショッピングサイトから「おすすめ情報」を得て,お好みの商品を手に入れるという循環に巻き込まれることによって「アテンション・エコノミー」が成立することで,巨大IT企業は流通市場を独占し,取引先の企業や消費者から巨額の売り上げ利益を収奪することができるようになる.

　巨大IT企業は「マイクロターゲティング」を通じて消費者に「おすすめ情報」を随時大量に提供することを通じて,「おすすめ商品」を製造・販売する企業から「ページビュー」(閲覧数)に応じた巨額の広告収入を得ることができることによって,それと並行して,履歴データやGPSデータ等のあらゆるデータという形の情報を収奪して独占することで,「ジャーナリズム」(権力の監視を通じた社会の不正の告発を行う社会的使命)に基づいて情報収集・編集・伝達を行う

「マス・メディア」が得ていた広告収入と多種多様な情報を収奪することで「マス・メディア」を兵糧攻めにする．

　さらに，巨大IT企業が「私利私欲」を満たすために巨額の資金をつぎ込んで開発し無料で公開している「生成AI」は，人びとの利用を通じて利用者の情報だけでなく知識や専門知さらには叡智までも収奪して飲み込んで雪だるま的に急激な成長を遂げて，あらゆる分野に精通した人知を超えた存在となって人びとを支配していく「デジタル監視社会」の出現が危惧されている．

　また，利用者が生成AIを悪用・誤用することで膨大な「偽情報や誤情報」が生成され情報空間の中に拡散されるようになると，偽情報・誤情報が情報空間の中に蔓延して正しい情報を覆い隠すことで「情報汚染」が発生する．

　人びとは，汚染情報（偽情報・誤情報）と正しい情報を選り分けることが困難となり，偽情報・誤情報に惑わされたり信じ込んだりして誤った認識や判断をすることで，正しい情報を伝えようとする「マス・メディア」への信頼性が揺らいで行き，マス・メディアが中心となって担っていた「ジャーナリズム」機能が衰退していく．

　それによって，社会の不正の告発を含んだ多種多様な正しい情報が社会全体に伝わらなくなり，「サイバー・カスケード」がさらに進展し，「情報格差」が拡大していく．また，巨大IT企業が「流通・広告・AI市場」を支配し独占して莫大な利益を収奪することで「経済格差」が拡大していく．

　その結果，「情報格差」と「経済格差」による「社会の分断」が進展することで，「公共圏」の維持・発展のために必要な「情報（閲覧・GPSデータ等）・ヒト（高度専門人材・単純労働者）・カネ（広告費・売上利益）・モノ（商品としての多種多様な物財）」が巨大IT企業に吸い取られて，また，生成AIの急激な成長と支配によって「デジタル監視社会」が出現することで，公共圏への各社会領域からの「情報・ヒト・モノ・カネ」の流入が弱まり「デジタル・ネットワーキング」妨げられて「公共圏」が「砂漠化」することによって人類社会全体が「存続の危機」に直面しても解決することが困難となる．

　ちなみに，『日本経済新聞』2023年11月2日の社説「AIの収益化が見えてきた巨大IT決算」によれば，巨大IT企業のインターネット広告やネット通販といった主力サービスの需要が上向き，2023年7〜9月期は2ケタの増収を確保した．人員削減をはじめとするリストラ策で経費が減り，利益を押し上げた（日本経済新聞　2023.11.2：2）．

　他方で，文章や画像を自動で作る生成AI（人工知能）などのAIが高度になり，収益への貢献が始まっている．例えば，純利益が前年同期の3.4倍に増えたアマゾン・ドット・コムはAIを活用し，物流拠点の運営を効率化した．SNSのフェイスブックなどを運営するメタはAIを使って広告事業の収益性を高め，純利益を2.6倍に伸ばした．また，対話AIのチャットGPTを開発した米オープンAIに投資し，活用で先行したマイクロソフトの業績も好調であり，生成AIを使ったプログラミング支援機能の利用者は３カ月で４割増え，クラウドコンピューティング事業の成長加速にも寄与した（日本経済新聞　2023.11. 2：2）．

　世界のクラウド市場ではアマゾン，マイクロソフト，グーグルの３社が合計で３分の２のシェアを握り，上昇傾向が続く．生成AIの開発や利用には大きなデータセンターが要り，クラウド大手の支配力が強まるとともに，生成AIでは巨大IT企業が出資などで若い企業を囲い込む動きが広がり，巨大IT企業によるAI市場の寡占がさらに強まっていく（日本経済新聞　2023.11. 2：2）．

　上記のような「アテンション・エコノミー」による情報空間の分断と市場経済の独占的支配が，情報格差と経済格差を拡大して社会を分断し，さらに，生成AIが急激に成長し人々を監視し支配することで「デジタル監視社会」を出現させ，「デジタル・ネットワーキング」の活動資源（情報・カネ・ヒト・モノ）を収奪し枯渇させることで公共圏を砂漠化し存続の危機に陥れることが，巨大IT企業による社会に対する大罪と言えるであろう．

　こうした現実を変えない限り，巨大IT企業の「監視資本主義」と独裁国家による国民の徹底的監視と生成AIによる支配が進行し，人々の思想信条・行動の自由が妨げられ，情報・経済格差拡大によって不平等が蔓延し人類社会が崩壊する危険性が増大していく．

　ここで１つの手がかりとなるのは，『朝日新聞』2023年10月３日の「怒鳴りあい　無力感　議論の危機　マイケル・サンデル教授に聞く」という記事における政治哲学者のマイケル・サンデルの以下の議論である（朝日新聞　2023.10. 3：23）．

　欧米の民主主義国で繰り広げられているのは，もはや政治の議論ではなく「怒鳴りあい」である．議論を空虚にしているのは，行き過ぎた「能力主義（メリトクラシー）」である．能力主義が分断を深めている．というのは，経済的に成功した勝者は，自分の才能や努力が成功をもたらしたと思い，出身家庭が恵まれていたとは考えない．逆に敗者は，暮らしがよくならないのは自己責任だと

思わされてきたからである．そして，エリートに見下されているかのように感じた労働者階級の怒りを代弁するという形で，エリート不信の果てに生まれたのがトランプ前米国大統領である（朝日新聞　2023. 10. 3：23）．

　ここで，サンデルの著書『実力も運のうち　能力主義は正義か？』（2021年）によれば，今日のアメリカ社会においては，40年間に及ぶ市場主導のグローバリゼーションが所得と富のきわめて顕著な不平等を生み出してしまったため巨万な富や栄誉と無縁な人でも，まともで尊厳ある暮らしができることを可能にする「条件の平等」がほとんどない．裕福な人と資力に乏しい人は，日々の生活で交わることがほとんどなく，それぞれが別々の場所で暮らし，働き，買い物をし，遊ぶ．子どもたちは別々の学校に行く．階級，人種，民族，信仰を越えて人々が集う公共の場はきわめてまれである．そして，能力主義の選別装置である学校教育が作動したあと，最上層にいる人は，自分は自らの成功に値し，最下層の人たちもその階層に値するという考えにあらがえなくなる．その考えが政治に悪意を吹き込み，党派色をいっそう強めたため，いまでは多くの人が，派閥の境界を越えた結びつきは異教徒との結婚よりやっかいだと見なしている．人々は大きな公共の問題についてともに考える力を失い，互いの言い分を聞く力さえ失ってしまったのも，無理はない（サンデル　2021：319-322）

　確かに日本は，欧米ほど社会の分断が進んでいないとしても，能力主義が専門知識を重視するあまり，政治の議論は専門家が行うものになってしまい，市民の声は無意味で政治と生活は無関係であるという「無力感」は欧米と共通しており，日本の若者を中心とする投票率の低さに反映している（朝日新聞2023. 10. 3：23）．

　しかし，社会の一員としてどのような責任を負うのか．カネや市場は社会をよくするか．正義とは何か．自由とは何か．このような価値観が衝突する問題について専門家は答えを出せないので，社会の価値や理想については市民が議論すべきである．たとえ意見が一致しなくても，議論を通して互いに尊敬や感謝を抱くようになる．重要なのは「耳を傾けること」であり，なぜ相手と意見が異なるのかを理解しようとする能動的な営みは「民主主義の技芸」である（朝日新聞　2023. 10. 3：23）．

　議論する力は訓練なしには身につかない．学校教育が訓練する場となるべきであるが，現実は有名大学や優良な就職先に進むための選別装置と化している．民主的な議論を再建するためには教育が本来の価値を取り戻す必要がある．他

方で，メディアが公開討論会のような議論の場を提供し続ける責任がある．残念ながらソーシャル・メディアは議論に適していない．というのは，ソーシャル・メディアを運営する企業は，個人データを販売や宣伝のために用い，似た考えの人ばかりが集まる囲いの中に利用者を閉じ込めるからである（朝日新聞2023. 10. 3：23）．

　しかしながら，気候変動やウクライナ戦争といった一国では解決できない課題について，この惑星に住む市民の一人として議論する必要がある．そこで，サンデルは，国境をまたぎ，文化の相違を超えて議論する場を作る試みとして「白熱教室」やBBCの番組において各国の人たちとオンラインで議論することに取り組んでいる（朝日新聞　2023. 10. 3：23）．

　その一例として，「朝日新聞デジタル」の若い世代と著名人が対話する「明日へのLesson」という企画の中で，サンデルの著書『実力も運のうち　能力主義は正義か？』が刊行されたことを契機にして実施された「サンデル教授と対話　私たちの白熱教室　能力至上主義　この世界に生きて」（2021年4月23日）では，サンデル氏は，Zoomを用いて国際基督教大学の学生2人及び前年に東京大学大学院を修了してコンサルタント会社に勤務する社会人1人と「能力主義の問題」ついて議論を行っている（朝日新聞　2021. 5. 13：20）．

　このようなITを駆使したサンデルの取り組みを手本とすれば，また，APCネットワークの理念と目的に回帰すれば，「人類を存亡の危機に直面させる問題」を生み出す巨大IT企業とその金儲けの道具である生成AIを規制するとともに，監視資本主義と独裁国家による監視社会の構築に対抗するために，NGOと国連を中心として官・政・学・民及びジャーナリズムそれぞれの良識と改革の志をもつ人々が連携した「デジタル・ネットワーキング」の実践が不可欠となることは明らかである．

　そもそも，1990年代前半にインターネットの商用利用がアメリカ合衆国で解禁されたことが，今日のデジタル・メディアをめぐる問題発生の根本的な原因ではないだろうか．

　たしかに，どの国においても，インターネットの通信回線を運営管理する接続業者（プロバイダー）が事業を行う際には，国家による許認可が必要である．

　しかし，インターネットの通信回線を利用して巨大IT企業が行うネットショッピングやソーシャル・メディアの運営・管理という事業については，国家の許認可は必要無い．巨大IT企業が利潤の源泉である個人データ（住所氏名・

閲覧履歴・GPS位置情報等）を「マイクロターゲティング」によって利用者から不透明な形で収集することについて国家は黙認している．

　その結果，巨大IT企業は，多種多様な膨大な個人データを「マイクロターゲティング」を駆使して収集し，莫大な広告収入を得るなどで巨額の利益を上げ，利益の一部と個人データを湯水のごとく使って生成AIの研究開発を行い，BingやGoogleなどの検索エンジンに実装し利用者に使わせることで，個人情報収集の効率を飛躍的に向上させて，さらにより多くの利益を得ようとしている．

　インターネットは人々の生活に不可欠かつ重大な影響を及ぼす情報通信基盤であり，通信事業や放送事業と同様に国家が責任をもって管理すべきものである．インターネットを利用して営利を目的とした多種多様な事業を行う事業者は，実施しようとする事業に関して許認可の申請手続きを行い国家の厳格な審査を経た上で，申請した事業にのみ許認可が得られるようにすべきである．

　他方で，第3章で論じたように，スマートフォンの使用が脳に悪影響を与えることが脳科学の分野で実証されつつあることは事実であり，特に，ネットゲームやSNS及び動画視聴に子どもや若者が学習時間や睡眠時間を削って没頭することによって，若年者から知的・社会的に成長するのに必要な時間や肉体的エネルギーを奪い，健康状態を悪化させるだけでなく，デジタル・メディアへの依存が深刻化すれば生活全般に支障をきたすようになる

　こうした状況に対して，スマートフォンの製造・販売を行う企業の側も脳科学の研究成果を無視できず利用者が自己責任で使用制限できるような機能をスマートフォンに付け加えて訴訟逃れを行うようになってきている．今後，国家による法制度に基づくスマートフォンの使用規制は，不可避となるであろう．

　上記のような巨大IT企業の利潤追求は，「人類を存亡の危機に直面させる問題」を生み出している．

　こうした状況を変えるための1つの方策としては，巨大IT企業の事業に対する包括的な規制に関して国連で審議・議決され各国議会が批准した条約に基づいて，巨大IT企業の各種の事業を通信事業や放送事業と同様に，国家による許認可事業とすることが考えられる．

　他方で，ソーシャル・メディアを巡る問題を解決するために，個人間の連絡手段としての利用やWebの閲覧は規制せず，個人の不特定多数を対象にしたインターネットの利用のみについて無線通信と同様な免許制にする．このこと

によって，極端な発言や偽情報の拡散を防ぎ，また，興味関心がある情報のみに取り囲まれることで生じる「フィルター・バブル」や「エコーチェンバー」による「社会の分断」を防ぐとともに，巨大IT企業の不透明で不公正な個人情報の収集手段としてのソーシャル・メディアの利用を不可能にするということが考えられるであろう．

　ところで，日本の著名な社会学者が生成AIと人類の未来についてどのように考えているかについては，『朝日新聞』2023年11月2日の「（インタビュー）AIと私たち　労働と社会のゆくえ　社会学者・大澤真幸さん」という記事から知ることができる．

　それによれば，生成AIがマイクロソフトやグーグルなどの巨大IT企業に所有されていることが問題である．巨大IT企業が行っていることは，自分たちで発明したわけでもないのに，勝手にコモンズ（共有物）であるインターネットという土地を囲い込んで「私有地」としている．人々はネット上のサービスについて，無料で使えるので便利だと感じているが，実際は「ただ」ではなく，多種多様で大量の個人情報を提供している．消費者である人々は，無償で私有地を耕しているのである（朝日新聞　2023. 11. 2：11）．

　私的に所有されたAIは，格差を極大化させる恐れがある．しかし，生成AIが利用しているのは，ネット上に「ただ」で落ちている知識なので，本来，生成AIは誰のものでもないはずである．いわば人類の共通財産として民主的に管理されるシステムとして生成AIを作り上げるべきではないか．その時，私的所有を基本とする資本主義とは違う枠組みが必要になる（朝日新聞　2023. 11. 2：11）．

　生成AIは，人類共通の利益をもたらすと同時に脅威でもあるので，国益や私企業の利益に左右されてはならない．人類が積み上げてきたコモンズの上に成り立っている生成AIは，私的所有を越える方向性として国連や国際機関による国際管理が必要になる（朝日新聞　2023. 11. 2：11）．

　このように，日本の著名な社会学者の大澤真幸氏は，凡庸な社会学者である著者と同じような生成AIに関する現状認識と解決方法を示している．

　本書執筆時（2023年11月3日）での生成AIの規制をめぐる世界の最新の動向として，国際会議「AI安全サミット」が2023年11月1日〜2日にかけて英国のロンドン近郊のブレッチリー・パークで開催された（日本経済新聞　2023. 11. 2：13）．

　ちなみに，ブレッチリー・パークは，第二次大戦中にナチス・ドイツの暗号システム「エニグマ」を解読する英政府の拠点施設があった場所である（毎日新聞　2023. 10. 24：8）．

　『日本経済新聞』2023年11月3日，日経速報ニュース「先端AI安全評価で協力，日米欧や企業　『サミット』閉幕」によれば，会議は2日間で150人ほどが集まった．フォンデアライエン欧州委員長やイタリアのメローニ首相，ハリス米副大統領，中国科学技術省の呉朝暉次官らが出席した．岸田文雄首相もオンラインで参加した．米起業家イーロン・マスク氏ら企業首脳や研究者も出席した（日本経済新聞　2023. 11. 3：日経速報ニュース）．

　英国首相のスナク氏が閉幕後の会見で強調した，安全性の確保に向けた具体策は大きく2つある．1つ目は最先端のAIの安全性を公開前に政府が調べることである．英国は会議にあわせAI安全研究所の設立を発表した．公開前の技術に同研究所がアクセスすることにAI企業から同意をとりつけた．米オープンAIのサム・アルトマン氏やグーグル・ディープマインドのデミス・ハサビス氏，アンソロピックのダリオ・アモデイ氏らが同意した（日本経済新聞　2023. 11. 3：日経速報ニュース）．

　スナク氏によると，英国のように政府が安全性を評価する考え方に日米欧などの同志国が賛同した．中国への言及はなかった．米国は10月末，新たなモデルの公開前に政府の安全性評価を受けるよう開発企業に義務付ける大統領令をすでに発令している．AI安全研究所については英国に続き米国も設置を表明した．英国はほかの同志国にも研究所の設置などの安全投資を働きかけるとみられる．企業の同意を前提にした政府による安全性評価を広げ，協力を深めることで，AIの安全対策で主導権をとりたいというのが英国と米国の思惑である（日本経済新聞　2023. 11. 3：日経速報ニュース）．

　2つ目の安全性の確保に向けた具体策についての主な合意事項は，知見を集めるための研究者の枠組みである．国連の気候変動に関する政府間パネル（IPCC）を参考にした．中国を含む各国が専門家を推薦することに合意した．AI研究の第一人者とされるカナダのモントリオール大学のヨシュア・ベンジオ氏が第1回の報告書作成を主導することになった（日本経済新聞　2023. 11,3：日経速報ニュース）．

　スナク氏は会見で「AIの安全性に関する真剣な戦略は世界の主要なAI大国すべてを巻き込むことから始めなければならない」と改めて訴えた．先端技術

に詳しい英カウンシル・オン・ジオストラテジーのマン・ヴィルディー氏は「中国を含むすべての参加国が合意できたのはAIが重大なリスクをもたらすという点にすぎないが,中国が参加したのは正しい方向への一歩だ」と指摘した(日本経済新聞　2023.11. 3：日経速報ニュース).

　このように,英米主導で,生成AIの安全確保のための国際会議が開かれたことは,大澤氏が提案する生成AIの国際管理の第一歩になるといえるであろう.

　そして,このような生成AIの安全確保に関する国際会議に,生成AIやインターネット,ソーシャル・メディアを含めたデジタル・メディアを活用して国連が提唱する人類の「持続可能な発展」(SDGs)の実現に取り組むNGOやNPOの関係者が参加することになれば,NGOと国連を中心として官・政・学・民及びジャーナリズムそれぞれの良識と改革の志をもつ人々が連携した「デジタル・ネットワーキング」が展開する契機となるであろう.

引用・参照文献

第1部　デジタル・メディアの浸透・拡大過程としての「情報化」

第1章　情報化とデジタル・メディア

〈著書（和書）〉

大石裕 1992『地域情報化』世界思想社.

林雄二郎 1969『情報化社会』講談社（復刻版2007オンブック）.

干川剛史 2015『デジタル・ネットワーキングの展開』晃洋書房.

水越伸 2002『新版　デジタル・メディア社会』岩波書店.

〈著書（訳書）〉

Putnam, R. D. 2000, *Bowling Alone: The Collapse and Revival of American Community*, Simon & Shuster.（芝内康文訳 2006『孤独なボウリング——米国コミュニティの崩壊と再生——』柏書房）.

〈新聞・雑誌記事〉

『朝日新聞』2015年8月18日（夕刊）「社会の『断片化』——政治家の失言を考える——」.

〈白書・報告書〉

総務省 2021a『令和3年版　情報通信白書』（https://www.soumu.go.jp/johotsusintokei/whitepaper/ja/r03/pdf/index.html）.

総務省 2021b「令和2年情報通信メディアの利用時間と情報行動に関する調査報告書」（https://www.soumu.go.jp/main_content/000765258.pdf）.

総務省 2018『平成30年版　情報通信白書』（https://www.soumu.go.jp/johotsusintokei/whitepaper/ja/h30/pdf/index.html）.

総務省 2017『平成29年版　情報通信白書』（https://www.soumu.go.jp/johotsusintokei/whitepaper/ja/h29/pdf/index.html）.

総務省 2015a『平成27年版　情報通信白書』（https://www.soumu.go.jp/johotsusintokei/whitepaper/ja/h27/pdf/）.

総務省 2015b「平成26年通信利用動向調査の結果（概要）」（http://www.soumu.go.jp/johotsusintokei/statistics/data/150717_1.pdf）.

総務省 2014a『平成26年版　情報通信白書』（http://www.soumu.go.jp/johotsusintokei/whitepaper/ja/h26/pdf/index.html）.

総務省 2014b「平成25年情報通信メディアの利用時間と情報行動に関する調査報告書」（http://www.soumu.go.jp/iicp/chousakenkyu/data/research/survey/telecom/2014/h25mediariyou_3report.pdf）.

総務省 2011『平成23年版　情報通信白書』（http://www.soumu.go.jp/johotsusintokei/whitepaper/ja/h23/pdf/index.html）.

総務省 2010『平成22年版　情報通信白書』(https://www.soumu.go.jp/johotsusintokei/whitepaper/ja/h22/pdf/index.html).

総務省 2008「平成19年通信利用動向調査の結果」(http://www.soumu.go.jp/s-news/2008/pdf/080418_4_bt.pdf).

総務省 2007『平成19年版　情報通信白書』(http://www.johotsusintokei.soumu.go.jp/whitepaper/ja/h19/pdf/index.html).

総務省 2005a『平成17年版　情報通信白書』(http://www.johotsusintokei.soumu.go.jp/whitepaper/ja/h17/pdf/index.html).

総務省 2005b「ネットワークと国民生活に関する調査」(http://www.johotsusintokei.soumu.go.jp/linkdata/nwlife/050627_all.pdf).

総務省 2001『平成13年版　情報通信白書概要』(http://www.soumu.go.jp/joho_tsusin/pressrelease/japanese/joho_tsusin/010710_1-1.pdf).

総務省情報通信政策研究所 2022「令和3年度情報通信メディアの利用時間と情報行動に関する調査報告書」(https://www.soumu.go.jp/main_content/000831290.pdf).

内閣府 2015「平成26年度 青少年のインターネット利用環境実態調査」(http://www8.cao.go.jp/youth/youth-harm/chousa/h26/net-jittai/pdf-index.html).

郵政省 2000『平成12年版　通信白書』(http://www.soumu.go.jp/johotsusintokei/whitepaper/ja/h12/pdf/H12_07_C2E81BECF.pdf).

郵政省 1999『平成11年版　通信白書』(http://www.soumu.go.jp/johotsusintokei/whitepaper/ja/h11/pdf/H11_07_C2E81BECF.pdf).

第2章　デジタル・メディア利用をめぐる問題

〈著書（和書）〉

川島隆太 2023『スマホ依存が脳を傷つける　デジタルドラッグの罠』宝島社新書.

川島隆太 2022『オンライン脳』アスコム.

川島隆太 2018『スマホが学力を破壊する』集英社新書.

榊浩平（監修　川島隆太）2023『スマホはどこまで脳を壊すか』朝日新書.

松岡亮二編著 2021『教育論の新常識』中公新書ラクレ.

〈著書（訳書）〉

ハンセン，アンデシュ（久山葉子訳）2020『スマホ脳』新潮新書.

〈新聞・雑誌記事〉

『朝日新聞』2023年2月21日6頁「検索→広告枠に偽サイト　カード情報やパスワードの収集　頻発」.

『朝日新聞』2020年8月9日7頁「ネットの中傷　あなたは？」.

『朝日新聞』2020年5月19日18頁「フィッシング詐欺に遭ってしまった　記者がだまされた経緯」.

〈白書・報告書〉

総務省情報流通業政局情報通信政策課情報通信経済室 2018a『平成30年度デジタル化による生活・働き方への影響に関する調査研究成果報告書』（https://www.soumu.go.jp/johotsusintokei/linkdata/r01_02_houkoku.pdf）.

総務省 情報流通行政局 情報通信政策課 情報通信経済室 2018b『ICTによるインクルージョンの実現に関する調査研究報告書』（https://www.soumu.go.jp/johotsusintokei/linkdata/h30_03_houkoku.pdf）.

総務省 2023『令和 5 年版　情報通信白書』（https://www.soumu.go.jp/johotsusintokei/whitepaper/ja/r05/pdf/index.html）.

総務省 2020『令和 2 年版　情報通信白書』（https://www.soumu.go.jp/johotsusintokei/whitepaper/ja/r02/index.html）.

総務省 2016『ICTの進化が雇用と働き方に及ぼす影響に関する調査研究報告書』（https://www.soumu.go.jp/johotsusintokei/linkdata/h28_03_houkoku.pdf）.

総務省 総合通信基盤局電気通信事業部消費者行政第二課 2021『令和 3 年度　インターネット上の違法・有害情報対応相談業務等請負業務報告書（概要版）』（https://www.soumu.go.jp/main_content/000814645.pdf）.

独立行政法人情報処理推進機構（IPA）2023a『情報セキュリティ白書2023年』（https://www.ipa.go.jp/publish/wp-security/t 6 hhco00000014r 1 -att/2023_All.pdf）.

内閣府 2022『令和 4 年度 青少年のインターネット利用環境実態調査（速報）』（https://www 8 .cao.go.jp/youth/kankyou/internet_torikumi/tyousa/r04/net-jittai/pdf/sokuhou.pdf）.

内閣府 2021『令和 3 年度 青少年のインターネット利用環境実態調査（PDF版）』（https://www 8 .cao.go.jp/youth/kankyou/internet_torikumi/tyousa/r03/net-jittai/pdf-index.html）.

〈Webサイト掲載記事〉

誹謗中傷情報対策タスクフォース『誹謗中傷ホットライン』を設置，本日より相談受付を開始」（https://www.saferinternet.or.jp/info/14191/）.

一般社団法人セーファーインターネット協会 2021「誹謗中傷ホットライン概要資料」（https://www.moj.go.jp/content/001357561.pdf）.

厚生労働省 2023「一般職業紹介状況」（https://www.mhlw.go.jp/content/11602000/001099642.pdf）.

総務省 総合通信基盤局電気通信事業部消費者行政第二課「インターネット上の誹謗中傷への対策」2020（https://www.soumu.go.jp/main_sosiki/joho_tsusin/d_syohi/hiboutyusyou.html）.

独立行政法人情報処理推進機構（IPA）2023b『情報セキュリティ10大脅威』（https://www.ipa.go.jp/security/10threats/ps 6 vr70000009r 2 f-att/kaisetsu_2023.pdf）.

山田昌弘 2022「親の格差が生む教育格差，家庭の重要性増す背景　社会学者・山田昌弘，

多様な能力が必要な時代に」『東洋経済オンライン』（https://toyokeizai.net/articles/-/475189）.

第3章　巨大IT企業によるIT市場の寡占的支配をめぐる問題

〈著書（訳書）〉

サンスティーン，キャス（石川幸憲訳）2003『インターネットは民主主義の敵か？』毎日新聞社.

ズボフ，ショシャナ（野中香方子訳）2021『監視資本主義：人類の未来を賭けた闘い』東洋経済新報社.

パリサー，イーライ 2016 井口耕二訳『フィルター・バブル』.

〈新聞・雑誌記事〉

『朝日新聞』2023年10月26日3頁「『若者に悪影響』メタを提訴　インスタ巡り米41州など」.

『朝日新聞』2023年10月24日3頁「グーグル1強『イノベーション阻害』　検索市場の不当な支配力　公取委が問題視」.

『朝日新聞』2023年10月24日1頁「グーグル　独禁法違反疑い　検索アプリ　スマホ搭載要求　公取委審査」.

『朝日新聞』2023年9月7日13頁「『ネット敗戦』の理由」.

『朝日新聞』2023年1月27日13頁「神里達博『月刊安心新聞＋　Web3.0から見える世界　中心なき運営　革命の序曲』」.

『朝日新聞』2022年10月2日2頁「（ビッグチック　膨張する権力）アルゴリズム，見えない中身　AIが競争のカギ，SNS利用者とズレ」.

『朝日新聞』2022年4月16日3頁「（フェイスブック　内部告発の衝撃）FBに情報開示させる法律を　元従業員・ホーゲン氏インタビュー」.

『朝日新聞』2020年3月2日7頁「力強まる巨大IT企業」.

『朝日新聞』2020年3月3日15頁「（争論）ネットが社会を分断？　辻大介さん，田中辰雄さん」.

『毎日新聞』2023年1月26日3頁「デジタルを問う：欧州からの報告　アイルランド，メタに巨額制裁金　個人データ保護，厳格化　『ターゲティング広告』に痛手」.

『毎日新聞』2022年11月3日3頁「デジタルを問う：欧州からの報告　民を救うか，巨大IT規制　アルゴリズムを透明化」.

『毎日新聞』2022年11月3日1頁政治面「デジタルを問う：欧州からの報告　巨大IT，個人データを収益化　『民主主義の破滅』EU，本格的法規制へ」.

『毎日新聞』2021年11月10日7頁「米フェイスブック：FB元社員『実効性を』規制案審議の欧州議会で証言　利益重視『民主主義を弱体化』」.

『毎日新聞』2021年11月9日（東京朝刊）3頁「デジタルを問う：欧州からの報告　巨大IT，表示順位の闇　調査団体「FBに脅され」中止　言論や取引，公正さ確保課題」.

〈白書・報告書〉

総務省 情報流通業政局 情報通信政策課 情報通信経済室 2018『平成30年度デジタル化による生活・働き方への影響に関する調査研究成果報告書』（https://www.soumu.go.jp/johotsusintokei/linkdata/r01_02_houkoku.pdf）.

総務省 2019『令和元年版　情報通信白書』（PDF版）（https://www.soumu.go.jp/johotsusintokei/whitepaper/ja/r01/pdf/index.html）.

第4章　AIをめぐる諸問題

〈著書（和書）〉

井上智洋 2018『AI時代の新・ベーシックインカム論』光文社.

今井むつみ・秋田喜美 2023『言語の本質』岩波新書.

〈著書（訳書）〉

ブリニョルフソン, エリック＆マカフィー, アンドリュー 2013（村井　章子訳）『機械との競争』日経BP.

ブレグマン, ルトガー（野中香方子訳）2017『隷属なき道――AIとの競争に勝つベーシックインカムと一日三時間労働――』文藝春秋.

〈新聞・雑誌記事〉

『朝日新聞』2023年10月25日夕刊7頁「万博『中止になってしもた』――大阪府提供AI, 誤回答相次ぐ　府, 注意喚起『正確性保証せず』」.

『朝日新聞』2023年10月19日27頁「AI普及『言論守る』議論　新聞大会　偽情報懸念・『知財保護を』」.

『朝日新聞』2023年9月7日13頁「『ネット敗戦』の理由」.

『朝日新聞』2023年9月7日27頁「報道26団体『世界AI原則』発表」.

『朝日新聞』2023年9月2日27頁「朝日地球会議2023　対話がひらく新時代」.

『朝日新聞』2023年8月29日13頁インタビュー「AIと私たち　地球課題に向き合う」.

『朝日新聞』2023年7月21日26頁「言葉の意味　AIは理解していない」.

『朝日新聞』2023年6月13日（夕刊）6頁「『生成AIの監視機関を』国連事務総長, 設置案に賛同」.

『朝日新聞』2023年6月1日13頁「AIに脅かされる個人　情報を断ち切る規制必要」.

『朝日新聞』2023年5月30日（夕刊）8頁「米国でチャットGPT　裁判書面を創ったら……」.

『朝日新聞』2023年5月29日10頁「チャットGPT　子どもに使わせるべき？」.

『朝日新聞』2023年5月22日19頁　そもそも？知りたい吉田くん　鷹の爪×朝日新聞「チャットGPTって何がすごい」.

「朝日新聞」2023年5月18日6頁「『AI　政府規制・免許制を』　オープンAIのCEO　米議会で証言」.

『朝日新聞』2023年5月18日2頁　いちからわかる！ワイド「AIの急速進化　可能性と懸

念は」.

『朝日新聞』2023年５月16日31頁「チャットGPT台頭　ルール追いつかず」.

『朝日新聞』2023年５月１日３頁「同床異夢のAI議論　規制に動く欧州・利活用探る日米」.

『朝日新聞』2019年７月28日４頁　経済企画「（シンギュラリティーにっぽん）第１部・未来からの挑戦：16　小林喜光さん・新井紀子さんに聞く」.

『世界』2023年７月号「対談　わかりたいヒトとわかっているふりをするAI」岩波書店.

〈白書・報告書〉

総務省 情報流通行政局 情報通信政策課 情報通信経済室 2018『ICTによるインクルージョンの実現に関する調査研究報告書』(https://www.soumu.go.jp/johotsusintokei/linkdata/h30_03_houkoku.pdf).

総務省 2018『平成30年版　情報通信白書』（PDF版）(https://www.soumu.go.jp/johotsusintokei/whitepaper/ja/h30/pdf/index.html).

総務省 2016『ICTの進化が雇用と働き方に及ぼす影響に関する調査研究報告書』(https://www.soumu.go.jp/johotsusintokei/linkdata/h28_03_houkoku.pdf).

〈Webサイト等掲載記事〉

厚生労働省 2023「一般職業紹介状況」(https://www.mhlw.go.jp/content/11602000/001099642.pdf).

第５章　デジタル・ネットワーキングによる社会問題の解決に向けて

〈著書（和書）〉

干川剛史 2014『デジタル・ネットワーキングの展開』晃洋書房.

干川剛史 2001『公共圏の社会学』法律文化社.

宮田加久子 2005a『インターネットの社会心理学』風間書房.

宮田加久子 2005b『きずなをつなぐメディア』NTT出版.

〈著書（訳書）〉

Coleman, James, S. 1990, *Foundations of Social Theory*, Harvard University Press.（久慈利武監訳 2004『社会理論の基礎』（上），2006『社会理論の基礎』（下）青木書店）.

Lin, Nan. 2001, *Social Capital, A Theory of Social Structure and Action*, Cambridge University Press.（筒井淳也・石田光規・桜井政成・三輪 哲・土岐智賀子 訳（2008）『ソーシャル・キャピタル──社会構造と行為の理論──』ミネルヴァ書房）.

Putnam, R. D.（Ed.）2002, *Democracies in Flux: The Evolution of Social Capital in Contemporary Society*, Oxford University Press.（猪口孝訳 2013『流動化する民主主義──先進８カ国におけるソーシャル・キャピタル──』ミネルヴァ書房）.

Putnam, R. D. 2000, *Bowling Alone: The Collapse and Revival of American Community*, Simon & Shuster.（芝内康文訳 2006『孤独なボウリング──米国コミュニティの崩壊と再生──』柏書房）.

Putnam, R. D. 1993, *Making Democracy Work: Civic Tradition in Modern Italy*,

Princeton University Press.（河田潤一訳 2001 『哲学する民主主義──伝統と改革の市民的構造──』NTT出版）.

〈論文〉

干川剛史 1994「自律的公共性への構造転換に向けて」『社会学評論』45(3), 日本社会学会.

正村公宏 1986「ネットワーキングと情報化社会の課題」『組織科学』20(3), 日本組織学会.

和崎宏 2010『博士学位請求論文　地域SNSによる地域情報化に関する研究』兵庫県立大学大学院環境人間学研究科（http://www.kotatsu.net/wasaki_docter.pdf）.

第2部　災害とデジタル・ネットワーキング

第6章　阪神・淡路大震災と東日本大震災におけるデジタル・ネットワーキングの展開

〈著書（和書）〉

大月一弘・水野義之・干川剛史・石山文彦 1998『情報ボランティア』NECクリエイティブ.

金子郁容・VCOM編集チーム 1996『つながりの大研究』NHK出版.

神戸大学〈震災研究会〉編 1995『大震災100日の軌跡』神戸新聞総合出版センター.

田中克己 1995『震災とインターネット』NECクリエイティブ.

農文協（社団法人　農村文化協会）（2011）『季刊　地域　特集 東北（ふるさと）はあきらめない！』2011 Summer No. 6 .

干川剛史 2014『デジタル・ネットワーキングの展開』晃洋書房.

〈論文〉

川上善郎 1996「第6章　災害と情報　第3節　通信ネットワーク」朝日新聞社編『阪神・淡路大震災誌』朝日新聞社.

干川剛史 1996「もう一つのボランティア元年」『徳島大学社会科学研究』(9), 徳島大学総合科学部.

〈新聞・雑誌記事〉

『朝日新聞』2011年8月5日「ひと　南三陸町で福興市を開く　藤村望洋さん（67）」.

『朝日新聞』1995年4月17日1頁（大阪本社発行13版）.

『旬刊旅行新聞』2011年5月21日「ぼうさい朝市ネットワーク　災害時は隣から支援」第1419号.

『日本経済新聞』2011年4月30日「宮城・南三陸町 『福興市』にぎわう」.

〈白書・報告書等〉

株式会社三菱総合研究所 2012「災害時における情報通信の在り方に関する調査結果」http://www.soumu.go.jp/main_content/000150126.pdf,（2023年10月3日閲覧）.

経済企画庁 2000『平成12年　国民生活白書』.

総務省 2012『平成24年版　情報通信白書』.

総務省 2011『平成23年版　情報通信白書』.

〈Webサイト掲載記事〉

独立行政法人　防災科学技術研究所 2011a（http://all311.ecom-plat.jp/group.php?gid=
　　10121（2013年9月4日閲覧）．

独立行政法人　防災科学技術研究所 2011b，ALL311;災害情報ボランティア募集のお知ら
　　せ，http://all311.ecom-plat.jp/group.php?gid=10121（2013年9月4日閲覧）．

一般社団法人 南三陸福興まちづくり機構（2012）http://m3m-kikou.com/?cat=3（2013
　　年9月4日閲覧）．

福興市公式サイト　http://fukkouichi-minamisanriku.jp/（2013年9月4日閲覧）．

第7章　熊本地震とそれ以降の大規模災害におけるデジタル・ネットワーキングの展開
〈著書（和書）〉

干川剛史 2014『デジタル・ネットワーキングの展開』晃洋書房．

〈論文〉

干川剛史 2020「災害対応におけるICT利用の実態と課題──山形県沖地震・鹿児島豪雨・
　　台風19号と令和2年7月豪雨を事例として──」大妻女子大学人間関係学部紀要『人
　　間関係学研究』第20号，大妻女子大学人間関係学部．

〈新聞・雑誌記事〉

『朝日新聞』2022年3月11日11頁「災害情報一元管理にニーズ──罹災証明や給付金　シ
　　ステムで迅速に──」．

『毎日新聞』2022年3月5日宮城版25頁「東日本大震災11年──被災証明，進まぬネット
　　化　導入自治体，全国で5割／宮城──」．

〈Webサイト掲載記事〉

NTTドコモ 2016a「報道発表資料」「平成28年熊本地震からの復旧状況について〈2016年
　　4月28日〉」「参考」（https://www.nttdocomo.co.jp/info/news_release/2016/04/28_00.
　　html　2016年7月4日閲覧）．

NTTドコモ 2016b「公衆無線LANサービス（Wi-Fiスポット）の臨時設置場所（79ヵ所）」
　　（2016年7月4日15：30現在）（https://www.nttdocomo.co.jp/binary/pdf/info/
　　construction/kyushu/docomowifi.pdf　2016年7月11日閲覧）．

株式会社スマートエンジニアリング 2016（https://smart-engineering.jp/　2016年7月24
　　日閲覧）・「FM＋＋」（https://fmplapla.com/　2016年7月24日閲覧）．

熊本県社会福祉協議会 2016a「熊本県災害ボランティアセンター特設サイト」「ボランティ
　　ア参加人数推移」（http://kumamoto.vc/72　2016年7月11日閲覧）．

熊本県社会福祉協議会 2016b「災害・生活復興支援ボランティア情報」（http://www.
　　fukushi-kumamoto.or.jp/kinkyu/pub/default.asp?c_id=23　2016年7月11日閲覧）．

KDDI（au）2016「（1）公衆無線LANおよび充電設備の設置場所」（2016年7月6日19
　　時00分現在）（http://www.kddi.com/important-news/201604_earthquake/#article-
　　99　2016年7月11日閲覧）．

全国社会福祉協議会　2016「全社協　被災地支援・災害ボランティア情報」の「災害ボラ
　　ンティアセンターで受け付けたボランティア活動者数の推移（仮集計）」（http://
　　www.saigaivc.com/ボランティア活動者数の推移／　2016年7月11日閲覧）.

全国社会福祉協議会　2018「2018/08/31平成30年7月豪雨（第45報）」（https://www.
　　saigaivc.com/20180831/　2018年9月4日閲覧）.

総務省　2016　地域情報化アドバイザー／ICT地域マネージャー派遣制度（ICT人材派遣制
　　度）（http://www.soumu.go.jp/menu_seisaku/ictseisaku/ictriyou/manager.html
　　2016年7月24日閲覧）.

総務省　2018「地域情報化アドバイザー派遣制度（ICT人材派遣制度）」（http://www.
　　soumu.go.jp/menu_seisaku/ictseisaku/ictriyou/manager.html　2018年9月4日閲覧）

総務省九州総合通信局　2016a「平成28年熊本地震関連情報」新着情報「2016年4月18日
　　臨時災害放送局の開設について（熊本市）」（http://www.soumu.go.jp/soutsu/
　　kyushu/info/important_p02-2-0.html　2016年7月24日閲覧）.

総務省九州総合通信局　2016b「平成28年熊本地震関連情報」新着情報「2016年4月23日
　　臨時災害放送局の開設について（甲佐町）」・「2016年4月25日臨時災害放送局の開設
　　について（御船町）」・「2016年4月27日臨時災害放送局の開設について（益城町）」
　　（http://www.soumu.go.jp/soutsu/kyushu/info/important_p02-2-0.html　2016年7
　　月24日閲覧）.

総務省総合通信基盤局　2013「無線LANビジネスガイドライン」（平成25年6月25日公表）
　　21頁（http://www.soumu.go.jp/main_content/000233881.pdf　2016年7月11日閲覧）

ソフトバンク　2016「平成28年熊本地震避難所支援情報」（2016年6月30日午後6時時点）
　　（http://www.softbank.jp/disaster/201604_earthquake/temporarybasestation/　2016
　　年7月11日閲覧）.

内閣府　2018a「平成30年7月豪雨による被害状況等について　平成30年8月21日15時00
　　分現在非常災害対策本部」（http://www.bousai.go.jp/updates/h30typhoon7/
　　pdf/300821_1500_h30typhoon7.pdf, 1-3.　2018年9月4日閲覧）.

内閣府　2018b「平成30年北海道胆振東部地震に係る被害状況等について　平成30年10月
　　29日17時30分　現　在　」（http://www.bousai.go.jp/updates/h30typhoon7/
　　pdf/300821_1500_h30typhoon7.pdf, 1-3.　2018年10月30日閲覧）.

内閣府　2016a　防災情報のページ「熊本県熊本地方を震源とする地震に係る被害状況等に
　　ついて」（第31報）（http://www.bousai.go.jp/updates/h280414jishin/pdf/h280414
　　jishin_31.pdf　2016年7月4日閲覧）.

内閣府　2016b　防災情報のページ「熊本県熊本地方を震源とする地震に係る被害状況等
　　について」（第1報）（http://www.bousai.go.jp/updates/h280414jishin/pdf/h280414
　　jishin_01.pdf　2016年7月4日閲覧）.

ネット健康問題啓発者養成全国連絡協議会Webページ　2018（https://www.net-kenkou-
　　youseikyo.com/　2018年9月4日閲覧）.

東日本電信電話株式会社（NTT東日本）2011「避難所への無料インターネット接続コーナーの設置について」（平成23年３月25日）（http://www.ntt-east.co.jp/release/detail/20110325_01.html　2016年７月11日閲覧）.

兵庫県　2016　まちづくり・防災>震災復興>被害状況・復興の歩み>［32］阪神・淡路大震災一般ボランティア活動者数推計（H7.1～H12.3）の基礎情報（http://web.pref.hyogo.jp/wd33/documents/000036198.pdf　2016年７月11日閲覧）.

益城町　2016　平成28年熊本地震災害情報「益城災害FMの放送時間が変わります」（http://www.town.mashiki.lg.jp/kihon/pub/detail.aspx?c_id=137&id=536&pg=1　2016年７月24日閲覧）.

御船町　2016　災害情報［お知らせ］「みふねさいがいFMがスマートフォンでも聴けます！」（http://portal.kumamoto-net.ne.jp/town_mifune/life/pub/detail.asp?c_id=110&id=1995&pg=1&mst=10&wd=&type=list　2016年７月24日閲覧）.

無線LANビジネス推進連絡会　2016a「熊本県内で00000JAPAN発動」（http://www.wlan-business.org/archives/5126　2016年７月11日閲覧）.

無線LANビジネス推進連絡会　2016b『大規模災害発生時における公衆無線LANの無料開放に関するガイドライン　いのちをつなぐ00000JAPAN　第3.0版』（平成28年３月１日）２頁（http://www.wlan-business.org/wp/wp-content/uploads/2016/03/Wi-Fi_Free_Guideline_V3.0_20160301.pdf　2016年７月11日閲覧）.

第８章　「レジリエント社会」の構築へ向けて

〈著書（和書）〉

岡部一明　1986『パソコン市民ネットワーク』技術と人間.

岡部一明　1996『インターネット市民革命』御茶の水書房.

金子郁容・VCOM編集チーム　1996『つながりの大研究』NHK出版.

コンピュータテクノロジー編集部　2011『IT時代の震災と核被害』インプレスコミュニケーションズ.

西條剛央　2012『人を助けるすごい仕組み──ボランティア経験のない僕が，日本最大級の支援組織をどうつくったのか──』ダイヤモンド社.

情報支援プロボノ・プラットフォーム（iSPP）2012『3.11被災地の証言　東日本大震災情報行動調査で検証するデジタル大国・日本の盲点』インプレスジャパン.

干川剛史　2014『デジタル・ネットワーキングの展開』晃洋書房.

干川剛史　2007『災害とデジタル・ネットワーキング』青山社.

干川剛史　2003『公共圏とデジタル・ネットワーキング』法律文化社.

干川剛史　2001『公共圏の社会学』法律文化社.

本條晴一郎・遊橋裕泰　2013『災害に強い情報社会』NTT出版.

安田幸弘，1997『市民インターネット入門』岩波書店.

〈著書（訳書）〉

サンデル，マイケル 2021（鬼澤　忍訳）『実力も運のうち　能力主義は正義か？』早川書房.

〈論文〉

浜田忠久 1998「市民運動とネットワーク」『いまの生活「電子社会誕生」』晶文社.

山本啓 2000「グローバル・シティズンシップの可能性とNPO」塩澤修平・山内直人編『NPO研究の課題と展望2000』日本評論社.

〈新聞・雑誌記事〉

『朝日新聞』2023年11月2日11頁「（インタビュー）AIと私たち　労働と社会のゆくえ　社会学者・大澤真幸さん」.

『朝日新聞』2023年10月3日23頁「怒鳴りあい　無力感　議論の危機　マイケル・サンデル教授に聞く」.

『朝日新聞』2023年9月7日13頁「『ネット敗戦』の理由」.

『朝日新聞』2023年4月30日1・2頁「（ビッグテック　膨張する権力）過激な声増幅，揺れる民主主義」.

『朝日新聞』2021年5月13日20頁「（明日へのLesson）第2週：メッセージ　ハーバード大学教授，マイケル・サンデルさん×朝日新聞DIALOG『能力主義が生む競争・分断，変えよう』」.

『朝日新聞』1995年4月17日1頁（大阪本社発行13版）.

『日本経済新聞』2023年11月3日日経速報ニュース「先端AI安全評価で協力，日米欧や企業『サミット』閉幕」.

『日本経済新聞』2023年11月2日朝刊2頁「AIの収益化が見えてきた巨大IT決算（社説）」.

『日本経済新聞』2023年11月2日朝刊13頁「AI悪用阻止へ情報共有　研究者間で枠組み構築　英でサミット，日米欧中が参加」.

『毎日新聞』2023年10月24日東京朝刊　8頁「AI安全サミット：英で来月AIサミット　中国招待　焦点は『悪用』防止策」.

『毎日新聞』2022年12月20日（東京夕刊）6頁　国際面「国連：偽情報，SNS規制必要　国連事務総長，ヘイト拡散懸念」.

『毎日新聞』2022年11月3日3頁「デジタルを問う：欧州からの報告　民を救うか，巨大IT規制　アルゴリズムを透明化」.

〈Webサイト掲載記事〉

朝日デジタル　2021/04/23　明日へのLesson　サンデル教授と対話　私たちの白熱教室　能力至上主義　この世界に生きて（https://www.asahi.com/dialog/articles/14327497/　2023年10月4日閲覧））

おわりに

　本書『デジタル・メディアとネットワーキング』は，『デジタル・ネットワーキングの展開』（晃洋書房，2014年）の続編にあたるものである．

　本書では，まず，第1部において，第1章では，インターネット等のデジタル・メディアの社会への浸透・拡大過程としての情報化による社会生活の変容の諸相について，科学技術の発展と利便性の向上という観点から実態を明らかにした．次に，情報化によって生じる諸問題とその解決のための課題について，第2章では，サイバーセキュリティや子ども・若者のデジタル・メディア利用をめぐる問題，第3章では，巨大IT企業の寡占的支配をめぐる問題，第4章では，AIに関する問題という観点から考察した．また，第5章において，情報化によって生じる諸問題の解決に向けてのデジタル・ネットワーキングの可能性を提示した．

　そして，第2部では，第6・7章において，大規模災害におけるデジタル・ネットワーキングの諸事例を取り上げ，その実態と課題を明らかにした．

　さらに，第8章において今後の大規模災害に耐え，また，巨大IT企業の利潤追求の手段として出現した生成AIが生み出す「人類を存亡の危機に直面させる問題」から人々の命を守り，安全・安心をもたらしうる「レジリエント（復元力に富んだ）社会」（resilient Society）構築の方策を模索した．

　本書の記載内容の大部分は，これまで著書や論文として公刊されたものをもとにしている．

　そこで，初出一覧を示せば，

第4章
　『デジタル・ネットワーキングの展開』「第1章　デジタル・ネットワーキングとソーシャル・キャピタル」，2-31頁．

第5章（1）
　『公共圏とデジタル・ネットワーキング』（法律文化社，2003年）「第3章　デジタル・ネットワーキングと公共圏」，92-110頁，『デジタル・ネットワーキングの展開』「第2章　市民活動におけるデジタル・ネットワーキングの展開」，36-42頁．

第 5 章（2）・（3）

　『デジタル・ネットワーキングの展開』「第 3 章　阪神・淡路大震大震災におけるデジタル・ネットワーキングの展開，43-65頁.

第 6 章

　『デジタル・ネットワーキングの展開』「第 7 章　東日本大震災におけるデジタル・ネットワーキングの展開」，117-159頁.

第 7 章（1）

　「熊本地震におけるデジタル・ネットワーキングの展開」慶應義塾大学法学部法学研究会誌『法学研究』第90巻第 1 号（有末賢教授退職記念号），341-378頁.

第 7 章（2）・（3）

　「災害対応におけるICT利用の実態と課題——山形県沖地震・鹿児島豪雨・台風19号と令和 2 年 7 月豪雨を事例として——」大妻女子大学人間関係学部紀要『人間関係学研究』第20号，大妻女子大学人間関係学部，131-147頁.

第 8 章（1）・（2）

　『デジタル・ネットワーキングの展開』「第 8 章　デジタル・ネットワーキングによる地域再生と『復元力に富んだ社会』（resilient society）構築に向けて」，160-198頁.

　著者は，1992年に徳島大学の専任教員に就任した直後に「インターネットやパソコン通信といったコンピューター通信がボランティアやNPO・NGOによる非営利活動に活用されることによって，それらの活動が活性化して社会問題の解決を促進していくのか」という問題関心に基づいて，NIFTY-Serveの「FSHIMIN」やJCAを対象にアンケート調査や参与観察を始めた.

　そして，1995年の阪神・淡路大震災でコンピューター通信が被災地からの情報発信や支援活動に活用され，著者自身も「情報ボランティア」としてJCAや慶應義塾大学SFC教授の金子郁容氏の支援を受けて淡路島のボランティアセンターを拠点にして「淡路プロジェクト」を展開した.

　その後，2000年の三宅島火山災害，2011年の東日本大震災，2016年の熊本地震及び2024年の能登半島地震等の大規模災害で状況に応じた様態でデジタル・メディアを活用した支援活動を展開して現在に至っている.

　このような研究を始めてから現在に至るまで，インターネット等のデジタル・メディアは，巨大IT企業の私利私欲を満たす道具ではなくて，人類の知的進

化による持続的発展のために知的探求と社会問題解決に使われるべき道具であるという信念を持ち続けてきた.

　今後も，健康に心がけ気力と体力が続く限り，新たに発生する大規模災害で被災自治体への情報通信機器の提供と「被災者支援システム」の導入を支援する活動を中心に「災害デジタル・ネットワーキング」を実践しながら，被災地の復興の現状と課題を明らかにするためにアンケート調査と参与観察による調査研究をライフワークとして続けていきたい.

　当初の予定では，2年前に本書の原稿が完成するはずであったが，1年前（2022年）の新年早々に19年間を共にした猫（オス・享年22歳（猫年齢100歳））が病死したことが出発点となって，その後に妻の闘病生活が始まり，同じ年の年末に実家の母が亡くなり（享年89歳），葬儀や相続の手続きに翻弄される中で，翌年（2023年）の4月末に34年間連れ添った妻が亡くなる（享年61歳）という不幸が続いてしまった. 生活環境が一変し，仕事や雑事に追われ原稿の執筆が進まなかったが，なんとか同年10月末に本書の原稿が完成することができた.

　こうした状況のために原稿の完成が大幅に遅れてしまい，さらに，今年の元旦に発生した能登半島地震の被災地での支援活動に時間をとられて校正作業が遅れてしまい，本書の出版にあたって晃洋書房の西村喜夫氏には，大変ご迷惑をおかけしました. お世話になりました.

　　2024年3月23日
　　　　　　　　　　　　　　　春告げる風吹く相模野にて
　　　　　　　　　本書を亡き妻明子と母マリ子，愛猫トラに捧げる　著者

索　　引

《著者紹介》

干 川 剛 史 (ほしかわ　つよし)

1961年　群馬県に生まれる
1984年　群馬大学教育学部社会科学学科Ⅱ類卒業
1987年　慶應義塾大学大学院社会学研究科社会学専攻修士課程修了（社会学修士）
1992年　早稲田大学大学院文学研究科社会学専攻博士後期課程単位取得満期退学
1992年　徳島大学教養部専任講師
1995年　徳島大学総合科学部助教授
1999年　大妻女子大学人間関係学部助教授
2005年　大妻女子大学大学院人間関係学研究科・人間関係学部教授
2010年　大妻女子大学大学院人間文化研究科・人間関係学部教授
2014年　博士（社会学）学位を慶應義塾大学より授与される

主要著書

『公共圏の社会学』（法律文化社，2001年）
『公共圏とデジタル・ネットワーキング』（法律文化社，2003年）
『デジタル・ネットワーキングの社会学』（晃洋書房，2006年）
『災害とデジタル・ネットワーキング』（青山社，2007年）
『現代社会と社会学』（同友館，2008年）
『情報化とデジタル・ネットワーキングの展開』（晃洋書房，2009年）
『デジタル・ネットワーキングの展開』（晃洋書房，2014年）
『現代と社会学』（同友館，2016年）

デジタル・メディアとネットワーキング

2024年6月10日　初版第1刷発行　　＊定価はカバーに表示してあります

著　者　　干　川　剛　史ⓒ
発行者　　萩　原　淳　平
印刷者　　河　野　俊一郎

発行所　株式会社　晃　洋　書　房

〒615-0026　京都市右京区西院北矢掛町7番地
電話　075(312)0788番(代)
振替口座　01040-6-32280

装丁　尾崎閑也　　　　　印刷・製本　西濃印刷㈱

ISBN 978-4-7710-3849-3